高等院校创新创业教育类"十三五"规划教材

BASICS OF INNOVATION
AND ENTREPRENEURSHIP
FOR COLLEGE STUDENTS

LEADING THE TREND

创趋势

大学生创新创业基础

许 涛 主 编

张 欢 副主编

中国海洋大学出版社

·青岛·

图书在版编目（CIP）数据

创趋势：大学生创新创业基础 / 许涛主编. — 青岛：中国海洋
大学出版社，2018.11

ISBN 978-7-5670-1735-1

Ⅰ . ① 创… Ⅱ . ① 许… Ⅲ . ① 大学生－创业 Ⅳ. ① G647.38

中国版本图书馆 CIP 数据核字（2018）第 054376 号

出版发行	中国海洋大学出版社
社　　址	青岛市香港东路 23 号　　　　邮政编码　266071
出 版 人	杨立敏
策 划 人	王　炬
网　　址	http://www.ouc-press.com
电子信箱	tushubianjibu@126.com
订购电话	021-51085016
责任编辑	由元春　　　　　　　　　　　电　　话　0532-85902495
印　　制	上海万卷印刷股份有限公司
版　　次	2018 年 11 月第 1 版
印　　次	2018 年 11 月第 1 次印刷
成品尺寸	170 mm×240 mm
印　　张	16.5
印　　数	1～3000
字　　数	277 千
定　　价	42.00 元

前言
PREFACE

党的十九大后，高校进一步明确在新时期培育创新创业人才对服务国家发展战略的重要性，更深谙高校双创教育的使命之重。国家发展需要人才，创新创业教育就是全面的育人。为更好地开展创新创业教育工作，服务好当前经济社会转型与高校发展，创新创业教育正逐步往纵深发展，创业教育的内涵也在不断丰富，创新创业教学体系研究在不断加强，创业支持与服务体系正逐步建立，各类保障机制也在不断健全和有效地推动。

我们看到，大学毕业生自主创业的比例呈现出上升的趋势，但是大学生在创业的实践中依然面临较多的瓶颈与挑战。从客观上来看，大学生创业资金短缺、社会关系普遍匮乏，在创业资源的获取上面临诸多困难。从主观上来看，大学生创业经验不足，且缺乏足够的心理准备；他们思维活跃、创意想法多，虽掌握了一定的理论知识，但是缺乏完整的创业知识技能，没有形成完善的市场意识，难以将理论灵活应用于实践，面临市场的瞬息万变也缺乏应变能力，这些问题大大限制了大学生企业的创立与发展。作为创新创业的重要人才库和资源库，高校应肩负创新创业教育的责任与使命，帮助大学生树立创新意识、提高创新能力，为其营造良好的创新创业氛围，引导和支持大学生创新创业。但更重要的是高校应明白，创业教育就是全人教育，全面的育人需要系统性和科学性的统一，需要学校、企业、社会之间协同培养，更需要个人和高校的共同努力，这是施教者和受教者共同成长的过程。

上海工艺美术职业学院自开展创新创业教育以来，结合创新创业教育与美院办学积淀和专业优势，把培养具有全球视野、高度的社会责任感和全球胜任力的人才作为目标，遵循"创业、创意、创新"并重、并举，融合发展的思路，持续探索人才培养模式，逐步打造自己的品牌。学校将国际合作、创新创业训练营、精英俱乐部、创业孵化等教学资源与活动纳入常态化课程体系，促进创意激励、创新实现和弹性就业保障，倡行探究、体验的学习方式和知行合一、学以致用的学习态度，强调普遍、共享的团队合作和社会参与，逐步形成自己的格局、特色和优势。

本教材的编写初衷：一是总结学校在创新创业教育方面的经验和成果；二是作为全国创新创业典型经验高校（全国创业50强），有使命也有责任在构建具有普遍指导意义的创新创业知识和实践教材中进行有益的探索和反思，并积极形成可复制、可推广的有效机制。

本教材的定位是为大学生的创新创业提供基础知识和实践方法，全书共八章：第一章"创新"系统性地阐述了创新及创新思维、创新方法、创新能力和创新意识培养；第二章"就业与创业"探讨了自我认知与职业生涯发展，并介绍了创业与就业的特征和区别；第三章"创业机会与风险"详细分析了创业机会识别、创业机会评价和创业风险防范；第四章"商业模式开发"主要介绍了商业模式的内容、作用、设计、构建与如何优化；第五章"创业团队组建"描述了创业团队的构建，分析了团队的管理；第六章"创业政策与资源"结合最新时政，介绍了创业相关政策、资源、融资以及资源的管理；第七章"创业计划"系统介绍了创业计划的组成部分，详细分析了如何撰写并展示创业计划书；第八章"新企业的成立"主要介绍了几种不同的新企业组织形式、选择合适办公地址的影响要素，以及公司注册的流程与注意事项等。

本教材可用作高等院校创新创业教育基础课程教材，也可作为准备创业或处于初创阶段的大学生创业者和社会创业人士的参考指导资料，还可作为校内及社会创新创业培训项目的培训教材。

本教材在出版过程中得到了上海市教委相关领导及国内外创新创业教育领域专家、学者的大力支持，在此一并致谢！由于知识与实践所限，书中难免存在不足，敬请各位专家和读者批评指正！

上海工艺美术职业学院党委书记　许涛
2018年1月

目 录
CONTENTS

01 创　新 ⋯⋯⋯⋯⋯⋯⋯⋯⋯⋯⋯⋯⋯⋯⋯⋯⋯ **001**

第一节　创新概述 ⋯⋯⋯⋯⋯⋯⋯⋯⋯⋯⋯⋯⋯002

第二节　创新思维 ⋯⋯⋯⋯⋯⋯⋯⋯⋯⋯⋯⋯⋯009

第三节　创新方法 ⋯⋯⋯⋯⋯⋯⋯⋯⋯⋯⋯⋯⋯016

第四节　创新能力 ⋯⋯⋯⋯⋯⋯⋯⋯⋯⋯⋯⋯⋯020

第五节　创新意识培养 ⋯⋯⋯⋯⋯⋯⋯⋯⋯⋯⋯030

02 就业与创业 ⋯⋯⋯⋯⋯⋯⋯⋯⋯⋯⋯⋯⋯⋯ **038**

第一节　自我认知 ⋯⋯⋯⋯⋯⋯⋯⋯⋯⋯⋯⋯⋯039

第二节　职业生涯发展 ⋯⋯⋯⋯⋯⋯⋯⋯⋯⋯⋯045

第三节　创　业 ⋯⋯⋯⋯⋯⋯⋯⋯⋯⋯⋯⋯⋯⋯054

第四节　就　业 ⋯⋯⋯⋯⋯⋯⋯⋯⋯⋯⋯⋯⋯⋯069

03 创业机会与风险 ⋯⋯⋯⋯⋯⋯⋯⋯⋯⋯⋯⋯ **080**

第一节　创业机会识别 ⋯⋯⋯⋯⋯⋯⋯⋯⋯⋯⋯081

第二节　创业机会评价 ⋯⋯⋯⋯⋯⋯⋯⋯⋯⋯⋯096

第三节　创业风险防范 ⋯⋯⋯⋯⋯⋯⋯⋯⋯⋯⋯107

04 商业模式开发 ·· **116**

第一节　商业模式的概念与作用 ························· 117

第二节　商业模式的内容 ······························· 121

第三节　商业模式设计分析 ····························· 125

第四节　商业模式的创新 ······························· 128

05 创业团队组建 ·· **140**

第一节　创业团队的构建 ······························· 141

第二节　人性化的制度 ································· 151

第三节　高效的执行力 ································· 159

06 创业政策与资源 ·· **168**

第一节　创业政策 ····································· 169

第二节　创业资源 ····································· 173

第三节　创业融资 ····································· 186

第四节　创业资源管理 ································· 199

07 创业计划 ··· **209**

第一节　创业计划概述 ································· 210

第二节　创业计划书的撰写和展示 ····················· 220

08 新企业的成立 ·· **229**

第一节　创办新企业的前期准备 ······················· 230

第二节　管理新企业 ··································· 241

参考文献 ··· **253**

01 创　新

　　创业创新是人类文明进步的不熄引擎，是植根于每个人心中具有顽强生命力的"种子"。李克强总理于2014年9月夏季达沃斯论坛上最早在公开场合发出"大众创业、万众创新"的号召。当时他提出，要在960万平方千米土地上掀起"大众创业""草根创业"的新浪潮，形成"万众创新""人人创新"的新态势。

　　习近平总书记在中国共产党第十九次全国代表大会的报告中指出：创新是引领发展的第一动力，是建设现代化经济体系的战略支撑。十九大报告中50余次强调创新，再度把"创新"置于重要位置，把加快建设创新型国家作为贯彻新发展理念、建设现代化经济体系的一项重大战略任务，把坚定实施科教兴国战略、人才强国战略、创新驱动发展战略作为决胜全面建成小康社会的重大举措。大学生是全面建设小康社会、加快建设国家创新体系的人才之源，是中国各项事业迅猛发展的排头兵，肩负着中华民族伟大复兴的使命。"抓创新就是抓发展，谋创新就是谋未来。"大学生创新能力的提高不仅是个人发展的需要，更是国家创新战略的要求。

第一节　创新概述

一、什么是创新?

创新是人类永恒的话题，人类改造世界的冲动创造了丰富多彩的大千世界。创新是人类社会发展的原动力，是可以被不断激发、再生、无穷无尽的。因而，创新对社会发展的作用是不可估量的。近几年，随着世界经济飞速发展，"创新"这个词在我们日常生活中出现的频率也越来越高，与我们的衣食住行产生了愈发紧密的联系，这要求我们更要认识创新，了解创新，重视创新。

📖 概念知识

到底什么是创新？根据现有资料，中文"创新"一词，最早见于《魏书》："革弊创新者，先皇之志也。"（《魏书》卷六十二）《辞海》里讲"创"是"始造之也"，首创、创始之义；"新"是"初次出现，与旧相对"，才、刚之义。"创新"有三层含义：一是抛开旧的，创造新的；二是在现有的基础上，改进更新；三是指创造性、新意。从语义角度看，"创新"相对于"守旧"。按照《现代汉语词典》的解释，创新是指：① 抛开旧的，创造新的；② 创造性、新意。《汉语大词典》将其解释为"创立或创造"。因此可以看出，创新主要强调的是新事物的出现。"创新"这个词应用领域十分广泛，可以从不同的角度予以解释和理解。为了更好地帮助理解，让我们先读一则小故事。

⭐ 案例描述

相传有一年，鲁班接受了一项建筑一座巨大宫殿的任务。这座宫殿需要很多木料，他和徒弟们只好上山用斧头砍木料，当时还没有锯子，效率非常低。一次上山的时候，由于他不小心，无意中抓了一把山上长的一种野草，却一下子将手划破了。鲁班很奇怪，一根小草为什么这样锋利？于是他摘下了一片叶子来细心观察，发现叶子两边长着许多小细齿，用手轻轻一摸，这些小细齿非常锋利。

他明白了，他的手就是被这些小细齿划破的。后来，鲁班又看到一条大蝗虫在一株草上啃吃叶子，两颗大板牙非常锋利，一开一合，很快就吃下一大片。这同样引起了鲁班的好奇心，他抓住一只蝗虫，仔细观察蝗虫的牙齿结构，发现蝗虫的两颗大板牙上同样排列着许多小细齿，蝗虫正是靠这些小细齿来咬断草叶的。这两件事给了鲁班很大启发。于是他就用大毛竹做成一条带有许多小锯齿的竹片，然后到小树上去做试验，结果果然不错，几下子就把树干划出一道深沟，鲁班非常高兴。但是由于竹片比较软，强度比较差，不能长久使用，拉了一会儿，小锯齿就有的断了，有的变钝了，需要更换竹片。鲁班想到了铁片，便请铁匠帮助制作带有小锯齿的铁片。鲁班和徒弟各拉一端，在一棵树上拉了起来，只见他俩一来一往，不一会儿就把树锯断了，又快又省力，锯就这样发明了。在鲁班之前，肯定会有不少人碰到手被野草划破的类似情况，为什么单单只有鲁班从中受到启发，发明了锯呢？这无疑是值得我们思考的。

⭐ 思考分析

这则小故事中，鲁班发明锯子的过程无疑是一种创新，来源于生活，反哺于生活，让我们对创新有了初步的感受。接下来，再看看专家们对创新的表述。

世界经济合作与发展组织（The Organization for Economic Co-operation and Development，OECD）把创新定义为：一种新的或做出重大改进的产品（商品或服务）或工艺；一种新的市场经营模式，或在商业实践、工作组织或外部关系中的一种新的组织方式的实施过程。

结合案例与专家们对创新的定义，创新可以这样描述：创新不限于经济或商业领域，它是在各个领域第一次应用的事物或方法，是将发明和创造实用化的过程。创新不仅仅是简单的发现，也不是在实验室或者工作室"顿悟"的瞬间，创新是一个过程，是一个复杂的、多维的生态系统。

二、创新的驱动因素

创新不是无根之木，无源之水，创新者除了需要具备能够进行灵活思考的健康大脑外，还需要更多因素来催化、促成创新。不妨从下面的案例中寻找一些端倪。

⭐ 案例描述

邵明路，彼得·德鲁克管理学院创办人，光华社会企业主席。2001年在美国克莱蒙特大学德鲁克研究生院，师从彼得·德鲁克先生。具备38年工作经验，22年的创业经历，先后创办过数家企业，涉及多个行业，目前所领导的光华社会企业涉足证券与实业投资、管理培训及慈善事业。1999年，在德鲁克先生亲自指导参与下创办了北京光华管理研修中心。研修中心的成立，也是基于一个意外的成功。

当时，由于邵明路的公司急需大量的合格经理人，于是开设了强化培训课程。一天中午，邵明路意外发现，许多本大厦内其他公司的经理人饿着肚子站在教室门口旁听，他们甚至提出付费参加培训的要求，这启发了他。中国很多企业都正在快速扩张，原有的管理者不合乎发展的要求，所以，培训经理人这方面就存在很大的市场需求。正是基于这一点，他去美国、欧洲找好的商学院，希望能和他们合作在中国建立培训机构。这个培训机构不仅仅是满足自己公司的培训需求，还要对第三方开展培训。后来，得到德鲁克先生的支持，就把研修中心办起来了。

⭐ 思考分析

在案例中，北京光华管理研修中心的成功创立是当时中国培训行业的一个创新，这个创新是文中所讲的"意外"吗？显然不是。这个创新的举动来源于市场的需求，正是因为有着很大的需求，才使得市场上的商家发现了商机，认为有必要成立这样的培训机构。这则案例告诉我们创新的驱动因素之一是：需要。著名的希腊哲学家柏拉图说，"需要是发明之母"，今天仍然如此。许多发明都源于试图通过创造一种新产品或改进旧产品来满足一个确定的需求。

📖 概念知识

驱动创新的因素还有很多，比如创造力、好奇心、权威、偶然和激情。

创造力和创造性思维，是个人使用新的和非常规的方法来解决现有的问题，并能够阐明每一种方法的优点的能力的本质属性。这需要分析思维，以确定哪种方法最有可能产生良好的结果。富有创造力、批判性和胆量的思想家是创新过程的基础。

好奇心是发明的伟大驱动者，也是点燃想象力和创造性的火花。达·芬奇的好奇心加上他热衷于观察周围，使得他开发了许多新的设计，这些设计在当时来说还很原始，然而正是这些初步的设计激励了后人做进一步的研究，把这些想法推向应用。

权威也是驱动创新的重要因素之一。有时，发明家为了响应权威人物的要求而进行创新。最著名的例子是阿基米德（Archimedes），锡拉丘兹国王要求他鉴定王冠是不是纯金的。阿基米德通过利用水位变化发现的一个定律（即阿基米德定律）来测量不规则物体的密度，解决了这个难题。毫不夸张地说，这一发现救了阿基米德的命，这是多有力的动机啊！

创新者必须对他们的工作充满激情。正如爱迪生所说的那样："我一生中从未做过一天的工作，一切都是乐趣！"跟着激情走，是利用一个人的全部潜能的关键。

不是每一个发明都来自某个天才在某个特定问题上的敏锐头脑，一些发明只是偶然发生的。例如，在1904年密苏里州的圣路易斯世界博览会上，到处是卖冰淇淋和松饼的小贩。一天，一个冰淇淋小贩忙了一天，用完了装冰淇淋的纸杯。值得庆幸的是，邻近的华夫饼干销售商想了个高招，将他的华夫饼卷成锥状，让绝望的冰淇淋小贩用来做碗。虽然这可能不是第一次用可以吃的容器来装冰淇淋，但它实际上造就了我们今天所知的锥形蛋筒冰淇淋的普及。那天，创造性的华夫饼干销售商可能并没有计划引入一个专利项目，但意想不到的情况"触发"他做出了创新。

创新的过程通常由一个或多个因素驱动，任何创新都是在继承的基础上进行的。广博的知识基础能促进人的创新活动。大学生应树立远大理想和抱负，提高创新欲望；要坚信自己具有创新能力；培育探索问题的敏感性；善于开动脑筋，保持思维的独立性；保持良好的竞争心态，在竞争中进行自我激励。

三、创新的类型

为了加深对创新的理解，有必要对创新进行分类。创新分类的考察指标不同，得出不同的分类。

⭐ **案例描述**

福布斯中文版首次发布中国创新人物

福布斯中文版于2014年8月发布了"中美创新人物"专题,选出中美各10位年度创新者。

福布斯中文版编辑部按照如下标准来筛选中国的10位创新者:① 实现了技术基础之上的商业成功;② 个人在其中起到了决定作用;③ 显著改变甚至颠覆了所在行业;④ 创造了全新的用户群体;⑤ 广泛被期待有可能产生Next Big Thing。

中国创新人物名单(以首字母拼音为序排列):李河君(汉能控股董事局主席)、雷军(小米科技创始人)、彭蕾(支付宝CEO)、汪建(华大基因总裁)、汪滔(大疆创新科技创始人)、王传福(比亚迪董事局主席)、王卫(顺丰速运集团总裁)、张雷(远景能源科技董事长)、张小龙(腾讯公司高级副总裁)。

微信改变了我们的沟通方式;小米手机改变了手机行业的游戏规则;顺丰在中国正创造世界级的物流服务;经过多年努力,比亚迪正引领中国步入电动车时代。

彭蕾执掌支付宝期间,余额宝产品引发了银行业的求变之风和互联网金融热潮。阿里小微金融获取银行牌照后的金融创新也广受期待。

汪滔是名单中最年轻的创新者,他创立八年的大疆无人机已经成为消费级航拍领域的领导者,占据了全球70%的市场份额。随着传感技术和地图精度的提升,未来无人机可能将会在农业、安全、游戏娱乐等多个领域实现颠覆创新。

在张雷身上,我们看到了对于能源最为狂野的想象力。这位风能领域的创新者,正在用物联网连接新能源,通过挖掘新能源的大数据价值,实现未来能源管理的精细化和智能化。

华大基因在2010年就已经成为全球最大基因测序服务公司。汪建执着于用基因来解决遗传疾病问题,并为此构建了庞大的基因数据库,华大基因一年的数据产生量据称高达20PB。汪建正在推动基于基因技术的个体化和精准化医疗。

⭐ **思考分析**

福布斯中文版根据自己对创新的认识和理解,对创新进行了分类,并依此选出了中国的十位创新者(虽然乐视现在面临绝境,但它曾经创造的辉煌仍不容忽视)。创新的分类方式有很多,依据不同的标准,创新可分为不同的类型。

📖 概念知识

1. 营销创新

营销创新是企业最底层的创新，它解决的问题是企业与渠道伙伴和最终消费者的关系问题。

在信息时代，信息传播的速度与广度使得企业营销环境发生了巨大变化，企业在以往经验上积累的营销理念和营销技术都将受到巨大挑战。无论是市场的领导者还是新加入者，在全新的网络市场上都处于同一起点，每个竞争者都有同等的机会。因此，无论过去是多么辉煌，还是默默无闻，每一家企业都必须在营销理念、营销方式、营销策略、营销手段上进行相应的变革与创新，以适应信息时代的要求，才能获得持续的生存和发展。

2. 管理创新

管理创新是企业内部的事情，它要解决的是如何提升生产效率，提高每个员工的活力以及营造企业和谐氛围的问题。

在当今科学技术和经营环境急剧变化的复杂环境之中，企业管理者必须要把握管理创新发展的新趋势、新要求，不断进行管理创新，把创新渗透于管理整个过程中。要为员工发挥创造性才能搭设舞台，使每个人都有机会成为创新者。要注重个性文化的培养，创造独具特色的经营模式，使企业在市场竞争中立于不败之地。具体来说，在信息化、市场化、一体化日益深化的背景下，企业要取得持续发展，必须要在理念、技术、组织及制度上不断创新，运用新的理论指导企业管理，在变化中求生存，在创新中求发展。

3. 产品创新

产品和服务创新是一个企业最重要的创新，是决定一个企业价值高低或者有没有存在价值的关键因素。很多人喜欢把产品创新和技术创新、营销创新混为一谈，其实这三者的区别还是很大的。

一个普通女工灵光闪现，说出一句"怕上火，喝王老吉"，这是营销创新；一个木匠把既有的木料、漆、配件等制作成一个漂亮的书桌，这是产品创新；Intel将氧化铪（HfO_2）作为栅氧化层用于CPU设计，将三极管管脚间距缩小至4个原子大小，从而大幅提升了CPU的运算效率，这是技术创新。

一个企业容易陷入将产品创新和技术创新合二为一的误区。表现为，产品开发人员和技术开发人员不分，产品目标和技术目标模糊。产品开发一定是用户应用导向的，而技术开发是行业领先导向的。导向不同，方式方法就不同。

4. 商业模式创新

商业模式就是企业赚钱的方式。不断创新商业模式，从传统被束缚的价值体系中寻找全新的价值。主动改良或者创新企业商业模式将会得到较好的利润并有可能成为行业领导者，而对商业模式不关心的企业迟早会陷入盲目跟随竞争的状态，成为其他模式的棋子。因此，企业若想保持持久的竞争力，必须从交易内容、交易结构和交易机制方面寻求创新的可能。

5. 科技创新

科学和技术创新，从本质上说，与企业的使命有关。并非所有的企业都要做科技创新，毕竟科技创新需要杰出人才，需要不断的资金投入，对于中小企业来说，这勉为其难。西方科技企业，每年投入的研发费用占销售额的5%～20%。Intel一年的研发费用恐怕比联想20年的纯利润都要多。

我们应该明白的是：中小企业不必负担科技创新的苦役，而大型企业则有责任担当科技创新的使命。这个担当不仅对民族有利，主要还是对企业的长远发展有利。

你也许要问，香奈儿也算是不小的企业，需要搞科技创新么？其实，很多一线时装品牌的确在面料等方面有自己的创新。如今，我们身边很多影响人类发展轨迹的科技创新不是来自政府支持的实验室，而是来自企业，比如尼龙、各类药物、混动发动机，等等。

再次重申，科技创新绝对不等于产品创新。有了好技术，不等于有了好产品；有了好产品，没有管理创新和营销创新的配合，未必有好的业绩。施乐公司有很多科技发明，柯达发明了数码相机，但它们都局限在自己的发明手里。

6. 文化创新

文化是人类生活方式的总和。一个企业的产品是否改变了人类的生活方式，这是区分企业是否"伟大"的关键标尺。IBM是伟大的，因为她发明了个人电脑，从而改变了人们的生活；肯德基是伟大的，因为她发明了美味的快餐，让人们的生活更加便利；阿里巴巴是伟大的，因为她成功创立了淘宝、支付宝，让中国人的交易更加便利……并不是所有营业额巨大的公司就能进行文化创新，能进行文化创新的企业家才是天才，他们的作用堪比苏格拉底、卢梭，但这样的企业家凤毛麟角。

第二节　创新思维

一、创新思维的概念

概念知识

创新思维是一切产生崭新内容的思维形式的总和。凡是能想出新点子、发现新例子、创造出新事物的思维都属于创新思维。这是对事物间的联系进行前所未有的思考，从而创造出新事物的思维方法。

创新思维是创新能力的核心因素，是创新活动的灵魂。开展创新训练的实质就是对创新思维的开发和引导。

创新思维可分为：发散思维、收敛思维、想象思维、联想思维、逻辑思维与辩证思维。

1.发散思维

发散思维是指人在思维过程中，无拘束地将思维由一点向四面八方展开，从而获得众多的解决问题的设想、方案和办法的思维过程。发散思维，形象地描述就是从问题对象和问题中心出发，各条思维好像多条光线一样向外放射。每一条思维都是由问题中心发出，但各条思维之间没有逻辑上的联系，互相的转换不是直接的。发散思维本质上是一种非逻辑的思维方式，所以，发散思维所捕捉到的思维目标有可能远离头脑中已有的逻辑框架而具有新意，成为一个新的创新萌芽。因而，发散思维在创造活动中具有重要作用。

2.收敛思维

收敛思维又称集中思维，是一种寻求唯一答案的思维，其思维方向总是指向问题中心。和发散思维相反，收敛思维在解决问题的过程中，总是尽可能地利用已有的知识和经验，把众多的信息和解决问题的可能性逐步引导到条理化的逻辑链中去。

收敛思维是一种求同思维，它集中各种想法的精华，达到对问题的系统全面地考察，为寻求一种最有实际应用价值的结果，把多种思维理顺、筛选、综合、统一。发散思维是一种求异思维，把各种不同的可能性都设想到。收敛与发散是一种辩证关系，既有区别又有联系，既对立又统一。没有发散思维的广泛收集、多方搜索，收敛思维就没有了加工材料；没有收敛思维的过程，发散思维的结果再多，也不能形成有意义的创新结果。只有两者协同动作，交替运用，一个创新过程才能圆满完成。

3. 想象思维

想象思维是人脑通过形象化的概括作用对头脑中已有的记忆表象进行加工、改造或重组的思维活动。想象力是否丰富，是想象思维能力强弱的判断依据。

4. 联想思维

联想思维是指在人脑中的记忆表象系统中由于某种诱因使不同表象发生联系的一种思维活动。联想思维按联想类型可分为：① 接近联想，如时间或空间上的接近都可以引起不同事物之间的联想，由事物间完全对立或存在某种差异而引起的联想；② 因果联想，由于两个事物存在因果关系而引起的联想。

5. 逻辑思维

逻辑思维就是依据逻辑形式进行的思维活动。逻辑思维的基本规律有：同一律、矛盾律、排中律和充足理由律。我们平时所说的定义、依据、实验、验证、划分、观察、假设等方法，都是建立在逻辑思维基础上的。逻辑思维在实践活动中的主要作用是：有助于人们正确认识客观事物，使人们通过揭露逻辑错误来发现和纠正谬误，帮助人们更好地去学习知识，有助于人们准确地表达思想。运用逻辑思维也可以取得创新性的思维成果。化学家门捷列夫在创立元素周期表后，就运用逻辑思维，严密地推断出当时还没有发现的新元素的存在，并计算出新元素的原子量。

6. 辩证思维

辩证思维指的是按照辩证逻辑的规律，即唯物辩证法的规律进行的思维活动。辩证思维是高级的思维活动，它依据唯物辩证法来认识客观事物，揭露事物内部的深层次矛盾，从哲学的高度为人们提供世界观和方法论。辩证思维在创新活动中起着突破性的作用。

⭐ 案例描述

两个推销人员到一个岛屿上去推销鞋。一个推销员到了岛屿上之后，气得不得了了，他发现这个岛屿上每个人都是赤脚。他气馁了，没有穿鞋的，推销鞋怎么行，这个岛屿上是没有穿鞋的习惯的。于是他马上发电报回去，鞋不要运来了，这个岛上没有销路的，每个人都不穿鞋的，这是第一个推销员。第二个推销员来了，高兴得不得了，这个岛屿上的鞋的销售市场太大了，每一个人都不穿鞋啊，要是一个人穿一双鞋，不得了。那要销出多少双鞋出去。于是他马上发电报，赶快空运鞋。同样一个问题，你看，不同的思维得出的结论是不同的。

⭐ 思考分析

创新思维是创新实践，是创造力发挥的前提。思路决定出路，格局决定结局。思考本案例运用了哪种思维方式？

二、创新思维的过程

国内外的有关学者就创新性思维的过程提出过多种模式，有将其划分为三阶段、四阶段、五阶段，甚至更多阶段的，但基本框架仍是一致的。英国心理学家沃勒斯在其1926年出版的《思考的艺术》一书中，提出了创新性思维的"四阶段理论"，是一种影响最大、传播最广，而且具有较大实用性的过程理论。

📖 概念知识

"四阶段理论"把创新性思维划分为准备期、酝酿期、明朗期和验证期四个阶段。

1.准备期

准备期是准备和提出问题阶段，包括发现问题、搜集资料以及从前人的经验中获取知识和得到启示。一切创新都是从发现问题、提出问题开始的。问题的本质是现有状况与理想状况的差距。爱因斯坦认为："形成问题通常比解决问题还要重要，因为解决问题不过牵涉到数学上的或实验上的技能而已，然而明确问题并非易事，需要有创新性的想象力。"他还认为，对问题的感受性是人的重要资质，然而有些人偏偏缺乏这种资质。创新性思维的准备包括三方面的具体工作：一是知识和经验的积累及整理；二是搜集必要的事实和资料；三是了解提出问题的社会价值，能满足社会的何种需要及价值前景。通过这三方面的工作，可力求使问题概念化、形象化和具有可行性。

2. 酝酿期

酝酿期也称沉思和多方思维发散阶段。在酝酿期要对收集的资料、信息进行加工处理，探索解决问题的关键，因此常常需要耗费很长时间，花费巨大精力，是大脑高强度活动时间。这一时期，需要从各个方面，如按纵横、正反等方向进行思维发散，让各种设想在头脑中反复组合、交叉、撞击和渗透，按照新的方式进行加工。加工时，应主动地使用各种创新技法，力求形成新的创意。创新性思维的酝酿通常是漫长而又艰巨的，但只要坚持下去，方法得当，仍然是充满希望的。

3. 明朗期

明朗期即寻找到解决问题的办法的顿悟或突破期。它是经过酝酿期的反复思考，突然出现灵感或产生顿悟，使创新性思想脱颖而出、豁然开朗的时期。在酝酿的基础上，明朗期往往短促而又突然，呈猛烈爆发状态，久盼的创新性突破在瞬间实现，人们通常所说的"脱颖而出""豁然开朗""众里寻他千百度，蓦然回首，那人却在，灯火阑珊处"等都是描述这种状态的。如果说"踏破铁鞋无觅处"描绘的是酝酿期的话，"得来全不费工夫"则是对明朗期的形象刻画。在明朗期，灵感思维起着决定性作用，这一阶段的心理状态可能是高度兴奋甚至感到惊愕。

4. 验证期

验证期是对创新性思维的评价、完善和作充分论证阶段。由灵感闪现得到的想法，还需要在理论层面进行推敲和用实验来证明，检验其是否正确，是否完备，是否可行，并不断加以修正和完善。创新性思维所取得的突破，假如不经过这个阶段，就不可能真正取得创新性成果。

⭐ **案例描述**

旱冰鞋的产生

英国有个叫吉姆的小职员，成天坐在办公室里抄写东西，常常累得腰酸背痛。他消除疲劳的最好办法，就是在工作之余去滑冰。冬季很容易就能在室外找个滑冰的地方，而在其他季节，吉姆就没有机会滑冰了。怎样才能在其他季节也能像冬季那样滑冰呢？对滑冰情有独钟的吉姆一直在思考这个问题。想来想去，他想到了脚上穿的鞋和能滑行的轮子。吉姆在脑海里把这两样东西的形象组合在一起，想象出了一种"能滑行的鞋"。经过反复设计和试验，他终于制成了四季都能用的"旱冰鞋"。

⭐ 思考分析

从案例中可以看出，吉姆在发明旱冰鞋的过程中，不是一蹴而就的，而是循序渐进的过程。他先从头脑中某些客观存在的事物形象中分别抽出它们的一些组成部分或因素，然后，根据需要做一定改变后，再将这些抽取出的部分或因素，构成具有自己结构、性质、功能与特征的能独立存在的特定事物形象。

三、创新思维的训练

📖 概念知识

创新性思维的训练又称为"软化头脑的柔软操"。它可使人们摆脱各种思维障碍，从而产生许多创新性设想，再经过一定的操作而获得创新的成功。

影响和阻碍创新思维的障碍主要有哪些呢？主要有三大障碍：思维定式、功能固着、思维封闭。

思维定式，也称"惯性思维"，是由先前的活动而造成的一种对活动的特殊的心理准备状态，或活动的倾向性。在环境不变的条件下，定势使人能够应用已掌握的方法迅速解决问题。而在情境发生变化时，它则会妨碍人采用新的方法。消极的思维定式是束缚创造性思维的枷锁。

功能固着是指人们把某种功能赋予某种物体的倾向，认定原有的行为就不会再去考虑其他方面的作用。功能固着的产生原因包括心理因素和行为习惯两个方面。功能固着对于我们创造性地解决问题有消极影响，因此应该采用各种方法消除负面影响。

思维封闭，也可以说是封闭式思维，就是把已有的知识、经验变成僵死的框框，以此作为裁判生活的标准的思维方法。有这种思维习惯的人，遇事便用自己头脑中的框框套一套，如果不符，不是去思考自己的框框是否合理，而是抱怨事实。

较为典型的创新思维训练有以下几种。

1. 扩散思维训练

这种训练的关键是找到扩散点，然后再进行思维扩散。一般情况下，扩散点包括以下几个方面。

（1）材料扩散。

例如"报纸"，它的用途有多少种？经过思考可知，它可以传播信息和知识、包东西、练字、叠玩具、糊信封、擦桌椅、擦钢笔、做道具等。

题目：牛奶、塑料袋、石头、旧牙膏皮、旧衣服、泡沫、塑料等各有多少种用途？

（2）功能扩散。

例如"照明"，有多少种方法？我们可以想到油灯、电灯、蜡烛、手电筒、反射镜、火柴、火把、萤火虫等。

题目：为了达到取暖、降温、除尘、隔音、防震、健身等目的，可以有多少种方法？

（3）结构扩散。

例如"半圆结构"，能列举出多少种？名称是什么？参考答案：拱形桥、房顶、降落伞、铁锅、灯罩等。

题目："0""Δ"结构有多少种？名称是什么？

（4）形态扩散。

例如"红包"，它可做什么事？可做信号灯、银笔、领带、本子封面、衣服、五角星、印泥、指甲油、口红、油漆、灯笼等。

题目：香味、影子、噪声可用来做什么？

（5）组合扩散。

例如"汽车"，可与喷药机、冷冻机、垃圾箱、集装箱、通信设备、光机、手术室等组合。

题目：圆珠笔、木梳、温度计、电视机、水壶、书、灯等可与其他哪些东西组合？

（6）方法扩散。

例如"吹"，可办哪些事或解决哪些问题？思考后可知，利用"吹"的方法，可以除尘、降温、演奏乐器、传递信息、制作产品、挑选废品等。

题目：利用敲、提、踩、压、拉、拔、翻、摇、摩擦、爆炸等方法可办哪些事或解决哪些问题？

（7）因果扩散。

例如"玻璃板破碎"，有哪些原因？经过思考后可知原因有振击、敲打、棒打、重压、震裂、炸裂等。

题目：桌子、灯、砖、碗、杯、楼房、机床、汽车、变压器等被破坏的原因有哪些？

（8）关系扩散。

例如"人与蛇"的关系有哪些？蛇皮可制乐器，蛇肝、蛇毒可制成药，蛇肉可为美食；蛇既可供观赏和玩耍，也可灭鼠除害；毒蛇咬人可致伤也可致死。

题目：描述太阳、鸟粪、黄金、计算机、信息管理等与人的关系。

2. 异同转化思维训练

例如，"一分和五分的硬币"有相同点，也有不同点，都包括哪些？通过观察可知，它们的相同点是均为银色铅制品，圆形，有国徽图案，有汉字和阿拉伯数字，侧视呈扁形，有齿形边缘，流通后带有细菌等；它们的不同点是厚薄不同，直径、重量、图案、数字大小和齿形边缘条纹数不同等。

题目：举出钟和表、工作和知识分子、软件和硬件、发电机和电动机、两片树叶的相同点和不同点。

3. 想象思维训练

（1）图像想象。

例如，对图形"0"，能否尽可能多地举出与其相似的东西？如发条、盘山公路俯视图、录音带、盘着的蛇、指纹、卷尺、草帽、水旋涡等。

题目：举出与图形"0""△""S"相似的各种东西。

（2）假设想象。

假设想象是通过对某种事物的回忆、推理和猜测来想象将会出现的结果。

例如，"老鼠"，如果世界上一只也没有，将会怎样？可减少粮食和其他物品的消耗，不需制造捕鼠器和鼠药，不会发生鼠疫和儿童被老鼠咬伤或咬死的现象，食鼠动物无食将破坏生态平衡等。

题目：若世界上没有太阳、水、空气、石油、植物，那么动物将会怎样？人类长生不老将会怎样？

★ 案例描述

老师问学生，有一个聋哑人，又聋又哑。他到五金商店去买一个钉子，他说不出话于是就拼命比画，人家给他一个锤子。他摇手，更加使劲比画。老板想，不是锤子，那肯定是钉子。老板递给他，他非常高兴，点点头。老师又说，下面有一个盲人，他要买剪刀，我们怎么用最简洁的方式表达呢？同学们说，老师我们知道，要比画，接着比出剪刀的手势。全班同学都赞成这样比画，老师说他不需要比画，他可以直接说买剪刀，因为他是盲人，嘴巴是会说话的。

★ 思考分析

从案例中可以看出，老师先举例聋哑人买东西应比画示意，强调了比画的动作和过程，把学生的思维引到比画的思维定式上了。接着提问盲人该如何购买剪刀，学生回答比画，这就是已经形成了思维惯性。

只有打破思维惯性、思维封闭等障碍，才能更好地开展创新思维训练，进行思维创新。

第三节 创新方法

人所共知，做任何事情，如果方法得当，则事半功倍，甚至点石成金；方法不当，则事倍功半，甚至得不偿失。黑格尔称："方法是任何事物所不能抗拒的、最高的、无限的力量。"

有句慧语是，"人们往往将一个人拥有的东西称为财富，其实他真正的财富是获得这些东西的方法"。

方法创新是创新能力的最重要组成部分，一个人有了很好的创新思维，而没有正确的创新方法，也不可能形成创新方案。因此，掌握创新方法的知识和技能，对于培养人们的创新能力具有重要作用。

概念知识

1. 奥斯本检核表法

奥斯本检核表法是美国创造学家奥斯本提出的，其目的就是为了使人们克服不愿提问或不善于提问的心理障碍。奥斯本检核表法将创新过程中可能的提问分成了九大类，共计75个问题（表1-3-1）。

表1-3-1　奥斯本检核表法

序号	检核项目	含义
1	能否另用	有无新的用途？是否有新的使用方法？可否改变现有的使用方法
2	能否借用	有无类似的东西？利用类比能否产生新观念？过去有无类似的问题？可否模仿？能否超过
3	能否扩大	可否（增加？附加？增加使用时间？增加频率？增加尺寸？增加强度？提高性能？增加新成分？加倍？扩大若干倍？放大？夸大？）
4	能否缩小	可否（减少？密集？压缩？浓缩？聚合？微型化？缩短？变窄？去掉？分割？减轻？变成流线型？）
5	能否改变	可否改变（功能？颜色？形状？运动？气味？音响？外形？其他？）
6	能否代用	可否代替？用什么代替？采用别的（排列？成分？材料？过程？能源？颜色？音响？照明？）
7	能否重新调整	可否变换（成分？模式？布置顺序？操作工序？因果关系？速度或频率？工作规范？）
8	能否颠倒	可否颠倒（正负？正反？头尾？上下？位置？作用？）
9	能否组合	可否重新（组合？混合？合成？配合？协调？配套？），可否重新组合（物体？目的？特性？观念？）

2. 头脑风暴法

头脑风暴法，是由美国BBDO广告公司的奥斯本首创，该方法主要由价值工程工作小组人员在正常融洽和不受任何限制的气氛中以会议形式讲行讨论、座谈，打破常规，积极思考，畅所欲言，充分发表看法。

头脑风暴法出自"头脑风暴"一词。所谓头脑风暴（Brain-storming），最早是精神病理学上的用语，是对精神病患者的精神错乱状态而言的，如今转而为无限制的自由联想和讨论，其目的在于产生新观念或激发创新设想。

在群体决策中，由于群体成员心理相互作用影响，易屈于权威或大多数人的意见，形成所谓的"群体思维"。群体思维削弱了群体的批判精神和创造力，损害了决策的质量。为了保证群体决策的创造性，提高决策质量，管理上发展了一系列改善群体决策的方法，头脑风暴法是较为典型的一个。

3. 切割重组法

切割重组法是指通过改变（切制、分解）物（群）体构成，然后将分割元素重新组合，借以创造新事物、提高群体创造力的方法。

本方法受七巧板启示创造，故也叫"七巧板块法"。七巧板是中国古代的一项发明，拿破仑曾用它训练想象力。即将一个普通的正方形板块切割成七块，然后用它重新组合，就能拼出上千种形态各异的图案。

切割有分解、离开的意思，广义上可理解为去掉、选取、排出、引入等。从重组素材的来源分，可分为同系事物切割和异域事物切割。目前企业普遍开展的优化组合、调整产品与产业结构，就其本质而言，就是"切割重组"。应用这种方法，德国把研究所拆散，对社会开放，重组有活力的科室。切割重组是一种提高群体创造力的方法，也是一种生产创造性成果的方法。例如论文可以说是参考文献与实验结果的"切割重组"，电视剧是演员、镜头、故事情节和艺术风格的"切割重组"。

4. 反向求索法

反向求索是指以逆向思维的方式进行创新开发的方法。逆向思维又名反向思维、乘负法、反面求索法，通俗地讲就是"反过来想一想"。其意思也就是为了达到某一目标，人们将通常思考问题的思路反转过来，以悖逆常规、常理或常识的方式去寻找解决问题的新途径、新方法。

逆向思维可以挑战习惯性思维，克服"心理定式"，这无论在理论创新还是技术、产品创新上都有出奇的作用。

5. 想象思维法

想象思维法是指人脑通过形象化的概括作用，对大脑内已有的记忆表象进行加工、改造或重组等思维活动的方法。

想象思维可以说是形象思维的具体化，是人脑借助表象进行加工操作的最主要形式，所以，历来备受创造学家的重视。想象力是否丰富，也就是想象思维的能力是强还是弱，也成为判断一个人创新能力的重要依据。

6. 分析列举法

分析列举法是指通过对事物的分析而列出其各方面的特性，从而有助于创造发明的选择和创新技法的确定。要发明创新，首先要认定目标、选择题目。经验证明，选题的恰当与否，将直接关系到创造发明能否成功。列举是人们思维活动的表现形式之一。通过列举事物各方面的属性，构成一定数量，便有助于产生新的概念，同时可从所列举出来的事物的性质、特征中归纳出更一般的概念。一般人在处事时，对熟悉的事物不太会再去认真仔细地分析观察，这在主观上就有了感知障碍，使之不能全面深入地考察问题。列举法则不然，它要求人们以一丝不苟的态度，将一个熟悉的事物进行重新观察，把每个细节都列举出来，从中发现存在的问题，提出改进意见和希望，由此形成新创造。

列举法中最基本的一种是特性列举法，在它的基础上又发展为缺点列举法、希望点列举法、成对列举法等。

★ 案例描述

1901年，美国一家生产车厢除尘器的厂家在英国伦敦莱斯特广场的帝国音乐厅举行了一次除尘表演。这种除尘器的工作原理就是用压缩空气把尘埃吹入容器内，所以当时许多现场观众都被吹得灰头土脸，人们乘兴而来败兴而归。参观了这场示范表演的英国土木工程师布斯认为此法并不高明，因为许多尘埃未能被吹入容器，于是他动起了脑子，他想："既然吹尘不行，那么能不能换个方法把吹尘改为吸尘呢？"回到家里后，布斯做了个很简单的试验：他用手帕蒙住嘴和鼻子，趴在地上使劲儿吸气，结果灰尘不再到处飞扬，而是被吸附到了手帕上。布斯据此制成了吸尘器，用强力电泵把空气吸入软管，通过布袋将灰尘过滤。1901年8月，布斯取得专利，并成立真空吸尘公司，但并不出售吸尘器。他把用汽油发动机驱动的真空泵装在马车上，挨家挨户服务，把三四条长长的软管从窗子伸进房间吸尘。这就是吸尘器的前身。

★ 思考分析

针对产品，逆向思维表现在就其原理、市场、需求、结构、功能等从相反方向进行思考探索，将思路从固有观念中引离而获得崭新的启迪。例如人走路都是要迈动双脚才能逐步前移的，那么想象成双脚不动而让路面移动不是同样可以前进吗？于是，人们发明了自动扶梯、电梯、传输带等。

第四节　创新能力

一、什么是创新能力？

📘 概念知识

　　创新能力是指在前人发现或发明的基础上通过自身的努力创造性地提出新的发现、发明或改进革新方案的能力，也是指怀疑、批判和调查的能力，是研究者运用知识和理论，在科学、艺术、技术和各种实践活动领域中，不断提供具有经济价值、社会价值、生态价值的新思想、新理论、新方法和新发明的能力。创新能力主要包括以下五个方面：创新意识、创新基础、创新智能（包括观察能力、思维能力、想象能力、操作能力等）、创新方法和创新环境。

　　创新能力的定义强调的是：① 在前人发现或发明的基础上。任何人的创新、创造、发明和发现都离不开人类已有的知识和信息，人类社会的发展就是通过不断地继承、批判、发展和创新实现的。② 通过自己的努力。创新者要有强烈的创新动机、创新精神和良好的创新素质与品格。③ 创造性地提出新的发现、发明或改进革新方案的能力。创新能力是在创造过程中体现出来的，创新能力的种种特征均涵盖在这句话之中。

⭐ 案例描述

扔石填塘

　　这个故事由古代文学家冯梦龙收录。讲的是有一个小村子，那里有一个没人管的臭水塘。村里有一个聪明的少年，一天，他和父亲一起摘苹果时想到了那个臭水塘。于是，他对父亲说："能不能给我一篮子苹果？"父亲问他做什么。他答道："我能用一篮子苹果，把村里那个臭水塘填平。"父亲很奇怪，想想一篮子苹果也不多，就答应了，男孩拎着苹果跑回家。他找到一块长木板写上这样一句话："打中木板一次，得苹果一只。"然后，他拎着苹果跑到水塘边，把木板插到小水塘一侧，然后请小朋友回村里宣传。村民们觉得很新奇，都想参与一下。结果，你扔一块石头，他扔一块石头，就在篮子里的苹果快发完的时候，水塘果然被扔出去的石块填平了。这时，村里人才明白这个少年的用意，连夸他聪明。

⭐ **思考分析**

案例中的少年，从一篮子苹果想到了治理臭水塘的办法，巧妙地利用激励的办法，增强了人们的行动意识，创新能力之强可见一斑。

二、创新能力的特性

（一）创新能力是一种普遍性的能力

📖 **概念知识**

1. 创新能力人人皆有

创新能力是人人皆有的一种能力，即创新能力具有普遍性。它不分年龄大小，也不分智商高低，更没内外行、条件好坏之分。也正因为它是人人皆有的一种能力，创新理论，包括创造学、成功学、人类潜能学，才有它存在的必要和意义。

2. 创新时时皆有

创新本身不受时空的限制，每个时期每个人的创新能力都表现得不一样。而在什么时间能产生创新和创意，也是因人而异的。也许在白天，也许在晚上，也许在淋浴的过程中，也许在闲聊的过程中……创新虽然没有严格的时间限制，却有公认的最佳创意时间。我国古代就已经对什么时间是最佳的创意时间有了深刻研究，古代的专家研究认为骑在马上、睡在枕上、坐在厕上这三个时间段为最佳创意时间。美国创意顾问集团主席查里斯·奇克汤姆森做了一个权威的测试，结果位居前10位的最佳创意时间是：① 坐在马桶上时；② 洗澡或刮胡子时；③ 上下班坐公共汽车时；④ 快睡着或刚睡醒时；⑤ 参加无聊会议时；⑥ 休闲阅读时；⑦ 进行体育锻炼时；⑧ 半夜醒来时；⑨ 上教堂听布道时；⑩ 从事体力劳动时。

3. 创新处处皆有

创新表现在各个领域、各个行业，涵盖了社会所有的职业、所有的阶层。曾有位哲人说过：在每个国家里，太阳都是早晨升起的。这句话很有道理。我们也可以这样认为：一个人只要有心创新，那么创新的机会处处都有，它对每个人都是均等的。

⭐ 案例描述

爱迪生的才智

大发明家爱迪生曾招聘到一名助手。这是从1000多名优秀大学毕业生中选拔出来的一个数学奇才。报到的第一天，爱迪生让他测算一下灯泡的体积。这位奇才用了三天三夜的时间，采用大量的数学公式进行推导。当他把写满一本的数学草稿交给爱迪生时，爱迪生只看了一下结果。就说："你算对了，真了不起。"助手问："你如何知道是正确的？"爱迪生说："我也计算过，所以我知道你推算的结果是正确的。"助手又问："你用了多长时间，怎样计算的？"爱迪生说："我用了3分钟。"助手惊诧不已地说："这不可能，我用了72小时，是4320分钟，而你只用了3分钟？"爱迪生说："我的算法很简单，我把一个杯子装满了水，然后把灯泡全摁下去，把流出来的水用量杯一量就知道它的体积了。或者，把灯泡的螺口拧开，装满了水，然后再倒入量杯，也就知道它的体积了"。

⭐ 思考分析

这个故事告诉我们：什么是创造力，什么是智力，两者有何区别。同时，也告诉我们创新往往是简单的，远远没有人们想象的那么难、那么复杂。关键是人的思维方式，要用创新的思维突破常规思维。

（二）创新能力是一种可以激发和提升的能力

📖 概念知识

人的创新与创新能力是可以通过教育、训练、实践激发出来并不断提升的，即创新的可开发性。创新能力的差异是客观存在的，也是开发的前提。它的差异不是表现在人的潜能上，而是表现在后天的差异上。把创新能力由弱变强，迅速提升人的创新能力，只能通过教育、培训、开发、激励和实践。人世间的一切成就、财富和惊人的业绩，都是靠人的创新能力实现的，但是每个人表现出来的创新能力差异却很大。

⭐ 案例描述

一只猫=敌军司令部

一战期间，苏联红军与德军对垒，类似淮海战役一样，两军都挖了壕沟。有一天在两军阵地相邻最近的地方，一位正在执勤的苏联红军战士突然发现德军阵地上有一只花猫出没。这位战士猜想：能养猫者必定是德军的高级将领，这只猫出没的那个地方有可能就是德军的指挥部所在地。于是，他及时把这个情况向上级做了汇报。他们又继续观察了两天，发现花猫还是经常出现在那个地方。后来苏联红军调用炮兵集中轰击了那个地方。

从战役结束后得到的情况证实，那个被彻底摧毁的地方果然是德军的一个司令部。群龙无首，敌军焉能不败！这个战士运用联想思维从花猫想到了高级将领，又从高级将领想到了司令部。

⭐ 思考分析

为什么在众多的红军战士中，只有一个战士通过观察到的花猫想到了敌军的要害部位？这正说明了人的创新能力是有差异的。

创新能力的差异正是开发创新能力的前提。虽然每个人都有创造和创新的潜能，然而，由于各个人的素质不同，能动的作用不同，这种潜能的发挥与运用也不尽相同。

（三）创新能力是一种综合性的能力

📖 概念知识

创新能力是在创新过程、创新活动中体现出来的，是各种能力的合成。就创新能力本身而言，创新思维是创新能力的核心。创新能力构成如下。

（1）探索问题的敏锐力。

任何人都有创新的禀赋，善于发现问题和提出问题的能力是首先表现出来的能力。

（2）统摄思维活动的能力。

创新思维过程总是由推论的一个环节过渡到另一个环节。创新能力在此就体现为要把握事物的整体和全貌，以及从第一步到最后一步的全部推论的过程。为什么在学习过程中要重视对概念的理解与认识？因为概念具有统摄的功能。人们运用抽象的概念就能不断地向知识的广度和深度拓宽和延伸。

（3）转移经验的能力。

当我们把解决某个问题取得的经验转用来解决类似的其他问题时，就是运用转移经验的能力。

（4）形象思维的能力。

用表象进行的思维活动叫作形象思维。创新不仅要运用逻辑思维，同时也要运用逻辑思维和形象思维的整合。

（5）联想的能力。

世上不存在不相联系的事物，创新的本质在于发现一般被认为没有联系的两个或两个以上事物之间的联系。创新思维的本质在于发现这种联系，而联想起着极其重要的作用。联想是由一事物想到另一事物的心理过程。

（6）侧向思维的能力。

侧向思维是能够从离得很远的领域中的状态、特点和性质获得启示的思维方法。这往往是创新思维获得灵感的一个特征。

（7）灵活思维的能力。

思维能迅速地、轻易地从一类对象转变到另一类内容相隔很远的对象的能力，称为灵活思维能力，主要表现为思路开阔，妙思泉涌。

（8）评价的能力。

评价的能力，在创新活动中主要体现为从许多可能的方案中选定一个最优越的方案的能力，而不是对某一个方案的优缺点的列举，是对诸多方案进行综合、比较的评价能力。

（9）"联结"和"反联结"的能力。

"联结"能力是指人在知觉的时候，把所感知到的对象联结起来，并把这些新的信息同以前的知识和经验结合起来。"反联结"能力是使知觉和以前积累的知识相对抗，避免以前积累下来的知识的负面影响，是能够把观察到的东西"纯净化"的能力。这两种对称的能力对创新具有重要的意义和作用。

（10）产生新思想的能力。

思考是人生命的全部，要获取创新的成果，就要学习、研究和探索，就必须有形成新思想的能力。思想的重心反映了概念所代表的现象之间的密切联系。评价思想的首要准则是其思想的真实性，另一准则就是新思想的广度和深度，即能够概括和解释各种各样的大量事实。

（11）预见的能力。

预见是人通过想象来推测未来的能力，对未来的发展趋势能进行预测。

（12）运用语言的能力。

运用语言的能力是能够对事物进行准确、客观、规范的描述的能力。

（13）完成任务的能力。

完成任务的能力是按照预定的目标，不畏艰难险阻，把创新过程终结，达到目标获取成果的能力。

就创新思维能力来看，它是一种综合性的能力，把创新能力作为一个能力系统来看，它是由众多子系统构成的。

创新思维具备综合性，是创新者应具备的各类能力的综合。但是，这十三项能力不可能均衡发展，其中有的强些，有的弱些，正因为如此，才造就了不同领域、特点各异的杰出创新者。

★ 案例描述

杰夫·贝佐斯（Jeff Bezos），创办了全球最大的网上书店Amazon（亚马逊），1999年当选《时代》周刊年度人物。2013年8月，贝佐斯以个人名义花费2.5亿美元收购《华盛顿邮报》。2015年9月29日，《福布斯》发布"美国400富豪榜"，榜单显示，杰夫·贝佐斯以470亿美元净资产排名第四。2016年10月，《福布斯》再次发布"美国400富豪榜"，杰夫·贝佐斯以670亿美元排名第二。2017年7月17日，《福布斯富豪榜》发布，杰夫·贝佐斯以净资产852亿美元排名第二。2018年2月，根据胡润研究院2月28日发布的《2018胡润全球富豪榜》，贝佐斯财富上涨71%，以7750亿元财富问鼎世界首富。

当贝佐斯还是一个坐在草垛边的少年时，没有人会觉得他天赋异禀，而如今他无疑是乔布斯之后美国商界最耀眼的"脑袋"。20年来，贝佐斯从车库的一尺空间塑造出这家年销售额800亿美元的企业，他用自己的传奇故事，告诉数以万计的年轻人，不要被过人的天赋迷惑，真正的机会在于你是否懂得选择。远见卓识、果敢坚持的处事态度，不仅帮助亚马逊成为世界级的网络销售王国，更使贝佐斯成为一个传奇和梦想，激励着更多的年轻创业者。

"你们会如何运用自己的天赋？你们又会做出怎样的抉择？你们是被惯性所引导，还是追随自己内心的热情？你们会墨守成规，还是勇于创新？你们会选择安逸的生活，还是选择一个奉献与冒险的人生？"2010年杰夫·贝佐斯在普林斯顿大学学士毕业典礼的演讲中，向在座的社会新人抛出了一连串的问题。

在贝佐斯蹒跚学步的时候，他就用螺丝刀拆了自己的婴儿车，因为他想睡在真正的大床上。他的外祖父普雷斯顿-吉斯（Preston Gise）给了贝佐斯莫大的鼓舞，点燃了他追求知识的激情，并且教导他"最难的事不是变聪明，而是变善良"。

相比稳定的职场，贝佐斯显然更喜欢充满激情的竞技场。20世纪90年代初，贝佐斯意识到，互联网的使用量以每年2300%的速度爆发式增长，很快聚集了大量用户群，这必将带来一门好生意。在经过了深思熟虑之后，他选择追随自己内心的热情，改行投身互联网，成为一名"书店掌柜"。

贝佐斯说："我们把自己定位为开拓者。"他从来不会羞于承认模仿别人，比如Gilt闪购业务成功后亚马逊推出了自己的MyHabit，Groupon团购业务风行后，亚马逊就有了自己的AmazonLocal。贝佐斯说："不故步自封非常重要，我们会模仿别人，当你看到有趣的事情时，你会说如果我们做会怎么样？然后你就可以用自己的方式来改造它。"

2011年，在美国得克萨斯州的一座深山中，一座可以计时一万年的时钟开始被打造，而贝佐斯为此斥资4200万美元，他说这是"长期思想的象征"。贝佐斯始终认为，应牺牲短期利润而在新的技术领域中投入重注，这样才有可能在未来赢得更多的回报。

亚马逊从互联网图书零售起家发展到如今的零售巨头，始终处于产业链的下游，营销能力与内容支配权的失衡，始终是制约发展的心结。但是，亚马逊与用户之间存在着紧密的关系，甚至已经对消费者产生了教化式的影响力，互动性强更是它的优势，利用这样的关系有效整合、盘活传统媒体，又可以让亚马逊在内容方面获得更强势的话语权，这盘棋似乎很妙，但下起来却并不那么容易。许多类似的收购案例都以失败收场，认为前景不乐观的人不在少数，但贝佐斯依旧遵循着他的"长期思维"，或许我们得静静等待几年，才能看懂他真正的计划。

杰夫·贝佐斯和亚马逊挺过了互联网泡沫破灭时的股价暴跌；扛过了连年无限制的投入和亏损；经受了股东们对盈利孜孜不倦的期待；更敌过了成百上千互

联网新贵的挑战……贝佐斯说："人们的期待就是我的动力，我喜欢消费者们对亚马逊充满期待，喜欢股东对亚马逊充满期待。"

★ 思考分析

创新能力是创业者不可或缺的综合能力，涵盖着预见性、敏锐性、灵活性思维，等等。"选择""坚持选择""选择不要太多""不要盲目选择"，这些不仅是关于创业的命题，更是与人生的思考有关。一个成功的创业者，或许本质上都是人生的智者，创新能力也是人生智慧的一种。

（四）创新能力是一种具有乘数效应的能力

概念知识

大量的实践证明，开发和提升人的创新能力可以创造出比传统经济时代超出多倍的效益。知识经济学家龚建华指出："在知识经济时代，进行管理或进行经营分析的时候，1加1不一定等于2，其反应结果可能是0，-10，-100……-10000或10，100，1000，10000，甚至更大，产生的是除或乘的效应。这是由于其投入的成本包括了一种特殊的成本因素，这就是创新或是智慧。技术上的革新固然重要，但其获利不会增加很多，而在产品品种、市场拓展等方面的创新，则可以获得高附加值的回报。知识经济的动力就来源于此。那种传统的成本加利税等于价格的理论已站不住脚了。与传统经济理论的不同之处在于，新理论的经营成本包括了一种特殊的内容，这就是创新和智能成果的成本，它与技术和管理的成本不一样，它是技术和管理的发展和创新，是所有投入中最有价值和创造高附加值的部分。"

★ 案例描述

王选，计算机文字信息处理专家，当代中国印刷业革命的先行者，计算机汉字激光照排技术创始人，被称为"汉字激光照排系统之父"，被誉为"最有市场眼光的科学家之一"。

王选主持研制的华光和方正系统处于国内外领先地位，取得了重大的经济和社会效益，占领国内出版印刷业80%以上的市场，并出口到数十个国家和地区，海外的华文报纸绝大多数都采用方正电子出版系统，从而使中国的印刷业告别了"铅"与"火"，迈入"光"与"电"的信息时代，王选也获得了首届国家科技最高奖。汉字激光照排系统的出现对我国印刷业产生了巨大的影响，被称为印刷业的第二次革命。

激光照排技术的研发始于1975年，到1993年取得成功，整整耗时18年。在这18年里，王选全力以赴，刻苦攻关，并苦苦探索实现目标的有效手段。王选选择技术路线时大胆果断地提出跨过第二代机、第三代机，直接研制西方还没有产品的第四代激光照排系统。王选的大胆抉择是建立在锲而不舍的精神上的：只有在创新上做文章才可能成功实现跨越式发展。王选在1994年就在方正集团明确提出要持续创新。他说在一个新潮流到来之时，领先厂商过去的技术和市场积累可以成为宝贵的财富，也可以成为迎接新潮流的包袱，从而给新兴企业以可乘之机。只有始终充满危机感，才能不被淘汰出局。

实践表明，自主创新是制胜的法宝，用王选的话说："跟着外国人走是不可能赶超、也不可能与外国商品竞争的，事实上要有自己的创新和高招才能克敌制胜。"据此王选提出了"顶天立地"的发展模式。"顶天"就是寻求全球科技最前沿的制高点，在发现已有技术的不足和吸收前人成果的基础上不断追求新突破，以自主创新形成自主知识产权的核心技术；"立地"就是针对市场最迫切的需要，用新方法实现前人所未达到的目标，并迅速实现商品化和产业化从而占领市场。

⭐ 思考分析

从案例中我们可以看出王选的创新思想和创新能力影响了方正、影响了整个印刷业。王选之所以能成为方正集团的精神领袖，不仅是因为他所发明的"激光照排技术"成为方正集团自主创新的奠基石，更是因为他所倡导的"持续创新"成为方正持续成长的不竭动力。

三、创新能力的培养

📖 概念知识

当今时代的发展对创新能力提出了更高的要求，在迎接挑战的过程中把握机遇，实现人生价值是我们每一个人的责任，要培养自己的创新能力，可以从以下几方面入手。

（1）不畏常规，敢于超越，增强创新意识。创新是真正意义上的超越，是一种敢为人先的胆识。在超越中求发展，创新能力的提高应该从增强创新意识开始。

（2）一个人的创新意识可以在短时间内快速得到增强，但是一个人创新能力的提高是一个日积月累、循序渐进的过程。创新需要基础，一些世界级的重大科技成果都是从基础研究开始的。目前我国高度重视基础研究工作，就是因为没有了基础研究，超越便没有可能。要真正做好基础研究工作，为创新做好准备，必不可少的一个环节就是脚踏实地地学好知识，掌握真才实学，在此基础上融会贯通，构建健全合理的知识体系。

（3）热爱生活，关注生活，享受生活。这是创新的前提和基础。试想一下，如果自己都不热爱生活，对生活是一种漠视和冷淡的态度，又怎会去关注生活呢，不关注生活，创新又从何来。创新不可能凭空而来，它不是神话，它是实实在在存在于现实中的东西。我们只有热爱生活，关注生活，并好好享受生活，我们创新的灵感源泉才会永葆青春，永不枯竭，我们的生活也才会日新月异，丰富多彩。

（4）正视创新的核心：创新能力的实质就是创造性解决问题的能力。除此之外，创新能力还包括认识、情感、意志等许多因素。创新能力意味着不因循守旧，不循规蹈矩，不故步自封。随着知识经济时代的来临，知识创新将成为未来社会文化的基础和核心，创新人才将成为决定国家和企业竞争力的关键。创新思维是综合素质的核心。知识既不是智慧也不是能力，大量的事实表明，古往今来许多成功者既不是那些最勤奋的人，也不是那些知识最渊博的人，而是一些思维敏捷、最具有创新意识的人。他们懂得如何去正确思考，他们最善于利用头脑的力量。在当今的知识经济时代，一个人要想在激烈的竞争中生存，不仅需要付出勤奋，还必须具有智慧。

⭐ 案例描述

乔利·贝朗13岁时，在一个贵妇家里当杂工，他包揽了所有的脏活累活。贵妇要乔利把一件礼服熨一下，他一不留意，碰翻了桌子上的煤油灯，那件昂贵的礼服上滴上了几大滴煤油。贵妇人听到了这个消息，气急败坏地跑过来吼道：

"这件衣服归你了，我要从你的工钱里把衣服钱扣出来，从这天起，你就准备白给我干一年活吧。"乔利很无奈，他把让自己倒大霉的衣服挂在床前，时时提醒自己干活时要谨慎。过了些日子，他突然发现，那被煤油浸过的地方不但没脏，反而把原先的污渍除去了。"你此刻可以把这件衣服给夫人送回去，没准儿她能少扣你些工钱。"与他同屋的一个男孩提醒他。乔利摇摇头说："不必了，我还要拿它做实验呢。"就这样，经过反复的实验，他又在煤油里加入了其他一些化学原料，最后研制出了"干洗剂"。一年之后，乔利开了世界上第一家干洗店，生意一发而不可收。

★ 思考分析

要想培养和提高自己的创新能力，重要的一点就是要热爱生活，关注生活，能够创造性地解决问题，这其中探索精神、顽强精神必不可少。正如案例中的乔利·贝朗，虽然面临女主人严厉的惩罚，但仍能保持对细节的关注，并能够从中敏锐地发现机遇，不断地反复实践，终于发明了干洗剂，不但解决了自身的困境，还带来了更大的发展机遇。

我们只有不断学习，不断总结，不断研究外部环境的变化，不断对自己提出新挑战，紧跟时代的发展，才能在创新中提升，在提升中创新，在创新中发展，在发展中创新。

第五节　创新意识培养

一、什么是创新意识？

📖 概念知识

所谓创新意识是人们对创新与创新的价值性、重要性的一种认识水平、认识程度以及由此形成的对待创新的态度，并以这种态度来规范和调整自己的活动方向的一种稳定的精神态势。创新意识总是代表着一定社会主体奋斗的明确目标和价值指向性，成为一定主体产生稳定、持久创新需要、价值追求和思维定式以及理性自觉的推动力量，成为唤醒、激励和发挥人所蕴含的潜在本质力量的重要精神力量。

创新意识与创造性思维不同，创新意识是引起创造性思维的前提和条件，创造性思维是创新意识的必然结果，二者之间具有密不可分的联系。创新意识是创造人才所必须具备的。创新意识的培养和开发是培养创造人才的起点，只有注意从小培养创新意识，才能为成长为创造人才打下良好的基础。

★ 案例描述

有一个文物专家在大街上看到有人在卖一只铁猫，要价500元。专家经过仔细观察，发现猫眼是珍珠做的，便用400元买下了这双猫眼，并洋洋得意地告诉了他的一个朋友。这位朋友二话不说，立即上街用100元买回了铁猫，专家笑他太傻了，100元买一只铁猫未免太不合算了。可朋友却笑而不答，只见他用刀去刮"铁猫"，不一会儿，"铁猫"便露出了黄灿灿的金色。原来这是一只涂了黑漆的金猫。

专家感到难以理解，问道："你怎么知道它是黄金做的？"朋友回答道："你这个人知识渊博，我则对文物一窍不通，但你的思维方法不对，既然猫的眼睛是珍珠做的，那么它的身体还会是不值钱的铸铁吗？"

★ 思考分析

案例以诙谐的笔调，好像在讲述一个真实的故事，而实际是在以轻松愉快的方式开启人的智慧，是拓展思维的一种方式。

创新意识是一种独特的思维方式，能引发创造性成果，它是人类智慧的核心。人类社会的进步，文明程度的提高，制度的不断完善，都离不开创新意识这个核心。培养仔细观察生活，对一切事物认真思考，善于提出质疑的创新意识，对大学生的创业行为意义重大。

二、独立意识的培养

📖 概念知识

独立意识，也叫独立感，是指个体希望摆脱监督和管教的一种自我意识倾向。独立意识是主体性的首要表现。独立意识强的人，在日常学习、工作和生活中，能表现出自己的独特个性和自主意识；有积极的符合实际的自我认识和自我评价；有较强的自尊心和责任感；有自己的分析和主见，并果断地做出决断；有较强的自我教育能力。一个人只有具备了这样的特点，才有可能真正成为自己的主人。独立意识主要包括两个方面的内容：一是思想方面的独立性，即具有独立思考和判断的能力；二是实践方面的独立性，即学习、工作、社会交往等方面独立处理问题或事件的行为能力以及生活上的独立自理能力。

每个人都需要独立，独立地面对生活和未来的道路，尤其是对于大学生来说，即将离开学校，步入社会，如果不能及早意识到这一点，那么势必会影响到未来的生活，所以，培养独立意识非常重要。我们可以从以下几点入手培养和提升独立意识。

第一，要充分认识国情、社情，使自己的发展目标符合社会发展需要。大学生应该立足现实，放眼未来，规划好自己的发展目标和方向。

第二，通过自我教育学会自我激励，加强自己的抗挫折能力。多了解一些先进、典型事迹和励志故事，从内心深处激发自己的奋斗动力和精神情感，形成强大的内心世界，增强承受和抵抗挫折的能力。

第三，参加丰富多样的实践活动。从现实中总结经验教训，明确个人思想和精神信念，形成强烈的独立意识和奋斗动力。

第四，通过书籍、网络以及身边的人，学习典型事例，发扬自强精神，有意识地努力塑造独立自强的品格和顽强坚定的意志。

⭐ 案例描述

苏格拉底的一个学生，曾经向他请教如何才能获得真理。苏格拉底在认真思考了一番后，用手指捏着一个苹果，慢慢地从每个同学身边经过，一边走一边对同学们说道："请大家注意集中精力，注意品味空气中的味道。"然后，他回到讲台上，把苹果晃了晃，问道："哪位同学闻到了苹果的味道？""我闻到了，一股浓厚的香味儿！"一个同学随声附和道。

苏格拉底再次走下讲台，举着苹果，从每个同学的座位旁边路过，一边走一边叮嘱道："你们一定要集中精力，再次闻一下空气中的味道。"

几分钟后，苏格拉底第三次走到同学中间，让每一位同学亲自近距离闻一下苹果的味道。这一次，除了一个同学之外，其他同学都举起了手。那位没有举手的同学左右望了一下，也慌忙地举起了手。苏格拉底脸上的笑容刹那间荡然无存了，他举起苹果，缓缓地说道："这只是一个假苹果，其实它一点味道也没有……"

⭐ 思考分析

从案例中我们可以看出独立意识的重要性，假苹果并没有味道，但从众心理让所有同学都没有坚持做到独立思考。我们不能做生活中的"残疾人"，什么都要依靠他人。独立行走，使人脱离了动物界而成为万物之灵。同样，独立意识也是创业者脱颖而出、走向成功的重要品质。

三、合作意识的培养

🧢 概念知识

合作意识是指个体对共同行动及其行为规则的认知与情感，是合作行为产生的一个基本前提和重要基础。人的合作意识是随人的整体心理和行为活动能力的增强而逐渐发展的，但并不一定随着年龄的增长而提高。合作意识需要通过某种活动，通过人与人的交往过程，通过共同完成任务、经历各种过程及分享成果和责任等去培养。

善于合作，不仅能从工作中找到乐趣，也能从生活中找到乐趣。

⭐ 案例描述

三个皮匠偶尔碰到三个和尚。和尚先发制人，质问："'三个和尚没水喝''三个臭皮匠，胜过诸葛亮'这些话都是谁说的？"尽管皮匠们谦让、解释，但和尚们还是气势汹汹，说非要讨回公道不可，官司打到皇帝那里。

皇帝把三个和尚、三个皮匠分别关在一间阔绰舒适的房间里，还有一口装满食物的大锅，但是只发给每人一只长柄的勺子。

三天后，他们出来了，三个和尚饿得要命，皮包骨头；而三个皮匠精神焕发，红光满面。原因就在于，三个皮匠用长勺互相喂着吃饭，而三个和尚虽手拿勺子，但柄太长送不到嘴里，吃不到。

⭐ 思考分析

在案例中，三个和尚不懂合作，日日挨饿，三个皮匠团结合作，容光焕发，这就是所谓的"三个和尚没水喝""三个臭皮匠，胜过诸葛亮"，可见互相合作的重要性。

合作意识是现代人必备的一种修养或者能力。从本质上讲，合作是人类生存的一种方式。我们的社会处在竞争十分激烈的时代，知识的竞争，人才的竞争，能源的竞争无处不在。然而我们这个时代又是要求广泛合作的时代，那种"鸡犬之声相闻，老死不相往来"的时代已一去不复返了。社会化大生产要求绝大部分的工作必须通过许多的合作才能完成，靠个人奋斗取得成功的时代已基本过去了。合作和竞争并存，在竞争的基础上合作，在合作的基础上竞争，这一时代特征越来越明显。

四、风险意识的培养

🎓 概念知识

所谓风险意识，是指人们对社会可能发生的突发性危机事件的一种思想准备、思想意识以及与之相应的应对态度和知识储备。一个社会是否具有很强的风险意识，是衡量其整体文明水平高低的重要标准，也是影响这一社会风险应对能力的重要因素之一。

做任何一件事情，总应在事前、事中、事后进行风险分析，以便在相应阶段做出风险管理和风险控制。其中，事后分析旨在总结经验教训，对处理未来事务具有宝贵价值，而事前、事中的分析则是处置相关事务的重中之重。

提升自我风险意识可以从以下几方面入手。

（1）扩大风险相关知识储备。

风险相关知识储备的充足与否是能否正确认识风险、端正应对态度、增强风险意识，继而达到自身风险应对能力提升的前提和基础。为了更好地控制和化解风险，最大限度地减低风险造成的损失，首先要勇于承认自己的不足并正确对待，充分发挥主体的能动作用，积极主动地学习风险相关知识，开拓多种渠道进行自我教育，提高对风险的认识和了解，全面扩充自己的风险知识。

树立正确的风险意识，也是有效防范和解决风险挑战的认识关键。但是要想切实有效地防范和化解风险，走出风险困境，仅仅学习风险防范知识是远远不够的，还需要充分借鉴其他学科的知识，例如学习挫折知识、危机防范知识、心理健康知识等，使自己掌握更加丰富全面、系统深化的知识体系，用知识的力量来武装和提升自己的能力和本领。

（2）树立科学应对风险的态度。

随着经济社会的发展，人类面临的风险越来越多，风险发生的频率也越来越高，任何人都难以规避。生活在这样的时代中，不能选择消极的回避态度，而应该树立起科学的应对态度。在敏锐把握社会现实的深刻变化和实现建设社会主义事业重任的基础上，正确认识社会领域和自己成长路上的风险考验，加强自我认识和自我评价，对自己进行合理的定位和准确的评价。明确努力的方向和奋斗的目标，善于调整自己的心态，遇到风险时，不慌不乱，更不能因此做出不理智的行为。对困难、挫折和风险持有正确的认知和态度，通过战胜和化解困难、挫折和风险的消极影响和不良后果，减少失落感，增加取得成功的喜悦感、自豪感，唤醒时代感和责任感，有助于更顺利地实现自己的人生理想和抱负。

（3）加强风险防范能力培养。

所有教育的落脚点都是为指导实践。风险防范能力是风险意识外化的一种体现，是风险意识教育活动的最终目的。自身风险防范能力的培养，是在掌握足够正确、理性的风险知识的前提下进行。在正确认识社会领域和自己成长路上的风险考验的基础上，根据自身发展状况有针对性地进行能力培养，自觉主动参加风险防范教育和风险模拟活动，在实践过程中总结经验教训，将他者教育转化为自我教育，并自觉内化为自己的主动行为，紧密结合自身面临的风险现实，坚持理论联系实践，把所学的知识应用到解决风险的实际问题中去，不断提高自己防范和化解风险的综合素质，在错综复杂、纵横交错的风险景象中磨炼和提升自己。另外，在此过程中需要明确的是，个人力量常常无法应对生活中的诸多风险，应该加强团结合作，把个人的命运与国家的命运联系起来，通过群体的合作与努力来共同应对社会发展过程中遇到的风险挑战。

⭐ **案例描述**

美国有一名跳水高手，曾经多次荣获奖牌，但是他有一个非常奇特的举动，就是每次跳水前，一定会把脚伸到水池里碰碰水，大家都对他这个举动感到十分好奇。原来，在大学读书时，有天晚上他去游泳池练习跳水，当站在跳台上伸平双手，准备跳下去时，他低头往下看，发现自己胸前的十字架忘记带了。于是，他决定回去带上十字架，然后再来跳水。

当他走下跳台经过池边时，不觉吓出了一身冷汗。原来，为了清洗游泳池，白天时管理员把水全部放光了。

⭐ **思考分析**

风险无处不在，这位跳水高手可贵的风险意识来自生活的教训，可是，在现实生活中，如果不及早树立风险意识，当风险来临时，可能已经来不及了。

从工作到生活，风险总会以各种形式存在于我们身边。可以说，只要有选择的地方，就存在风险，而且风险总遵循着它一贯的法则：回报和收益越大，风险越高。当我们选择创业时，也要注意做好收益与风险的评估，不要被看似诱人的利益遮蔽了风险意识。

五、系统思维的培养

📖 **概念知识**

系统思维就是把认识对象作为系统，从系统和要素、要素和要素、系统和环境的相互联系、相互作用中综合考察认识对象的一种思维方法。系统思维是原则性与灵活性有机结合的基本思维方式。只有系统思维，才能抓住整体，抓住要害，才能不失原则地采取灵活有效的方法处置事务。客观事物是多方面相互联系、发展变化的有机整体。系统思维就是人们运用系统观点，把对象互相联系的各个方面及其结构和功能进行系统认识的一种思维方法。整体性原则是系统思维方式的核心。这一原则要求人们无论干什么事都要立足整体，从整体与部分、整体与环境的相互作用过程来认识和把握整体。

★ 案例描述

第二次世界大战期间，在伦敦英美后勤司令部的墙上，醒目地写着一首古老的歌谣：

因为一枚铁钉，毁了一只马掌；

因为一只马掌，损了一匹战马；

因为一匹战马，失去一位骑手；

因为一位骑手，输了一次战斗；

因为一次战斗，丢掉一场战役；

因为一场战役，亡了一个帝国。

★ 思考分析

这首歌谣质朴而形象地说明了整体的重要性，精确地点出了要素与系统、部分与整体的关系。系统思维，要求人们用系统的眼光从结构与功能的角度重新审视多样化的世界，把被形而上学地分割的现象世界重新整合，将单个元素和切片放在系统中实现"新的综合"，以实现"整体大于部分的简单总和"的效应。

★ 思考题

1. 举例说明在你的生活中有哪些社会创新？你怎样评价这些创新？

2. 谈谈你对创新的重要性的看法。

3. 目前，水资源危机已日益威胁人们的正常生产与生活，试列出五种解决方法。

4. 一项新产品上市后，一般都很难为顾客所认识，欲打开销路，从销售方式上看，有哪些选择？

5. 创新方法有哪些？请举例说明。

6. 创业者是否需要具备创新能力？请说说原因。

02 就业与创业

导言

　　大学生毕业后是准备就业还是准备创业，是大学生职业生涯规划的两条完全不同的道路。大学生必须明白，两种选择是有区别的，角色不同，能力要求不同，承担风险不同，收益不同。成功与否取决于你的自我认知和对未来职业生涯发展的规划。

第一节　自我认知

自我认知即对自己进行分析定位，要了解自己的兴趣、性格等方面的特点，客观分析自己的职业兴趣、能力倾向、职业价值观、行为风格、个性特征等，了解自己喜欢干什么，能够干什么，适合干什么。

对自己做出全面分析，形成一个比较客观、全面的认识和基本定位，扬长避短。这样才能确立最佳职业生涯目标，控制自己的职业生涯发展道路。

⭐ 案例描述

小陆，女，35岁，本科毕业（非全日制），性格内向，长相文静，失业近一年了。原先从中专毕业后就通过学校推荐在电信局做收银工作，工作较稳定，工作7年后因单位体制改革而失业。通过朋友介绍又进入一家新开业的连锁店铺当收银员，这样第一次的再就业让小陆觉得找工作并不困难。第二家公司也相对稳定，直到这家店铺因公司缩小规模而关闭，小陆又结束了做了将近10年的第二份工作。

几个月前，小陆来窗口登记，她有会计上岗证，意向从事财务或出纳岗位。由于之前一直从事收银工作，没有双休，希望下一份工作有更多时间照顾家庭，意向找一份常日班、双休、离家近的工作。但面对当下严峻的就业形势，让她陷入了就业难的窘境，一份份的简历投出，一个个的单位面试，最后看中她的单位要么没有双休要么路途太远；她看中的单位又因为觉得她没有实际工作经验只有一张证书而不录用她。反复几次后小陆对自己都缺乏自信，觉得自己找不到好工作了，求职的心态也受到了很大的影响。

⭐ 思考分析

小陆的就业处于两难境地，一方面受到家庭及孩子的牵绊；另一方面对于而立之年的女性来说，往往存在"高不成低不就"的尴尬。不愿再从事低端、基础岗位，但又没有足够的资本去应聘中高端岗位，而企业也更倾向于招用更年轻的女孩子。所以，造成目前小陆就业困难重重，心态也变得很差。

⭐ 专家指导

当前小陆择业首先要调整就业心态，提高自信心，发挥自身特长。其次，要认识自我，给自己恰当的认知和定位，搞清适合干什么，能干什么，从而确定大致的选择方向和范围。再次，要解读职业行情，对自己想要从事的职业进行深入综合的分析，了解该职业所需的专业知识和能力要求，职业的性质、工作环境、福利待遇以及发展空间等客观条件。看企业发展与自身发展是否契合，寻找自己与岗位的差距。最后要权衡利弊，克服困难，"钱多事少离家近"是很多人对工作的设想，但现实岗位总有一些不如意，需要面对现实，根据实际情况作权衡。

通过专家指导，小陆对其自身情况和现在的就业状况有了新的认识，表示要调整好自己的心态，重新定位择业目标，寻找合适自己的岗位。不久，职业指导师把一家物业公司出纳岗位推荐给小陆，几天后小陆高兴地打来电话，说她被物业公司录取了，且对新工作充满自信，非常满意。在我们看来，工作没有最好的，而只有最合适的，做好职业定位就成功了一半。

定位最适合的，才是最好的。

一、职业兴趣

⭐ 案例描述

小王文秘大专毕业两年来，已经换了四份工作。她说，自己的每份工作都不如意，关键问题是四份工作均非兴趣所在。小王的前两份工作是行政文员，也许在很多人看来行政文员是个不错的岗位，而且能谋得一份与自己专业相关的工作是非常幸运的。然而她却认为："每天就是接听电话、影印资料、管理办公用品、筹备会议，等等，在别的同事眼里，我简直是个打杂伺候人的，这种感觉真没法忍受。"因此连续干了两份文员工作后，让她对该岗位彻底失去了兴趣。她的理想是干一份能体现个人价值，并且值得努力奋斗的工作。她认为只有符合自己兴趣的工作才能带来这些，才能证明自己存在的价值，才能充满激情地不断创造和发展。

小王特别羡慕影视作品中的那些整天身着职业装，带着笔记本电脑"飞来飞去"的商业女性形象，渴望自己能成为那样的人。告别文员岗位后，性格外向、喜欢和人打交道的小王认为也许自己适合做销售。经过努力，小王做起了电话销售。开始一两周，小王觉得挺有意思，但时间稍长，她感到了日复一日的枯燥和巨大的压力："我每天又陷入大量的电话之中，说着同样的话，重复同样的内容。而且，推销就可能面临着客户的拒绝，每打一个电话之前都要鼓起相当大的勇气……真让人难受。"那一阵，每天早上，小王一睁眼就会想到被拒绝的沮丧感和堆积如山的销售任务，让她根本没勇气起床。在连续迟到几天后，小王再次提出辞职。她的理由是：一份连起床都不能按时的工作一定不适合自己，不是自己的兴趣所在。

⭐ 思考分析

从小王的案例中可以看出，她两年多频繁地换工作，而且每份工作之间的衔接毫无逻辑，这缘于当工作中出现不满时，小王总是将问题归因于对某一个工作没有兴趣。她用变换工作来解决遇到的压力，结果是压力无法解除，反而在同一个层面上不断重复地遇到麻烦。虽然小王通过不断地换工作来发现自己的兴趣，其探索精神可嘉，但她忽略了职场中最重要的基本素质：责任。责任使人们在挑战面前无所畏惧，勇敢地承担并克服困难，也只有经历这一锻炼过程，个人深层的潜力和兴趣才会被发掘出来。

其实没有一种工作是十全十美的，每一项工作在开始时，都需要付出相当多的努力去战胜困难。在这个过程中，我们才能了解它有哪些方面真正吸引了我们。有时，我们过于强调兴趣，却忘了培养作为一个职业人最基本的素质，比如忍耐、细心、勤奋，等等。每个人的工作中都会遇到问题，如果你不为解决问题全力以赴，兴趣永远只停留在你的想象中。

植物生长的先决条件是深深扎根而不是开花结果，职业成长也是如此。每个阶段都有不同的任务，而每一步都在为将来的灿烂积蓄力量。正在为"兴趣"而苦恼的职场新人们，请正确理解兴趣的内涵，切勿在兴趣中迷失了职业发展。

📘 概念知识

职业兴趣是指人们对某种职业活动具有的比较稳定而持久的心理倾向。它是一个人探究某种职业或从事某种职业活动所表现出来的特殊个性倾向，它使个人对某种职业给予优先的注意，并具有向往的情感。

职业兴趣是以一定的素质为前提，在生涯实践过程中逐渐发生和发展起来的。它的形成与个人的个性、自身能力、实践活动、客观环境和所处的历史条件有着密切的关系，因此，职业规划对兴趣的探讨不能孤立进行，应当结合个人的、家庭的、社会的因素来考虑。了解这些因素，有利于深入认识自己，进行职业规划。

1. 个人需要和个性

不管人的兴趣是什么，都是以需要为前提和基础的，人们需要什么也就会对什么产生兴趣。兴趣是在需要的基础上产生的，也是在需要的基础上发展的。由于人们的需要包括生理需要和社会需要或物质需要和精神需要，因此人的兴趣也同样表现在这两个方面。人的生理需要或物质需要一般来说是暂时的，容易满足。

2. 个人认识和情感

兴趣不足是和个人的认识和情感密切联系着的。如果一个人对某项事物没有认识，也就不会产生情感，因而也就不会对它发生兴趣。同样，如果一个人缺乏某种职业知识，或者根本不了解这种职业，那么他就不可能对这种职业感兴趣，在职业规划时想不到。相反，认识越深刻，情感越丰富，兴趣也就越深厚。

3. 家庭环境

家庭作为最基本的社会单元，对每个人的心理发展都能产生重要的影响，因此个人职业心理发展具有很强的社会化特征，家庭环境的熏陶对其职业兴趣的形成具有十分明显的导向作用。大多数人从幼年起就在家庭的环境中感受其父母的职业活动，随着年龄的增长，逐步形成自己对职业价值的认识，使得个人在选择职业时，不可避免地带有家庭教育的印迹。家庭因素对职业取向的影响，主要体现在择业趋同性与协商性等方面。

4. 受教育程度

个人自身接受教育的程度是影响其职业兴趣的重要因素。任何一种社会职业从客观上对从业人员都有知识与技能等方面的要求，而个人本身知识与技能水平的高低在很大程度上取决于其受教育的程度。一般意义上，个人学历层次越高，接受职业培训范围越广，其职业取向领域就越宽。

5. 社会因素

一方面，社会舆论对个人职业兴趣的影响主要体现在政府政策导向、传统文化、社会时尚等方面。政府就业政策的宣传是主导的影响因素，传统的就业观念和就业模式也往往制约个人的职业选择，而社会时尚职业则始终是个人特别是青年人追求的目标。例如，当前计算机技术和旅游事业都得到较大发展，对这两个职业有兴趣的人也增加得很快。

另一方面，兴趣和爱好是受社会性制约的，不同的环境、不同的职业、不同的文化层次的人，兴趣和爱好都不一样。

6. 职业需求

职业需求是一定时期内用人单位可提供的不同职业岗位对从业人员的总需求量，它是影响个人职业兴趣的客观因素。职业需求越多、类别越广，个人选择职业的余地就越大。职业需求对个人的职业兴趣具有一定的导向性，在一定条件下，它可强化个人的职业选择，或抑制个人不切实际的职业取向，也可引导个人产生新的职业取向。

最后，年龄的变化和时代的变化也会对人的兴趣产生直接影响。它反映了一个人兴趣的中心随着年龄的增长、知识的积累在转移。就时代来讲，不同的时代，不同的物质和文化条件，也会对个人兴趣的变化产生很大的影响。

以上因素对每个人的影响都不同，需要在职业规划中予以考虑。

二、职业性格及类型

★ 案例描述

小张，南京大学的计算机专业硕士生，马上要毕业了，因此，他一直在找工作，听说做保险推销很挣钱，工资高，时间自由。找了好几家保险公司去面试，结果没有一家录用他，小张就开始有了一种挫败感。于是，他一次次地骂自己笨，白读了这么多年的书。他越是这么想就越感到压力大，压力越大也就越紧张、焦虑，难以入睡。小张的大学辅导员知道了小张的情况，建议小张做一份职业测试，通过分析测试结果，发现小张的职业类型是RIC，即现实、研究、传统型。也就是说，小张不适合保险推销工作，而是比较适合从事操作技术类工作。

★ 思考分析

个人性格与职业选择有什么关系？

上述案例中的小张，找工作不是从自己的性格分析做起，而是找能挣钱、工资高的职业，连续的不成功，就感觉到了挫折感。小张经过老师指导明白找工作首先要从自己的性格与专业出发，经过测试，先找一份与测试分析结果推荐的技术类操作工作。从基础做起，脚踏实地，实现自己的人生价值。

📖 概念知识

职业性格是指人们在长期特定的职业生活中所形成的与职业相联系的、稳定的心理特征。例如，有的人对待工作总是一丝不苟，踏实认真；在待人处事中总是表现出高度的原则性、果断、活泼、负责；在对待自己的态度上总是表现为谦虚、自信、严于律己等，所有这些特征的总和就是他的职业性格。职业性格的类型有以下几种。

（1）变化型：能够在新的或意外的工作情境中感到愉快，喜欢工作内容经常有些变化，在有压力的情况下工作得很出色，追求并且能够适应多样化的工作环境，善于将注意力从一件事情转移到另一件事情上去。

（2）重复型：适合并喜欢连续不断地从事同一种工作，喜欢按照一个固定的模式或别人安排好的计划工作，爱好重复的、有规则的、有标准的职业。

（3）服从型：喜欢配合别人或按照别人的指示去办事，愿意让别人对自己的工作负责，不愿意自己担负责任，不愿意自己独立做出决策。

（4）独立型：喜欢计划自己的活动并指导别人的活动，会从独立的、负有责任的工作中获得快感，喜欢对将要发生的事情做出决定。

（5）协作型：会对与人协同工作感到愉快，善于引导别人按客观规律办事，希望自己能得到同事的喜欢。

（6）劝服型：乐于设法使别人同意自己的观点，并能够通过交谈或书面文字达到自己的目的。对别人的反应具有较强的判断能力，并善于影响他人的态度、观点和判断。

（7）机智型：在紧张、危险的情况下能很好地执行任务；在意外的情况下，能够自我控制、镇定自若，工作出色；在出差错时不会惊慌，应变能力强。

（8）自我表现型：喜欢表现自己，通过自己的工作和情感来表达自己的思想。

（9）严谨型：注重细节的精确，愿意在工作过程的各个环节中，按照一套规则、步骤将工作过程做得尽善尽美。工作严格、努力、自觉、认真，保质保量，喜欢看到自己出色完成工作后的效果。

第二节　职业生涯发展

孔子曰："吾十有五而志于学，三十而立，四十而不惑，五十而知天命，六十而耳顺，七十而从心所欲，不逾矩。"

人的生涯发展，既是一个自然生命的成长过程，也是一个体会生命的成长过程，更是一个自我设计与创造生活的奋斗过程。

今天的热门职业，明天还如朝阳般生机勃勃么？今天同行中的佼佼者，明天依然还会出类拔萃么？

要想在职业生涯中获得成功，大学生要对自己做好充分的认知。正确理解与选择自己的未来职业生涯发展之路就成为大学生顺利进入市场、实现人生目的与人生价值的重要前提。

一、职业的定义与特征

★ 案例描述

小张是师范大学毕业，曾经希望能在教师职业生涯中创出一番事业。毕业后他在一家电视大学担任数学教师。除了正常的教研工作，小张还承担起校长助理的工作。后来外部环境发生了变化，小张认为自己更适合创业，于是跳槽到一家房地产公司做业务经理，开始时每天都要往外跑业务。在此期间，他自费到大学房地产专业进修了房地产专业知识，只用了一年的时间就成为公司的业绩标兵，升职做了公司副经理。后来公司改制，他成了公司的投资人，真正进入了自己的创业时代，短短几年在房地产大发展过程中，成就了他的创业梦想，拥有资产过十亿。

★ 思考分析

什么是职业？专业与职业的关系？

我们从事的职业应该是适合自己发展的职业，不同的社会分工要求我们具有不同的专业技能。充分利用自己的专业技能，为社会创造财富，实现自身价值。

从上述案例中我们知道，小张符合职业可以是连续性，也可以是阶段性的特征。他明白"职业"不单是谋取经济利益，更重要的是体现一种精神上的追求，职业发展的过程也是个人价值不断实现的过程。小张虽然不是房地产专业毕业的，但是他在从事房地产职业时，进修了自己的房地产专业知识，使他所从事的职业是与他所学的专业紧紧联系起来的。所以深刻理解"职业"的概念，了解职业与专业的关系，便如同拥有了一双慧眼，从而避免进入职业认识误区，更好地找到适合自己的职业。

📖 概念知识

1. 职业的定义

《现代汉语词典》对职业的解释是：个人在社会中所从事的作为主要生活来源的工作。美国学者阿瑟·萨尔兹对职业的定义是：人们为了获取经常性的收入而从事的连续性的特殊活动，是社会分工体系中人们所获得的一种劳动角色，是最具体、最精细、最专门的社会分工。职业是参与社会分工，利用专门的知识和技能，创造物质财富、精神财富，获得合理报酬，满足物质生活、精神生活的工作。

2. 职业的基本特征

第一，职业是通过工作经常性地获取相应报酬为主要的经济生活来源；第二，职业可以是连续性的，也可以是阶段性的。

不能简单地把工作看成是谋取经济利益的谋生手段。职业是人一生从事的工作、岗位和扮演的一系列角色的综合，它既是可从中获取应有报酬的工作岗位，是参与社会分工，利用专门的知识和技能来获取财富的积累，又是扮演一定社会角色，履行自身社会职责的天地，它是个人的人生价值得以体现的场所。职业发展的过程是个人价值不断实现的过程，每个学生要想成就一番事业，就必须走好职业发展的每一级阶梯，实现自己的事业目标。

二、专业与职业的关系

📖 概念知识

有人说，专业决定了职业；也有人说，专业与职业没有多少联系。其实，这只能说明人们对二者关系认识上的片面与肤浅。职业与专业之间并不像前者所说的是一一对应的关系，当然也并不如后者所说的一点关系都没有。

专业与职业之间呈现出的是一种复杂的关系。可以概括为三种：一对多的关系、多对一的关系和一一对应的关系。"一对多"是指一个专业对应多个职业方向，比如说经济专业，可以对应的职业有经济学研究、经济学教学、经济管理、银行业、保险业、企业管理等；"多对一"就是不同的专业可以发展成为同一个职业方向，比如学经济专业的、学机械专业的、学水利专业的都可以从事政府公务员、营销业等；"一一对应"则一般为技术性较强、专业分工明确的专业，比如学医学专业的从事医疗工作、学财务专业的从事会计工作等。

⭐ 信息链接

由于大部分职业是与多专业对应的，不是与单一专业对应的，所以我们以职业选择来规划我们的专业学习的时候，必须知道大学阶段单一的专业学习是不够的，需要拓宽知识面，以适应职业要求。

（1）公务员。是指依法履行公职、纳入国家行政编制、行使国家行政权力、执行国家公务的人员。公务员的任用，坚持任人唯贤、德才兼备的原则，注重工作实绩。

公务员职业也是与多专业对应的。公务员是管理型、事务型、服务型的职业，除了需要具备应用文、法律知识，经济、政治、文化等方面的专业外，还特别需要人际交往能力、协调沟通能力和政策理解能力。

（2）销售人员。是指在单位里进行市场开拓的一些工作人员，比如企业里的销售人员、保险公司里的保险业务员、媒体里的广告及发行业务人员等。其主要工作就是说服市场肯定自身产品的过程。它对从业者的个人素质要求很高。

对于企业来说，销售工作就成为其生存发展中至关重要的一环，但该项工作的挑战性和压力很大，许多人无法通过该项工作立足于社会。从事此项工作必须有较强的人际交往能力、沟通能力及坚强的意志，还需要有经济财务管理等方面的知识。此职业也属于多专业对应的职业。

（3）编辑人员。在报社、期刊社、出版社、文化公司、网站等机构从事平面或网络的文字、网页编辑工作。通过编辑出版专业的全国统一资格考试是编辑人员的基本条件。

编辑职业也属于多专业对应的职业。市场对编辑人才的需求日益增大，为了在激烈的竞争中脱颖而出，我们必须具有扎实的文化知识及专业素质功底，要求严谨、细致，有相当强的政治和社会责任感，不断挑战自己，实现自我。除本专业外，政治、经济、历史、地理、天文、哲学等知识对编辑工作都很有帮助。

（4）投资经理。必须熟悉投资管理和项目管理相关的专业知识，具有金融、经济、财务及相关专业背景，并能熟练掌握运用投资项目财务评估、绩效分析、行业分析等方法，最好能有数个不同行业的实习与工作经验。

（5）财务经理。现代财务经理需要有超越财务部门主管的更宽的管理视野、财务资源整合视野与以财务驱动经营的发展视野，因此学习财务会计的年轻人应争取在大公司财务部门、创业公司与专业会计服务机构有多元实习经验，具有财务会计专业、金融财政专业、数学、管理等相关知识。

（6）设计师。设计师有应用性艺术人才、纯艺术人才之分。艺术类专业的学生，如环境设计、包装设计、服装设计、珠宝设计、产品造型设计、园林设计、室内装潢设计等专业属应用性艺术人才，需要具有素描、色彩等基础知识。面对多元化的市场，其知识体系要同时具备广度和深度。现代设计需要具有熟悉市场信息的能力、有跨界设计的见识、有重视服务对象的设计角度。因此，现代设计师要增加市场营销、企业管理、文化创意产业管理的能力与意识。

三、职业生涯

⭐ 案例描述

小沙是师范类中文专业本科毕业的女大学生。她性格文静，擅长书面表达，但不善于与人沟通。现在已在中学教了两年语文。但她发现自己并不适合做老师，不具备管理学生的能力，课堂上调动学生积极性的能力亦不够，所带班级成绩并不理想。学校对其工作表现不是很满意，小沙自己很苦恼，她希望能找到发挥自己文字特长的工作。于是她毅然辞掉了这份稳定但不能发挥自己特长的工作，找到了文字编辑的工作，重新开始了自己的职业生涯。

⭐ 思考分析

从小沙的故事中，说说什么是职业生涯？如何让自己的职业生涯有一个良好的开始？

案例中小沙虽然从事了两年的语文教学工作，但由于性格文静，加上缺乏管理与引导学生的能力，工作绩效不理想，而她擅长书面表达和文字驾驭的能力也没有得到发挥和体现。这说明小沙现在的职业与她的职业生涯方向有差异，教师职业并不适合小沙。所以，小沙辞掉稳定的教师职业，选择既符合自己性格，又是自己擅长的文字编辑工作来重新开始自己的职业生涯是值得庆贺的。

📖 概念知识

职业生涯是指一个人一生中从事职业的全部历程。

这整个历程可以是间断的，也可以是连续的，它包含一个人所有的职业、职位的外在变更和对工作态度、体验的内在变更。人们一生的职业历程也有着种种不同的可能：有的人从事教育类职业，有的人从事艺术类职业；有的人一生变换多种职业，有的人终身位于一个岗位上；有的人不断追求、事业成功，有的人穷困潦倒、无所作为。造成人们职业生涯差异的，有个人能力、心理、机遇方面的问题，也有社会环境等方面的影响。

⭐ 信息链接

职业生涯管理

职业生涯管理是指组织帮助员工制定职业生涯规划，并发展其职业生涯的一系列活动，它是满足管理者、员工、组织三者需要的一个动态过程。

企业在实施职业生涯管理时，会通过管理人员或外聘专家为员工提供职业指导；必要时会向员工提供有关的自测工具，并根据员工的相关工作情况，向员工提供本组织对其能力和潜力的评估信息，以便员工能更准确地进行自我评估。企业在实施职业生涯管理时，时刻想到的是把合适的人放在合适的岗位上。

企业在实施职业生涯管理时，还设计了多条职业生涯路线，如管理系列、专业技术系列等，为员工有多种发展机会提供选择。在制定职业生涯阶梯计划时，重点考虑了"三度"。一是宽度，即指职业生涯阶梯的宽度，其含义是指员工的职业生涯是在多个部门、工种间轮换，还是在比较狭窄的部门、工种间轮换。二是高度，指员工晋升的高度。三是速度，即员工晋升的速度。

四、内职业生涯与外职业生涯

★ 案例描述

　　勤奋努力的张药师于去年就通过了执业药师和主管药师的资格考试。经过深思熟虑后，他辞职跳槽去了一家民营医药企业。一年之后，他对企业的质量管理操作流程相当熟悉，还为企业的GSP认证立下了汗马功劳，得到了主管领导和老板的赏识，被提拔为企业质量管理负责人，成为单位里的实力派人物。

★ 思考分析

　　张药师跳槽之后的职业生涯发展得怎样？

　　张药师的跳槽是一个比较成功的岗位转换的案例。首先，他已经具备的能力符合外职业的要求；其次，他经过全方位的考虑后才做出决定；再次，他的职业资格能力在新的单位里得到了认可。

　　张药师的跳槽和后来的职位升迁，一方面是张药师个人奋斗的结果，同时也离不开所在企业的培养和提供的发展机会，这说明内职业与外职业的发展通道是一致的。

★ 案例描述

　　就职于某医院药房的韩药师还有4年就要退休了。他工作经验丰富，且善于语言表达，被一家私营药店的老板看中，韩药师也想找份零活添补家用，所以两人一拍即合。韩药师利用业余时间，去私营药店进行处方药品销售、用药咨询和对店员进行培训。然而好景不长，此事很快被同事反映到医院院长那里。最后，院里做出了让韩药师提前退休的意见。

★ 思考分析

　　试从韩药师的经历来说明什么是内职业？什么是外职业？它们的关系如何？韩药师的内职业能力为什么得不到充分发挥？

虽然韩药师有足够的职业技能，具备了内职业能力，私企老板看中了他的技能，使他在业余时间充分发挥了他的能力，但是他违反了医院的规章制度，不符合医院外职业的要求。

📖 概念知识

所谓内职业，是指在工作过程中积累起来的工作经验和职业眼光以及与职业相关的、有助于改进完善工作的能力等。所谓外职业，相当于企业提供的职位，或我们通常所说的职业，即岗位。

内职业发展通道是指一个人追求的一种职业，是员工个人追求的一种职业过程中经历的道路。所谓外职业发展通道是指公司为员工提供职业阶梯，表示企业努力为员工在企业的职业生涯中确立一条有所依据的、可感知的、可行的发展道路。

内职业是外职业的前提，内职业带动外职业的发展。外职业的因素通常由企业决定、给予，也容易被企业否定、剥夺；内职业的因素通常由自己探索、获得。内职业是内因，外职业是外因。

外职业起点高，对于内职业的发展更有帮助，因为随着职位越高，接触的东西越多，发展内职业的机会越多。外职业起点低的人，也不需要泄气。在工作中，只要你善于发现和学习，以及思考改进，也可以促进内职业的提升，从而改进外职业。所以，二者关系是相辅相成的。

因此，外职业可以相同，但内职业，受个人的世界观、价值观和学习能力等因素的影响却是不同，也无法相同。内职业发展得好的人，总会促进外职业的发展，向一个更高层次进步，反过来促进内职业的再一步发展，形成一个"发展——再发展"的促进循环链。

⭐ 专家指导

在工作和生活中发展内职业，可以从以下几个方面去着手。

（1）在工作过程中得到发展。虽然有人在目前的岗位上做了好几年，已经很有工作经验，可以做得很好，但是你有没有想过，目前自己的工作还有没有可能改善，有没有更好的方法让工作做起来更快更好呢？相信很多人都对这个有些麻木了吧，总是抱怨现在的工作学不到东西，挣不到钱，却很少去问自己这些问题。

（2）在观察分析公司现状以及发生的问题的过程中得到发展。这些工作都有相关人员去负责处理，作为局外人的你不宜去过问，免得彼此不愉快。不过，这不等于说这些都与你无关，你完全可以了解（在不影响他人处理问题的前提下）问题的发生原因、公司的处理方法以及处理结果和思考有没有更好的处理方法、方式。这样，虽然这些不是你的工作任务，但是，又如同你的工作，你甚至可以比在位的负责人学到的更多，所谓"旁观者清"。这是从他人的工作中发展自己的内职业。

（3）在书中获得发展。书本上的东西虽然跟不上现代社会，尤其是市场经济的发展脚步，但是，今天是昨天发展而来的，以昨天为基础，对于过去的经验和知识的了解，也有助于自己提高分析能力、解决能力以及考虑问题的角度和深度。因此，在书本中获得内职业的发展是非常重要的。

（4）从他人的经验中获取。用一句古话来说，就是"虚心学习"，请教他人的经验，从中获益。

通过对内职业与外职业的了解，我们知道内职业更加重要，不过，内职业是建立在外职业基础之上的，所以两者都很重要。我们不仅要具备职业能力，而且要找到适合自己发展的岗位。

五、职业生涯发展

⭐ 案例描述

香港长实集团董事局主席、香港首富李嘉诚，1928年7月19日出生于广东省潮州市的一个书香门第。因为父亲去世早，14岁的李嘉诚便被迫辍学，担负起了家庭的重担。他最初是在舅父的钟表公司里当学徒，后来又做推销员，在生活的磨砺下成熟起来。李嘉诚1950年创办长江塑胶厂，发展到今天成为一个拥有多元化业务的商业帝国不是偶然的。

⭐ 思考分析

从李嘉诚成功的经历中你最大的感受是什么？

李嘉诚之所以能够成功，是因为他认清楚了什么是失败的枷锁。把能掌控的因素区分出来，驾驭一些能力内可控的事情是扭转逆境十分重要的关键。他拒绝愚昧，持之以恒终身追求知识，经常保持好奇心和紧贴时势。当机遇一现，即可整装待发，有本领和勇气踏上成功之路。纵使没有人能告诉你前路是什么风景，生命长河将流往何方，然而，在这过程中，你会领悟到丘吉尔多年的名言："只要克服困难就是赢得机会。一点点的态度，但却能造成大大的改变。"

不同人的职业生涯发展经历是不一样的。面对崎岖的道路，如果你只是一味地怨天尤人羡慕别人，那么结果只有虚度一生，等到老年时再与子女抱怨自己多么后悔。只要你的内心足够坚强，无论前方的道路多么艰难，都不放弃自己的理想，朝着自己的目标奋进，你一定会老有所成，这样的人生才有价值，没有遗憾，没有后悔。

📖 概念知识

职业生涯发展是个人从社会提供的各种职业中准备、正在以及持续进行选择匹配职业的终生过程。在生涯发展流派中，造诣最深的是舒伯，被大家公认为生涯发展大师。以下将介绍他的生涯发展阶段、循环发展阶段和生涯彩虹图理论。

舒伯的生涯发展理论有三个核心的主题，一是自我概念对生涯发展的影响。自我概念是生涯发展理论的核心概念。自我概念代表个体对自己以及周围环境的看法。舒伯认为"职业生涯就是自我概念的体现"。二是生涯发展阶段和任务。舒伯将生涯发展阶段划分为成长、探索、建立、维持与衰退五个阶段。在舒伯的生涯发展阶段中，每一阶段都有一些特定的发展任务需要完成，每一阶段都需达到一定的发展水准或成就水准，而且前一阶段发展任务的达成与否关系到后一阶段的发展。三是强调从时间上和空间上看待生涯。

1976～1979年间，舒伯在英国进行了为期四年的跨文化研究，之后他提出了一个更为广阔的新观念——生活广度、生活空间的生涯发展观。这个生涯发展观，除了原有的发展阶段理论之外，较为特殊的是舒伯加入了角色理论，并根据生涯发展阶段与角色彼此间交互影响的状况，描绘出一个多重角色生涯发展的综合图形——生涯彩虹图（图2-2-1），形象地展现了生涯发展的时空关系，更好地诠释了职业生涯的定义。

（1）横贯一生的彩虹。生活广度在一生生涯的彩虹图中，横向层面代表的是横跨一生的生活广度。彩虹的外层显示人生主要的发展阶段和大致估算的年龄：成长期（约相当于儿童期）、探索期（约相当于青春期）、建立期（约相当于成人前期)、维持期(约相当于中年期)以及衰退期(约相当于老年期)。

(2)纵贯上下的彩虹。生活空间在一生生涯的彩虹图中,纵向层面代表的是纵贯上下的生活空间,由一组职位和角色所组成。舒伯认为,人在一生当中必须扮演六种主要的角色,依次是子女、学生、休闲者、公民、工作者和持家者。各种角色之间是相互作用的,一个角色的成功,特别是早期的角色如果发展得比较好,将会为其他角色提供良好的关系基础。但是,在一个角色上投入过多的精力,而没有平衡协调好各角色的关系,则会导致其他角色的失败。

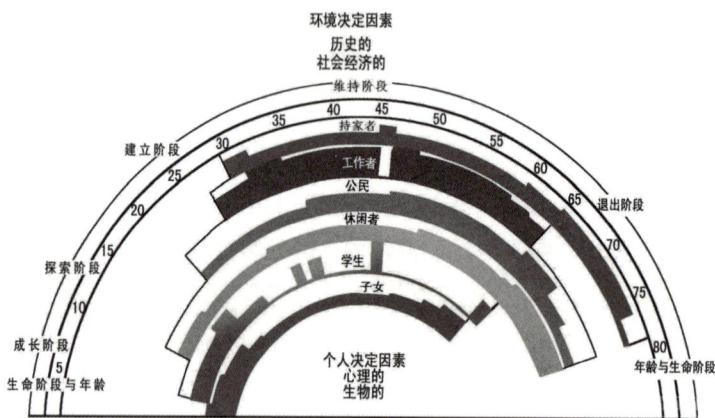

图2-2-1 生涯彩虹图

第三节 创 业

创业已成为当前中国,乃至全球关注的热点。"创业"已成为当今中国最闪亮的时代用语,成为最具活力的时代字眼。早在1998年联合国教科文组织就在主题为"21世纪的高等教育:展望与行动"的世界高等教育大会宣言中提出,高等教育应主要关心培养创业技能与主动精神,毕业生将不再仅仅是求职者,还可以成为就业岗位的创造者。

近几年,全国各高校及教育部门都在大力推进创业教育和创业实践,更多的大学生都在选择自主创业。

在介绍创业或创业教育和在准备创业时,理解创业的概念非常重要,有必要先弄清楚创业是什么。

一、创业的概念

★ 案例描述

"我喜欢酒，更喜欢酒文化，当我找到合适的洋酒进货渠道，我就开始创业了。"2013年底，29岁的王静（化名）揣着梦想，用做化妆品攒下的八万块钱，成立了北京某酒业有限公司，主要经营原装原瓶进口的葡萄酒和洋酒。公司成立的前俩月，有创业冲劲儿的王静利用自己曾经在广告公司和影视中心做化妆师积攒下来的人脉，将自己的酒在朋友圈内推销了个遍，借着大家的支持，公司稳稳盈利。但好景不长，没有了新的销售渠道，产品开始卖不动了，这可把王静急坏了。当初，从公司注册、租用写字间、购买酒和酒架、印制宣传单再到办理酒业流通备案登记许可证，虽说都是自己亲力亲为，可花费真不少，光租金一年就四万八，自己多年攒下的创业基金在公司开办初期就所剩无几，再加上每月高额的商用水电费，这些渐渐使缺乏创业经验的王静打了退堂鼓。

★ 思考分析

王静的创业项目是经营原装洋酒和葡萄酒，本身市场已经成熟，甚至趋于饱和。由于她初期的市场调查不够充分，自身又缺乏相关的洋酒、葡萄酒专业知识和市场营销等专业知识，导致项目初期就遭遇挫折。

那么，什么才是真正的创业？创业者需要具备怎样的素质和能力呢？

★ 概念知识

1. 创业的定义

"创业"一词最早出自《孟子·梁惠王下》："君子创业垂统，为可继也。"我国《辞海》中对创业的定义："创业，创立基业。"从字面上我们可以理解为，创业可以泛指一切开创性的社会活动。

"创业"的一般含意指"开拓、开创"。我们可以再深入理解和探讨，强调了"创业"的过程，强调了察觉机会、追逐机会的意愿及获取成功的信心。

"创业"是一种行为方式，"创业"导致价值的产生、增加、实现和更新。

"创业"的定义理解各有不同，归纳起来可以这样理解：将技能的培养置于创建新的企业，发展现有的企业，有效地使之变革和创新，实现奋斗目标。

创业，顾名思义，就是创建一份自己的事业，是创业者运用知识和技能，以创造性的劳动把理想转化为现实的过程。它包含两层意思：一是在自己所从事的职业活动中，以有别于以往、有别于常规、有别于他人的思维方式和行为方式开展工作；二是自主创业，不仅解决自己的生存问题，而且还为别人提供就业岗位。

创业的定义也有狭义和广义之分。狭义的定义就是创建新企业；广义的定义可把创业理解为开创新事业。根据创业动机可分为以谋生为主的就业型创业；为满足新的需求，以市场为创业机会的机会型创业。根据创业项目性质，又可分为传统技能、高新科技和知识服务型等创业形式。创业可以是一个人进行独立创业，白手起家，创办属于个人、家族或团队的产业，并使所创产业由小变大，由弱变强。也可以与他人合伙创业，可以独资，可以合资，可以以多种形式进行创业。归根结底，创业就是创办企业，就是如何做生意的问题。

2. 创新与创业的关系

创业必须要正确理解创新与创业，并把握好二者之间的关系，才能更加接近创业成功。

（1）创新是一个从新思想的产生到产品设计、试制、生产、营销和市场化的一系列行动。创新表现为不同参与者和机构（包括企业、政府、学校、科研机构等）之间交互作用的网络。在这个网络中，任何一个节点都可能成为创新行为实现的特定空间。创新是创业的基础；创业，从点滴创新开始。

（2）创业的成功，只有通过未来的创业实践来检验。

（3）创业是创新的载体和表现形式，创业的成败依仗创新教育的根基扎实程度。

（4）创新是对人的发展总体的把握，创业着重的是对人的价值的具体体现，二者相互促进又相互制约，是密不可分的辩证统一体。

仅仅具备创新精神是不够的，它只是为创业成功提供了可能性和必要的准备，如果脱离创业实践，缺乏一定的创业能力，创新精神也就成了无源之水，无本之木。创新精神的意义，只有作用于创业实践活动才能有所体现，才有可能最终产生创业的成功。

创业与创新二者目标同向、内容同质、功能同效、殊途同归。围绕创业实践，通过多种途径，创业与创新要有机融入。创新与创业内容、结构相互融合，相辅相成（图2-3-1）。

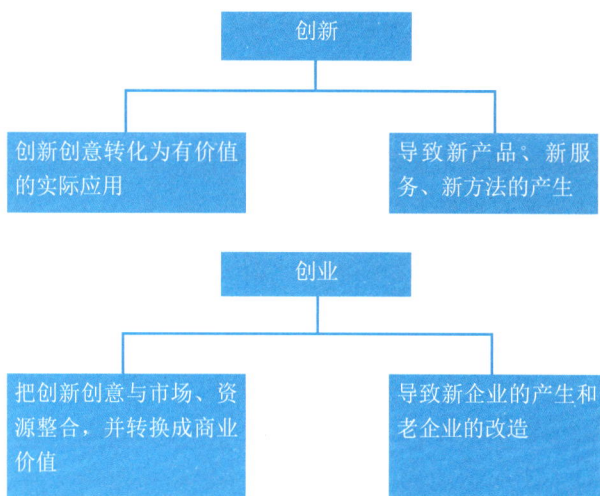

图2-3-1　创业与创新

　　创新与创业既有区别，又有联系。创新为创业提供了新的技术、新的产品、新的营销方式等，是创业企业产生或成功的必要条件。

　　我们应该注意到"创业"是一种事业，也是一种生活方式。创业有不同的创业方式、营销模式、营销思想、管理思想、技术创新、企业资本运作及资金管理的话题等。

　　创业是市场经济深化发展的产物。开展大学生创业教育是顺乎时代发展和大学教育要求的顺势之为。培养具有创新精神和创新能力的21世纪优秀大学生，是大学创业教育的首要目标。为每一个有梦想和立志创业的大学生，在大学就读期间提供理性、实用、针对性强的创业教育，帮助他们在创业精神、创业知识、创业能力、创业心理等方面打下基础，最终助推大学生成功创业，是大学的现实任务。

二、创业者

★ 案例描述

　　王正和他的团队是桂林某高校设计系大三的学生，他们成立了一家设计传媒公司，主要从事动画设计、影视包装、VI设计等业务。对于创业的结果，不管成功或失败，王正都认为这是一个很好的学习过程，所以他很珍惜这次难得的机会。他说："现在刚开始，创业园和学校对我们帮助很大，在政策和经验方面都进行了培训和引导。一些我们在学校很难学到的知识，如与客户接洽的技巧、公司的运作、一个项目的操作流程、市场的运行机制等都能在创业园学到。而在实践过程中，我们又把学校学到的知识转化成了生产力。我们的优势在于，我们在设计方面的实力比起市场毫不逊色，而且人员配置灵活，成本比成型的公司要少得多，在收费上客户可以得到实惠。"

★ 思考分析

王正作为一个创业者在创业过程中，借助团队和学校、园区的力量，通过与人合作取得了事半功倍的效果。

📖 概念知识

1. 创业者的定义

我们正处在全面建成小康社会的决胜阶段，中国特色社会主义进入新时代的关键时期。我们身处于需要创业者的时代，创业者是发现和利用机会，创造新价值的个体或团队。创业的成功和创业者的优秀素质是密不可分的。

创业者是企业的创建者。创业者简单的定义是那些依靠自己的努力工作和想法来开创、开办新企业的人。提供新产品和服务，以实现自己的美好理想。

创业者是一个愿意并且能够将新的创意或发明转化为成功的创新的人；创业者意味着敢于承担风险，能够识别机遇并寻求拓展创意或创新，能驾驭变化的环境；创业者是试图创建一个新的企业或其他的机构。

创业者没有一个统一公认的定义，综合多人众多观点，我们就创业者做个基本定义：（1）创业者能创新地建立一个新组织，创新基于提高效率；（2）在风险、资源等有不确定的情况下，或在不同的条件变化下能协调做出判断性的选择；（3）能通过不同的办法，把一些生产要素和生产条件引入生产体系开发产品，实现产品价值的提升；（4）具备创业精神，能创造和掌握机遇，发现新市场、新机会，努力开发市场，以创新的方式整合资源。

创业者是创业过程中处于核心地位的个人或团体，是创业的主体，在创业的整个过程中起到关键的领导作用。

2. 创业者的特征

细数中外的创业成功者，尽管创业之路各有不同，行业产品各有不同，性格各有不同。但他们也具有共性。

第一，胸有抱负，充满激情。他们在不确定的环境下，对全新的事业充满激情和梦想，挑战自我，实现超越。

第二，勇担风险，敢为人先。创业是机遇与风险并存的活动，他们勇担风险，敢为人先。

第三，勤奋好学，善于发现。生活中勤问几个"为什么"，打破习惯性思维，挑战自我。

第四，果断坚持，不怕失败。创业不难，难的是执行，是坚持。

3. 创业者素质

创业者素质主要体现在创业行为、创业技能和创业态度上。创业行为、创业技能和创业态度的形成始于一个人的童年、小学、中学与大学的整个过程。

创业者素质重要的是深刻理解那些构成创业者素质的"创业行为、创业技能与创业态度"等一些"基本要素"。

创业者应具备的四大基本素质，即心理素质、身体素质、知识素质、能力素质。

（1）心理素质，指创业者的心理条件，包括自我意识、性格、气质、情感等心理构成要素。不管创业成功与否，都要有良好的心理素质去面对，去承受。

（2）身体素质，指身体健康、体力充沛、精力旺盛、思路敏捷。创业与经营是艰苦而复杂的，创业者工作繁忙、时间长、压力大，如果身体不好，必然力不从心、难以承受创业重任。

（3）知识素质，对创业起着举足轻重的作用。创业者要进行创造性思维，要做出正确决策，必须掌握广博的知识，具有一专多能的知识结构。

具体来说，创业者应该具有以下几方面的知识：掌握法律知识维护自己的合法权益；掌握与本行业、本企业相关的科学技术知识、经营管理知识和方法，提高管理水平，依靠科技进步增强竞争能力；掌握市场经济方面的知识，如财务会计、市场营销、国际贸易、国际金融，等等。

（4）能力素质，人与人的沟通交往合作、产品的推销、生意经营中的谈判等都必须具有具体的解决实际问题的能力。创业者至少应有如下能力：创新能力、分析决策能力、专业能力、预见能力、用人能力、思维能力、应变能力、组织协调能力、社会能力、领导能力等。具体表现在应变能力、销售技巧、洞察力、领导力、责任感、决策力、适应力、学习能力等。创业能力其实是一种综合能力，是生存能力的一种表现。其中，专业能力是前提；思维能力是基础；社会能力是核心。

因此，对于准备创业的学生来说，仅有热情是不够的。在校期间，在还没有完成学业之时，就应该早做准备，把握实践机会，逐步提高自己的创业能力。

创业基本素质的提高不是天生的，提高创业基本素质重要的是靠学习和实践。在实践中学习，在实践中提高。

★ 信息链接

成功创业者需要具备的条件

1. 个性特征

（1）自信乐观。创业者走的路是其他人没有走过的路或不敢走的路，只有自信乐观才能顶住压力，坚持自己的信念和目标。相信自己，相信自己创立的事业。

（2）理性冒险。创业冒险不是不顾具体条件鲁莽创业，而是要抓机会避风险。

（3）永不言败。每个创业者对自己创业成功的经验都会有感悟，创业成功最宝贵的经验是无法忘记的、刻骨铭心的"失败教训"。

（4）富有激情。激情是强烈的，是创业者的动力源泉。激情源于热爱，激情源于坚持，激情源于选择。

（5）开放的心态。开放与保守，创新与守旧，这是一对矛盾。开放、创新会促使人们探索新事物，会促使创业成功。

（6）高成就需要。高成就是目标，是创业的目标，是创业的方向，是自我实现的价值需求。

2. 个人能力

（1）经营能力。经营即计划、调度、管理。经营能力是创业成功的关键。因为创业的成功，创业的新思路、新计划要靠经营活动来体现、来实施。

（2）管理能力。管理是企业家最基本的、必需的技能。管理的好坏很大程度上决定了创业成功与否。管理能力是多方面的，它包括营销、财务、资源等。

（3）决策能力。决策讲科学，整个创业的过程实际上是一个充满科学决策的过程，所以决策能力在创业管理过程中是相当重要的。

（4）学习能力。社会在发展，信息在变化，知识结构在更新。创业者要成功，就要更新知识结构，提高技能，提高工作管理能力。创业必须要学习。

（5）沟通交际能力。创业过程中，无论哪方面，产品资源、设计、生产、销售等都必须与外界沟通、交流，可想而知沟通交际能力在创业中的重要性。

3. 商业智慧

（1）商业眼光。创业者必须要有商业眼光。商业眼光体现在创业的整个过程中，要创业就要科学地进行商业运行，创业的成功离不开科学的商业眼光。

（2）个人魅力。创业者的个人魅力表现在很多方面，道德、知识、修养、仪表等。个人魅力在创业活动中会对他人有一定的影响力、感染力、号召力。个人魅力是人与人之间良好关系的重要纽带。

（3）识别机会的能力。机会是创业的方向，识别机会的能力对创业成功有极大的关系。抓住机会是创业成功的关键一步，所以提高识别机会的能力很重要。

（4）行业把握能力。行业与创业有一定的关系。熟悉行业很重要。

（5）团体合作能力。创业是一个团队，团队是多人的，团队间的人必须是团结的。团队的人目标必须是共同的，是一致的。为了一个创业的共同目标，大家必须要团结合作，为了一个共同的创业目标而努力。

三、大学生创业

（一）大学生创业的定义

⭐ 案例描述

上海工艺美术职业学院任同学来自云南，是2008届环境艺术专业的优秀毕业生。在校期间，他比一般的同学刻苦、认真。在兴趣和梦想的驱使下，他组建起了自己的社团——"风华艺社"。毕业后，为了实现梦想，他自主创业，奋力打拼，在工作室的基础上创办了自己的公司——上海卡霁装饰艺术有限公司。卡霁艺术本着"品质铸就未来，艺术装点生活"的宗旨，立足于装饰设计制作，目前涵盖大型主体性壁画、装饰画、家装墙体彩绘、装饰产品（金箔画、台灯、家装摆件）等业务。2009年，任同学把自己公司的业务推广到了世博村，他的代表作《世博林》也得以在2010年上海世博会上展出。

⭐ 思考分析

了解了自主创业者任同学的创业历程，思考什么是大学生创业。

任同学是大学生自主创业中的一员。在校学习期间，他怀揣创业的理想，努力学习专业知识，在学校的支持下，从社团、工作室做起，直到创办公司，取得了阶段性成功，得到了社会的认可。这就是大学生创业。

📘 概念知识

大学生创业是指大学生中的创业者在校学习期间或毕业离校之时发现机会，整合各种资源独立开创或参与开创新企业，提供新产品或新服务，最终实现自身创业目的的一系列活动。大学生创业存在自身的优势和弊端。

1. 优势

（1）知识优势。结合上面分析的大学生自身特点可以看出，大学生具有较高层次的知识，是一个知识、智力和活力都相对密集的群体，他们享受了专业领域的分工，具有较强的专业能力，因此，知识资源成了大学生创业的最大优势，如计算机网络知识。

（2）活力优势。刚进入社会的大学生年轻有活力，勇于拼搏，无太重负担，具有较强的社会适应能力；自信心较强，对自己认准的事物会有激情去体验。

（3）创意优势。大学生有较强的领悟力，自主学习知识的能力强，善于接受新事物。思路活跃，创意新颖，能将所学的知识很快内化为能力，外化为创造。具有创意就意味着创新，创新能力来源于创造性思维，一个成功的创业者一定具有独立性、求异性、想象性、新颖性、灵感性、敏锐性等人格特质。因此，创意能力影响着创业实践的特质，是促使创业实践活动顺利进行的首要条件，主要包括在专业、经营管理等方面的创意，因此是创业基本素质的重要组成部分之一。

（4）其他优势。除了以上的明显的优势外，大学生还具有策划、组织、领导、管理、公关等方面潜在特质，经过创业的体验，这些能力都将产生很强的外部性。

2. 弊端

（1）社会经验不足，盲目乐观。对于创业中的挫折和失败，许多创业者感到十分痛苦茫然，甚至沮丧消沉。大家以前创业，看到的都是成功的例子，心态自然都是理想主义的。其实，成功的背后还有更多的失败。看到成功，也看到失败，这才是真正的市场，也只有这样，才能使年轻的创业者们变得更加理智。

（2）急于求成、缺乏市场意识及商业管理经验。这是影响大学生成功创业的重要因素。学生们虽然掌握了一定的书本知识，但终究缺乏必要的实践能力和经营管理经验。此外，由于大学生对市场营销等缺乏足够的认识，很难一下子胜任企业经理人的角色。

（3）对创业的理解理想化。在大学生提交的相当一部分创业计划书中，许多人还试图用一个自认为很新奇的创意来吸引投资。这样的事以前在国外确实有过，但在今天这已经是几乎不可能的了。投资人看重的是你的创业计划真正的技术含量有多高，以及市场赢利的潜力有多大。而对于这些，你必须有一整套细致周密的可行性论证与实施计划，绝不是仅凭三言两语的一个主意就能让人家掏钱的。

（4）市场观念较为淡薄。不少大学生很乐于向投资人大谈自己的技术如何领先与独特，却很少涉及这些技术或产品究竟会有多大的市场空间。就算谈到市场的话题，他们也多半只会计划花钱做做广告而已，而对于诸如目标市场定位与营销手段组合这些重要方面，则全然没有概念。其实，真正能引起投资人兴趣的并不一定是那些先进得不得了的东西，相反，那些技术含量一般但却能切中市场需求的产品或服务，常常会得到投资人的青睐。同时，创业者应该有非常明确的市场营销计划，能强有力地证明赢利的可能性。

（二）大学生创业的主要形式

⭐ **案例描述**

多媒体设计与制作专业学生小方和小张是同一专业的同班同学，对专业的共同爱好和钻研精神把他们团结在一起。他们发现自己所学的专业可以用于医疗器械模型的制作演示。于是，共同着手开发了一款iPad程序，将手术过程用3D效果虚拟演示出来。目前，他们正准备用这个项目申请基金，打开自己的一片天地。

摄影摄像技术专业学生小周，在进大学时就做了职业生涯规划。在校三年，她努力学习专业知识，积极参加学校各种活动，积累人脉，物色合作伙伴，毕业后，用较少的资金与同学一起创立了自己的婚纱工作室。

⭐ **思考分析**

比较小方和小张的创业与小周的创业出发点有什么不同？大学生开始创业时应该考虑的问题有哪些？

小方和小张的创业，运用自己所学专业，结合科技发展及社会需求决定用

3D效果虚拟演示医疗器械模型，并得到行业的认可，他们属于新兴技术的创业形式。而小周同学运用所学专业，用少量的资金从工作室开始自己的创业之路，属于小投资传统行业的创业形式。

📖 概念知识

今天，越来越多的大学生选择创业作为实现就业的手段。大学生创业的形式主要集中在以下几个方面。

（1）新兴技术行业。

新兴技术行业是指随着新的科研成果和新兴技术的发明、应用而出现的新的部门和行业。现在世界上讲的新兴产业，主要是指电子、信息、生物、新材料、新能源、海洋、空间等高新技术的发展而产生和发展起来的一系列新兴产业部门。新兴产业的出现，对人才的需求提出了相应的要求。对大学生来说，是个创业的机遇。

对于用技术创业的同学来说，创业能力的培养要注重专业方向的研发，新兴行业发展潜力大，这也是他们的兴趣所在。不管传统技术还是新兴技术，都要"有创意，能创新"，这是创业的条件，也是创业的根本。

（2）小投资传统行业。

以传统产品为主、传统技术所占比重较大的传统行业被称为传统产业，这是相对新兴产业而言的概念。例如小投资的饮食店、零售店、图文制作社、服装店等。

对于小投资传统行业创业的学生，创业能力的培养主要注重于经营管理能力的发展，找准合适的机会。

（3）工艺技能的开发。

就一些非遗传统工艺技能的开发传承，发挥专业优势。大学生可以结合互联网、物联网的发展，尤其是职业学院的学生有很大的优势，可以发挥很大的作用。

四、大学生常见的创业方式

⭐ 案例描述

小刘同学来自广州。毕业时，想到家乡的服装是批发的源头，而且还有地理上的便捷优势，他毅然决定运用所学服装专业的知识自己去创业，搞起了服装生意来。面对资金困难、门店房租贵等困难，他想到了上网开网店，已经联系好几个厂家，用价格优势做出了一定信誉。面对竞争激烈的网店，小刘说，他有信心做出自己的特色。

⭐ 思考分析

分析小刘的创业方式是什么？了解一下现在社会上大学生创业的方式有哪些？

随着社会逐渐发展，创业的种类也呈多样化、新颖化发展。在网络购物逐渐取代商场购物的时代，小刘同学利用这一契机，通过分析自己所学专业及自身创业条件，很好地融合了自己的爱好、关系等，将创业带入互联网时代，决定选择网络经营的方式，并取得了一定的成绩，这正是他选择的创业方式正确的结果。

📖 概念知识

大学生毕业后选择创业，是对自身的挑战，但如何正确分析自身创业所具备的条件，决定以何种方式创业，是大学生创业前应认真分析的。

创业是创造不同价值的一种过程，这种价值的创造需要投入必要的时间和付出一定的努力，承担相应的金融、心理和社会风险，并能在金钱上和个人成就感方面得到回报。

当前大学生创业常见的具体方式主要有以下几种。

（1）网络创业。网络创业主要有两种形式：网上开店，在网上注册成立网络商店；网上加盟，以某个电子商务网站门店的形式经营，利用母体网站的货源和销售渠道。

（2）加盟创业。分享品牌金矿，分享经营诀窍，分享资源支持，采取直营、委托加盟、特许加盟等形式连锁加盟，投资金额根据商品种类、店铺要求、加盟方式、技术设备的不同而不同。

（3）概念创业。即凭借创意、点子、想法创业。当然，这些创业概念必须标新立异，至少在打算进入的行业或领域是个创举，只有这样，才能抢占市场先机，吸引风险投资商的眼球。同时，这些超常规的想法还必须具有可操作性，而非天方夜谭。

（4）团队创业。即具有互补性或者有共同兴趣的成员组成团队进行创业。如今，创业已非纯粹追求个人英雄主义的行为，团队创业成功的概率要远高于个人独自创业；一个由研发、技术、市场融资等各方面组成，优势互补的创业团队，是创业成功的法宝，对高科技创业企业来说更是如此。

（5）大赛创业。即利用各种商业创业大赛，获得资金提供平台，如Yahoo、Netscape等企业都是从商业竞赛中脱颖而出的，因此也被形象地称为创业"孵化器"。例如清华大学王科、邱虹云等组建的"视美乐"公司，上海交大罗水权、王虎等创建的"上海捷鹏"等。

（6）兼职创业。即在工作之余再创业，可选择的兼职创业。例如教师、培训师可选择兼职培训顾问；业务员可兼职代理其他产品销售；设计师可自己开设工作室；编辑、撰稿人可朝媒体、创作方面发展；会计、财务顾问可代理作账理财；翻译可兼职口译、笔译；律师可兼职法律顾问和事务所顾问；策划师可兼职广告、品牌、营销、公关等咨询。当然，你还可以选择特许经营加盟、顾客奖励计划，等等。

（7）内部创业。指一些有创业意向的员工在企业支持下，承担企业内部某些业务或项目，并与企业分享成果的创业模式。创业者无须投资却可获得丰富的创业资源。内部创业由于具有"大树底下好乘凉"的优势，因此也受到越来越多创业者的关注。

（8）低成本创业。很多人都渴望创业，但却苦于没有资金。想要创业，就必须考虑如何能低成本创业，那如何进行低成本的创业呢？首先必须要有心理准备：要有吃苦耐劳和百折不挠的精神，要有正确的方向和方法，要有良好的规划和人生设计，要充分利用现有的资源，要发挥自己的主观能动性，要发挥自己的优势，扬长避短、善于借势。

有特殊知识或技能的人可以低成本创业，不需要大的资金投资，只需要智力投资。某方面的专长，如管理才能、行销才能、专利等，再如著名作家、律师、高级工程师、职业经理人、发明家，等等。实际上，个人的智能和专长就是一种资源。

劳动密集型的服务行业，主要依靠出卖劳动力，资本方面的投入非常少。如搬运公司，家政服务也是低成本创业。还有一些服务型行业，如中介公司。

善于利用和整合资源。善于借势，利用别人的资源，能充分挖掘、利用和整合资源与信息，还有如风险投资就是把智力资源和别人的资本资源结合。智力资源范围很广，如专利、创业新点子等。

还可以借品牌创业，如一些有名的职业经理人、行销专家、发明家等，利用自己的无形资产和别人的有形资产相结合，达到无本创业的目的。

五、创业的准备

★ 案例描述

小新同学是一名考入上海某大学的云南学生。一次外出游玩的时候，他发现家乡的一块普洱茶饼在上海等城市要卖到几百元，甚至更高。他觉得这是一个非常好的创业机会。于是，小新让本来就不是很富裕的家人从家乡采购了一批普洱茶送来上海。小新拿着家人送来的普洱，到处去推销，谁知店家根本不买他的账，对于他推销的茶叶根本不感兴趣。小新这才发现，他不仅没有做好市场调查就急匆匆地让家里采购，而且也没有做好销售渠道的准备，对于茶叶市场更是一窍不通。创业的失败不但打击了自己的信心，也给家人带来了一定的经济负担。

★ 思考分析

是什么导致了小新创业失败？创业要考虑哪些方面的问题呢？

小新有着自己创业的激情，但没有了解创业的相关程序，仅凭自己的个人感觉就想着创业赚钱，并没有了解市场的真实需求，也没做过相应的市场调研，结果当然是以失败告终。

市场调查是创业相当重要的一环。市场调查主要是寻找目标市场可能的商机，为自己进入该商业领域提供定性定量依据。一个好的市场调查，要可信、可靠，它是投资的"眼睛"，能够帮助确定市场定位和产品价格。市场调查报告，一定要经得起推敲，经过调查，不仅要对市场有所了解，还要能够了解到自己竞争对手的状况。

📖 概念知识

创业的道路虽然充满曲折和艰辛，但是掌握一些重要的技能则可帮助创业者减少不必要的探索和失败。掌握市场调查的途径和方法、寻找到盈利模式并能看懂财务报表、能将创业构思外化为一份完整的创业计划书，这些基本技能都是创业者，尤其是大学生创业者所必须掌握的。

1. 充分的市场调查

首先，选择项目一定要谨慎，尤其是涉足自己不了解的行业，最好有行家指导，要多做调查研究。在创业之前要做好充足的准备，不是听别人说什么能做就去做什么，要经过市场调研，合理判断后再去做。

第二，没有投入足够时间对将要进入市场的可行性进行调研，这是最严重的错误。十有八九的创业失败者是因为急于求成，没有进行充分的市场调研，其构想没有可行性而失败。

第三，有的创业者则是没有事先进行详细周密的市场调查，往往头脑一热拍拍脑袋凭直觉来决策。没有从自己最熟悉、最擅长的业务起步，只是道听途说某某行业好赚钱，就贸然投资进去，从而在创业深入到一定程度后，方才发现自己的经验、知识、能力和人际关系都与之不吻和，甚至相差太远，从而导致失去竞争能力。这类创业者往往是随机性的创业者，偶然间扎到了某个行业，了解一些皮毛后便大张旗鼓地开始了。

第四，还有一些创业者因缺少必要的经营企业的经验而导致失败。大学生本身没有兴办企业的经历，缺少创业者必须具备的市场感觉和管理经验。

第五，创业并不是容易的事。要审时度势，见好就收。如果是自己无法控制的原因造成经营不好，马上止损撤退另谋高就，方能避免更大的损失。

2. 客观的财务分析

大学生在创业时首先碰到的问题是创业资金问题，即创业的钱从何而来？在有了创业资金后，又必须解决钱如何用的问题？要想成功融资，大学生必须要考虑如何能够开发出一种盈利模式？而要想用好创业资本，大学生必须学会分析几种基本的财务报表。财务报表是公司的财务状况、经营业绩和发展趋势的综合反映，是投资者了解公司、决定投资行为的最全面，也是最可靠的第一手资料。大学生在创业时，不能回避的几张财务报表是：成本费用表、资产负债表、收益表和现金流量表。

3. 创业计划书撰写

学会撰写创业计划书是大学生创业的另外一项重要技能。由于创业计划书要求创业者描述公司的创业机会，阐述创立公司，把握这一机会的进程，说明所需要的资源，揭示风险和预期回报，并提出行动建议，因此，它是对创业者创业可行性的一次全面考验。没有任何创业经验的大学生，应该学会撰写创业计划书，并按照创业计划书的要求审视自己创业计划的可行性，以保证创业的可实施性，从而保证创业的成功。

第四节 就 业

十九大报告指出：就业是最大的民生。我们很多学生求学的目的之一也是为了将来更好地就业。那么，我们到底应该如何来认识就业？

"就"即"从事"，"业"即"工作、职业"。就业，通俗来讲就是劳动者去从事某个工作或职业。一般意义来说，就业是指劳动者同生产资料相结合，从事一定的社会劳动并取得劳动报酬或经济收入的活动。

一、就业的特征

⭐ **案例描述**

"这次招人坚决不招大学生。"招聘会上，人力资源部刘经理对来应聘的大学生直摇头。虽然来应聘的大学生个人情况很不错，但是，深受大学生不稳定之害的刘经理无可奈何地婉拒："我们不是对大学生有偏见，作为企业也很头疼。我和公司的另外一个副总轮换着差不多每个月都要上一次招聘会，有时甚至一月跑两次，但要想找一些合适并能长期留下来的人才，实在是太难了。我们尝试着培养人才，结果发现流失率很高。比如一个刚毕业的女大学生在我们公司干得很不错，我们也委以重任，结果因为受了一点压力，说走就走了。"

另一面，大学生们也直吐苦水。"我不想在这个企业干下去了，5月份我来到这家公司，他们承诺说试用期后就会给我提高报酬，可后来却不断地延长考查我的时间。说话不算话的公司让人待着没有劲头，而且我们部门的人整天搬弄是非，我实在待不下去了，就想另外换个公司做。"今年刚毕业的小李就面临着要找新东家、换工作的尴尬局面。他说，"领导给自己的包括薪金等方面的承诺迟迟不兑现，也是他选择离开目前公司的原因之一。"

⭐ **思考分析**

从上述案例可以看出：① 就业是劳动者（求职者）与企业双向选择的过程，只有双方都满意才能达成稳定的工作关系；② 就业有很多相关的因素，如薪酬高低、稳定性与流失率、工作氛围和谐与否，等等。

那么就业到底具有哪些特征呢？

概念知识

1. 社会性

一般来说，劳动者和生产资料是构成就业的两个基本要素。就业是劳动者与生产资料在一定的生产关系中实现的，所以就业要受到生产关系即社会关系的推动和制约，总是同社会的现状和发展密切相关。从这个条件看，从事自己的家务劳动，就不是就业。同时，就业作为个人参与社会活动的一种主要方式，必须从事满足他人和社会需要的有效劳动，才能得社会的承认。如就体育运动而言，一般只是个人的爱好，但如果成为运动员，得到社会的承认，就是就业。

大学毕业生走上工作岗位，一方面为社会创造财富，满足社会的某种需要，促进社会的发展；另一方面，社会的发展也为大学生的就业创造了条件，提供了契机；再者，就业人员的社会地位与生产关系一直紧密联系着。在资本主义社会中，就业人员处于被支配地位，而在我国，就业人员"当家做主"，是生产资料的拥有者，处于主人翁地位。

2. 经济性

就业活动，对社会来讲，宏观上要求尽可能充分合理地利用社会劳动力资源和生产资料资源，实现二者的最佳结合，以生产出尽可能多的物质财富和精神财富，推动经济发展，促进社会进步。对劳动者个人而言，就业不仅是实现自身社会价值的基本手段，而且是获得物质生活资料、维持生存、改善生活质量的主要途径。经济性可以说是就业的物质属性，对大部分人来说，就业的直接目的就是为了满足物质和文化生活的需要，提高生活水平，改善劳动力再生产条件的需要。从这点来说，无酬劳动，如在学校学生所从事的劳动（学习）就不是就业。

3. 变动性和相对稳定性

随着生产力的发展越来越快，社会分工不断发展，劳动者就业岗位的变换亦越来越频繁，特别是一个社会经济结构、产业结构的调整，直接影响到就业结构的变化，使劳动者容易从一个岗位转向另一个岗位，从一个部门流向另一个部门。但是，由于就业是劳动者与一定生产资料的结合，具体的就业岗位对劳动者总有具体的文化、科学技术的要求。要提高结合效益，创造出更多更好的物质财富、精神财富，就要不断提高劳动者的业务素质。这就要求劳动者尽可能地稳定在一个就业岗位上，持续工作，也就是说，就业本身具有一定的相对稳定性，必须是较长时间连续进行某项活动。这一点上，就业与工作有不同的内涵，工作可以指临时或短时间内的劳动活动，如学生在寒暑假或利用周末，从事家教或临时打工，可以说他们找到了一份工作，但这是暂时性、临时性的，故不能说是就业。

从大学生就业的角度讲，是指完成学业的大学毕业生，根据国家的有关政策，按照一定的程序，在社会从事一定的社会劳动并取得劳动报酬或经济收入，实现自己的社会价值、人生价值的活动。

从上述案例中也看出：好的就业状况必须具有相对的稳定性，而不能随意、频繁地变换。

4. 计划性和合理性

人力资源和生产资料的结合不是任意进行的，而是按一定的计划和比例来进行的。其计划的方式由生产关系决定，结合的比例取决于生产力的发展水平。大学毕业生的就业当然也是按照社会的客观需要，有计划、有步骤地进行的。因此，就业从这种意义上说，具有计划性和合理性的特征。

5. 目的性

以大学生就业为例，其就业就是一个实现自我价值和社会价值的活动。大学毕业生通过多年的寒窗苦读，孜孜不倦地用知识武装自己，刻苦学习专业技能，而今迈入社会，走上工作岗位，使用单位的设备、工具和原材料，利用自身所掌握的知识和技术进行现实的劳动，满足了自身的生存需要、精神需要，同时也为社会创造了财富。从这两个层面上来说，就业体现了大学生自我价值和社会价值的实现。

二、 就业能力

⭐ 案例描述

小刘本科学的是机械专业，求职意向比较明确，从一开始他就将本专业相关的工作确定为职业方向。但小刘的学校背景并不突出，专业也非自己学校的优势，眼看着同学们都陷入迷茫中，甚至有许多同学开始自暴自弃，好胜心强的小刘也变得有些茫然。带着苦恼，小刘寻求职业指导老师的帮助。

针对小刘的情况，老师建议小刘着重提升自己的综合素质，尤其是与求职岗位要求密切相关的能力。老师系统地帮小刘分析了职场的工作状态，划定了几项重要能力并制定了详细的提升计划，着重进行了执行力、领导力以及企业职务能力的培养。这些方面的训练帮助小刘提升了工作效率，养成了良好的职业素养和习惯，加强了对企业的认知。小刘以找正式工作的态度寻找实习工作，并将学习到的内容应用到岗位中，深获领导好评，一周后破格入职。

在实习期，小刘将学到的知识、方法以及思维方式灵活运用到工作中去，实现了理论与实践的结合。例如，他从事招标助理工作，发现公司进行招标的评分方式比较固定，没有统一的自动化计分形式。他便制作了几十个常用公式，解决了困扰项目负责人的评分难题，大大提高了工作效率。小刘认为，正是因为经过了职业能力的训练，他才能在求职中胜出，获得了领导及同事的认可。

⭐ 思考分析

1. 小刘同学在进入职场前，着重培养好职业素养和职业能力，为在职场中迅速找到自己的定位，实现自我价值奠定了基础。

2. 就业并不是单纯依靠个人的专业技术能力，而是综合素质和能力的比拼。那么就业能力到底是什么？还包括哪些方面的内容呢？

📖 概念知识

1. 基本含义

就业能力是指获得某项岗位的全部能力的总称。一个人想要顺利地找到工作，在工作中做出成绩，就必须具备一定的就业能力。就业能力包括一般就业能力和特殊就业能力。

2. 基本内容

（1）一般就业能力。比如一个人的态度、世界观、价值观、习惯；与工作有关的一些能力，主要是指处理与周围的人和工作环境的关系的能力，如怎样进行工作，如何与人相处等；自我管理能力，如决策能力、对现实的理解能力、对现实资源的利用能力，以及有关自我方面的一些知识、对学校所学课程与工作中具体运用之间的关系的理解能力。

（2）特殊就业能力。某个职业所需的特殊技能和环境所需的某种特殊技能，如一个会计必须具备较好的数学功底，护士需要某种特殊的护理技能，美术工作者必须具备色调感、浓度感、线条感和形象感等。

一般就业能力和特殊就业能力在职业活动中都很重要。要成功地从事某种职业，常常需要一般就业能力和特殊就业能力的有机配合。如果一个人只有一般就业能力而无特殊就业能力是很难胜任某种职业的，比如一个不精通医术的大夫如何能给病人治病呢？同样，只有特殊就业能力而无一般就业能力的人也是很难在事业上取得成功的，一个缺乏团结协作、全心全意为人民服务的精神，缺乏事业心和责任感的人，纵使有多娴熟的职业技术，最终也会成为职业的失败者。

在现实职场中，一般就业能力更为重要。这是因为：

（1）社会在发展，科学技术的更新在加快，一般就业能力强的人能更好地适应社会，在掌握新知识、更新技术方面更具主动性与积极性。

（2）一般就业能力与失业关系密切。许多研究表明，人们失去工作不是因为缺乏特殊就业技能，而是缺乏一般就业能力。美国一份有关失业的报告显示，失业中的90%的人不是因为不具备工作所需要的技能，而是因为不能与同事、上司友好相处，或者经常迟到。

清华大学郑晓明副教授在其《"就业能力"论》一文中对大学生就业能力的描述为："大学生的就业能力不单纯指某一项技能、能力，而是学生多种能力的集合，这一概念是对学生各种能力的全面包含。在内容上，它包括学习能力、思想能力、实践能力、应聘能力和适应能力等。学习能力是指获取知识的能力，它是就业能力的基石；思想能力是指思维能力（包括创新能力）和政治鉴别力、社会洞察力、情感道德品质的综合体现，它是大学生思想成熟与否的标志；实践能力是指运用知识的能力，是就业环节中的点睛之笔，是各种能力综合应用的外化体现；适应能力是指在各种环境中驾驭自我的心理、生理的调节能力，它是大学生就业乃至完成由学生角色向社会职业角色顺利转变的关键。"

三、就业观

★ 案例描述

小王25岁，之前在一所幼儿园做幼教，语言表达能力强，反应也快，但就是不满意，决定重新寻找自己心仪的工作。她的要求是：工资三四千，工作不能太累，工作条件不能太差，每周能休息两天，最好还有年休假。半年过去了，也没有找到她所期望的工作，不是工资低，就是休息时间不固定，达不到她的要求。

小王接受就业指导师的建议，及时调整就业期望，到一家文化传媒公司做了一名经理助理，年收入6万元。

★ 思考分析

起初，小王由于就业愿望与用工单位的条件不相等，过于苛求就业环境，实际上就是就业观不够理性，之后经过适当调整终于找到了。

影响就业的因素很多，其中就业观是非常重要的因素，那么什么是就业观？我们应该持有什么样的就业观呢？

📖 概念知识

就业观是指个人在选择某一职业时的一种观念、态度、认识以及心态，是个人对就业的一种反应性倾向，它是由认知、情感和行为倾向三个因素组成的。态度决定行为，有什么样的就业观就有什么样的就业行为。在新的历史条件下，随着市场经济的成熟和发展，人事制度的改革和创新，市场人才供求关系的变化和调整，大学生更应具备与时俱进的就业观。理清就业思路，树立正确的就业观，具体表现为"1降、2升、3适应"。

1.1降，即降低就业期望值

从经济增长与就业的关系可以看出，长期来说我国的经济发展将仍处于上升阶段，对人才的需求不会减少。但短期内由于一些现实情况的影响，就业形势依然严峻。

在校期间都做了一个完美的"就业梦"，梦想自己能找到一份理想的工作，而一旦走出校园走向社会，才发现理想与现实是如此遥远。这就要求大学生们及时调整自己的就业理想和价值取向，降低就业期望值，拓宽就业范围，树立大众化就业观。"三百六十行，行行出状元"，关键是选择适合自己，能够充分发挥自身特长的工作岗位。国家发改委统计数据表明，我国中小企业提供了75%以上的就业岗位，所以中小企业、服务行业是一片很广阔的天地。从就业地而言，不一定非扎堆城市不可，也可以考虑乡镇甚至边远地区。从薪酬待遇而言，也不一定非要高薪不可，从低薪就业开始，先赚取经验也是很有必要的。

2.2升，即提升自身素质

对于用人单位普遍反映的动手能力差、沟通能力不强、缺乏责任感等不足之处，大学生应尽量克服。要认清用人单位的需求，有针对性地做好适岗准备。

首先，学习专业知识的同时要积极参加实践，锻炼综合运用知识的能力和解决实际问题的能力，培养自己较强的沟通能力、组织管理能力和心理承受能力，这样才能增强在就业市场的竞争力。

其次，要加强道德修养，增强责任感。在应聘材料中不要弄虚作假，一旦签订合同就要认真履行合约。工作过程中要有主人翁意识，爱护单位财产，维护单位名誉，做一个有道德、有责任的人。

再次，要不断提升自己胜任实际工作的能力。现在用人单位都希望录用一些对本单位有用的人才，谁的综合能力强，谁能为用人单位带来财富和荣誉，谁就能获得用人单位的青睐。这就要求大学生们在学好专业知识的同时，时刻注意把知识转化为能力和水平。

3.3适应，即适应严峻的就业形势

面对日益严峻的就业形势，大学生们必须明白，就业严峻是相对的，机会永远是为有准备的人而留的。在校期间，要积极参加各类社会实践活动，利用课余时间多接触社会，积累丰富的实践经验，加深对社会的认识。在就业岗位尚未落实之前，要调整好自己的心态，做好各项竞聘准备；竞聘岗位时，要沉着冷静，从容面对；无论求职成败，都要自信乐观，要有越挫越勇的坚强意志。同时，还应随时调整自己的职业规划，分析自己的实力、价值和需求，为自己的发展设定长远的目标。

面对当今竞争激烈的就业形势，大学毕业生们应充分发挥自身优势，努力去争取、拼搏、奋斗，闯过就业这个难关，寻求自己生存和发展的空间，找到属于自己的理想位置。从理想的角度来说，首先应该从提升素质和能力入手，在校期间充分利用各种机会和条件，提高自己的求职能力；最后在别无选择的条件下，降低期望或者调整方向先行就业解决生存问题，同时继续不断提升自己也是不错的选择。

四、就业技巧

⭐ 案例描述

　　小李在学校一直抱着好好学习的心态，对其他事情都置若罔闻。直到大三，看到有些师哥师姐到处奔波，忙于就业，他才对未来就业有了一点思考。因为老家在沿海城市，各种外贸企业较多，小李也一直都想在家乡工作，所以，对外贸公司的招聘信息特别留意。虽然选定了行业，但由于在大学期间，小李更多注重专业学习，缺乏社会实践，对于求职的各个环节也是一无所知。面对即将到来的就业，小李有些不知所措。带着困惑，小李找到了老师。通过沟通，老师为小李量身制定了训练计划，包括职业规划课程、行业企业课程与课后的训练。经过刻苦训练，小李的语言表达能力和人格魅力、领导能力、执行能力、团队协作能力得到迅速提升，对自己的职业发展也有了清晰的认识。此外，小李还多渠道搜集了相关的职业信息，制定了应对方案，并且有针对性地提升了自己的能力，为求职做好了充分准备。

⭐ 思考分析

　　通过小李的经历我们不难看出，要想成功就业，单单注重专业学习是远远不够的。小李后来通过一系列训练包括职业规划、行业企业课程以及之后搜集职业信息并针对性地提升了自己的能力，从而为求职做了充分的准备。

　　小李所做的这些训练和准备中很多都属于就业技巧的内容。那么就业技巧到底包括哪些内容呢？

📖 概念知识

　　随着我国就业形势的日趋严峻和市场经济竞争的日臻激烈，就业者的各种压力势必愈来愈大，若要在就业竞争中取胜，拥有一定的技巧也是必要的。

1. 首先要给自己职业定位

　　在择业之前，必须要明确自己"想干什么和最擅长做什么"，整合自身的兴趣、特长、专业或经验，制定两个或两个以上比较适合自己的就业目标。在制定目标时，既不能好高骛远也不要藐视自己，分阶段性进行，职位、工资待遇等均应循序渐进。如果你真的对定位感到无所适从，那就根据你的兴趣或爱好先"拜师学艺"，或先从业"普通工"（无须特殊要求的或作业简易的工作，如剪线工、装配工、送货员等），或请家人、亲朋好友当参谋作定夺。古人云"骏马能历险，犁田不如牛。坚车能载重，渡河不如舟"，职业无贵贱之分，事事皆要有人为，行行都有状元出。

2. 多渠道捕捉就业信息

有了目标之后，你就要广泛收集相应的就业信息，尤其是招聘（工）信息，从网络、报刊、广播电视，从职业中介机构、劳动力和人才交流市场，也可托熟人、亲戚朋友、同学等，多渠道获取谋职信息，为自己拓宽就业门路奠定基础。

3. 分析对比，锁定岗（职）位

从就业信息中，选择自己的理想职位，然后按此单位招聘（工）要求，与自己现有的能力条件作比较，认真分析自己能否胜任。与此同时，你还必须从网上或通过熟人、电话咨询等方式了解该单位的一些基本情况，如单位的性质、从事行业、工作方法和单位的价值观、经济效益、工资待遇，等等，便于"知己知彼，百战不殆"，更能准确地锁定符合自己目标的且"力所能及"的岗（职）位。如果仅是关于"年龄、学历、身体状况"等条件不符合招（工）聘要求，但经分析这些条件又不影响你胜任工作的，也可锁定。一般至少要锁定2个职位、3个单位。

五、就业与创业的关系

⭐ 案例描述

小陈2003年到杭州市经济技术开发区某职业技术学院读书，2006年毕业后，一直留在开发区。小陈的工作经历十分丰富，曾在银行工作过10个月，后来不喜欢银行的工作氛围，毅然辞职了。之后，当过作家，出过一本书；做过制片人，拍过2部微电影；还做过广告传媒行业。2008年开始人生第一次创业，创办游戏网站，刚开始网站做得风生水起，公司规模一度发展到90多人，但后来由于种种原因，这次创业最终失败了。2010年一次偶然的机会，小陈从朋友那里接触到锂电池自行车，凭借对市场的敏锐洞察力，小陈觉得锂电池自行车是个新鲜事物，市场前景会很大，便萌生了再次创业的想法。最终他通过艰苦的努力创业成功。如今小陈的公司拥有自己的商标和多项专利，已被评为杭州市优秀的高新科技企业。

★ 思考分析

1. 小陈最终的创业成功，和他的家庭环境和自己的能力有很大的关系。但是不可否认小陈丰富的就业经历也为他创业成功奠定了基础。

2. 那么就业和创业之间到底有着怎样的紧密关系呢？

📖 概念知识

就业和创业作为大学生职业生涯规划的两条道路选择，既有区别又有联系。

1. 二者的主要区别

（1）担当的角色不同。二者在工作中的地位、所肩负的责任和使命具有较大差异。创业者通常处于新企业的高层，是负责人或者领导决策者；而大学生就业之初通常受聘于某用人单位的低层，只需要做好本职工作就可以了。

（2）要求不同。创业者通常需要身兼数职，既要有发展战略眼光，也要有具体的经营管理才能，从而要求其具有相当全面的知识和技能；而就业者通常只需要具备某岗位的具体要求即可。

（3）收益与风险差异。就业主要投入的是数年的教育成本，而创业除了教育成本之外还包括创业前期准备中投入的人力、物力和资金成本。一旦失败，就业者最多会损失一些求职成本，而创业者可能会损失在创业前期投入的所有成本；一旦成功，就业者只能获得与老板约定的报酬，而创业者则会获得大多数经营利润，其数额理论上没有上限。

（4）成功依赖的因素不同。就业者的成功在很大程度上依靠企业实力，但创业者的成功更多的是凭借自身的经验、学识与财力，以及对各种需要的把握和对各种资源的占有等条件。

2. 二者的紧密联系

就业是我国13亿多人口最大的民生，也是经济发展最基本的支撑。党中央、国务院坚持把就业放在经济社会发展的优先位置，坚持实施就业优先战略，促进以创业带动就业。

创业可以解决社会大量的就业问题。创业者创办企业可以解决社会大量的就业问题，从而为国家排忧解难，并为社会稳定做出贡献。以腾讯股份公司为例，1998年创立时，创业团队仅为5人，而现在腾讯股份公司的员工已达成千上万人，服务数亿网民，成为全球市值名列第三的新型互联网企业。又如阿里巴巴集团员工数量，从创业时的18人到2017年6月的73780人；阿里巴巴B2B平台曾经支撑起1096万电子商务专业人员就业；淘宝网购平台创造了37.3万直接就业岗位、106.3万间接就业岗位，为物流业创造了10.8万就业岗位。

思考题

1.你认为自己具备哪些方面的创业潜力？

2.创业者是否需要具备创新能力？请说说原因。

3.身边有哪些大学生创业的案例？请收集并与同学分享。

4.就业能力和创业能力有什么异同？

03 创业机会与风险

导言

目前，在我国尽管创新创业活动已然成为企业的立足之本和推动经济高速发展的重要渠道，但伴随着大量创业活动涌现的同时，成功实现创业构想的、从梦想家真正变为实干家的创业者的数量却屈指可数，这反映出创业是一项极为冒险的旅程。

因此，探索创业经验教训、寻找规律性的内在联系，将这些知识合理地归纳概括，传递给潜在的创业者或是彼此分享，都会很大程度上提高创业活动的成功率，引导后来者进行更有效的创业，避免低级错误、合理规避风险，最终提高创业成效。与此同时，一方面国力的提升和社会的进步意味着商机的涌现，另一方面创业者的积极踊跃也导致了竞争的愈加激烈。借助当下良好的创业平台，如何在繁多的机会中发现符合自身的资源配置和发展机会，突破重重壁垒将梦想化为现实，是每个创业者的当务之急和立足之本。在林林总总的机会面前，有人能发现机会并获取利益，有人却迷失在创业大潮中。究竟要如何把握机会、识别机会，这就关系到创业机会的相关研究。

第一节　创业机会识别

一、创意及其产生过程

概念知识

创意是任何一个时代的主题，因为有一个好的创意，把握住这个好的创意，将会给个人带来很大的发展空间。虽然创意到处可见，但创意到底在哪里？又如何在创意中寻找创业机会呢？

创意是指对现实存在事物的理解认知，所衍生出的一种新的抽象思维和行为潜能，是一种通过创新思维意识，进一步挖掘和激活资源组合方式进而提升资源价值的方法。

对于创意的产生，世界公认的创意大师詹姆斯·韦伯·扬有过详尽的论述。他认为创意也是有规律可循的，产生创意的基本方针有两点：第一，创意完全是把事物原来的许多旧要素作新的组合；第二，必须具有把事物旧要素予以新的组合的能力。

他认为，创意思维经历的过程还应该经历六个步骤，并且绝对要遵循这六个步骤的先后次序。

（1）收集原始资料（信息）。

一般来说，收集的资料（信息）应该有两种类型。① 特定资料。主要是指与特定策划创意对象相关的资料和与特定策划创意对象相关的公众的资料。这类资料，大多由专业调查得到。② 一般资料。这些资料未必都与特定的策划创意对象相关，但必定会对特定的策划思维有帮助。

所以，一般策划者都应该对各方面的资料具有浓厚的兴趣，而且善于了解各个学科的资讯。创意思维的材料犹如一个万花筒，万花筒内的材料数量越多，组成的图案就越多。与万花筒原理一样，掌握的原始资料越多，就越容易产生创意。

（2）仔细整理、理解所收集的资料。

资料收集到一定的程度，就要对所收集的资料进行认真的阅读、理解。这时的阅读不是一般的浏览，而是认真地阅读，是要带着一个宏观的思路去认真阅读。对所收集到的全部资料，包括历史的、专业的资料，一般性的资料，实地调查的资料，以及脑海中过去积累的资料，逐一梳理，进而理解、掌握。

（3）认真研究所有资料。

研究（即商务策划思维步骤中的"判断"环节）是有一定技巧的。需要把一件事物用不同的方式去考虑，还要通过不同的角度进行分析，然后尝试把相关的两个事物放在一起，研究它们的内在关系配合如何。

（4）放开题目，放松自己。

选取自己最喜欢的娱乐方式，如打球、听音乐、唱歌、看电影等，总之，将精力转向任何能使自己身心轻松的事情，完全顺乎自然地放松。不要以为这是一个毫无意义的过程，实质上，这个过程是转向刺激潜意识的创作过程。转向自己所喜欢的轻松方式，这些方式均是可以刺激自己的想象力及情绪的极佳方式。

（5）创意出现。

假如在上述四个阶段中确已经历过，几乎可以肯定会经历第五个阶段——创意出现。创意往往会在策划人费尽心思、苦苦思索，经过一段停止思索的休息与放松之后出现。詹姆斯·韦伯·扬在研究网版印刷照相制版法的问题时，进行完前两个步骤，他疲劳至极，睡觉去了。一觉醒来，整个运作中的照相制版方法及设备影像映在天花板上，创意出现了!阿基米德发现水中庞然大物的重量计算方法，是在极度疲劳、放下思索去洗澡时，沐浴完毕起身离开浴盆，"哗哗"一声水响，触动了他的灵感!从此以后，人类对浮在水面的万吨巨轮，就是以排水量来计算其重量的。

（6）对萌发的创意进行细致的修改、补充、锤炼、提高。

这是创意最后一个阶段的工作，也是必须要做的工作。一个创意的初期萌发，肯定不会很完善，所以要充分运用商务策划的专业知识予以完善。这时，重要的是要将自己的创意提交创意小组去评头论足，履行群体创意、集思广益，完善细化的程序。

概括地说，创意要遵从以上六个程序，同时要把握五个要点：一是努力挣脱思维定式的束缚；二是紧紧抓住思维对象的特点；三是尽量多角度去思考问题；四是防止两个思考角度完全重合；五是努力克服思维惰性的影响。

⭐ 案例描述

陈海亮，工业设计师，曾以作品"上上签牙签盒"获得德国红点产品设计大奖。几年前，他因孩子发烧这一虽非疑难杂症但无比"折磨"父母的问题，一头扎入了婴幼儿健康管理领域。最近，陈海亮和他的团队经过2年时间研发，推出了其第一款产品——宝护圈，一款针对0~6岁婴幼儿的智能体温计，并希望以此切入移动医疗这一火热市场。创意源于需求，陈海亮接下来做了一系列调研，收集、整理、研究材料，并做了大量的试验。

作为人体基础健康指标，体温相对恒定是维持人体正常生命活动的重要条件之一。而自1714年，加布里埃尔·华伦海特发明水银体温计，在过去的几百年里，这一传统体温计逐渐成为人们家庭里"刚需"的医疗器械。1988年，电子体温计出现，传统水银体温计由于含有对人体有害的汞逐渐被淘汰。

这对于陈海亮等智能硬件创业者来说，无疑是一块大市场：水银体温计逐步被淘汰，电子体温计的检测数据容易受外部环境影响，而可以实时、精确检测体温并综合大数据分析提供专业医学依据的智能体温计时代即将到来。

其中，婴幼儿的体温检测目前成为一大热门。毕竟，成年人有自控力，弄碎水银体温计的风险低、感冒发烧可自行处理、对疼痛忍受力更高。而婴儿尚未有这些意识，在发烧时，父母必须每隔半小时~1小时便检测一次体温，以随时了解孩子的状态。

陈海亮计划，一方面继续产品研发，另一方面重点进行市场推广，抢占婴幼儿智能体温计的入口。除了传统的线上直营店＋线下婴幼儿用品代理和医药商代理模式，宝护圈还将利用微商模式，同一些平台合作发展全职妈妈做销售员，"我们在北京采访了50个社区的1000位妈妈，发现她们有两大特质：第一，乐于分享；第二，有经济压力，同时有充足时间做这件事"。

⭐ 思考分析

创意是一个从想法到落地实行都需要经过严格的市场调查、分析，并得出结论，根据结论不断修改创意的过程。结合案例，思考假如陈海亮缺少了收集、整理、分析材料这个环节，对于他这个创意会造成哪些危害？

二、创意与机会

概念知识

创业因机会而存在，而机会是具有时间性的有利情况。纽约大学柯兹纳教授认为，机会就是未明确的市场需求或未充分使用的资源或能力。机会具有很强的时效性，甚至瞬间即逝，一旦被别人把握住也就不存在了。而机会又总是存在的，一种需求被满足，另一种需求又会产生；一类机会消失了，另一类机会又会产生。大多数机会都不是显而易见的，需要去发现和挖掘。结果显而易见，总会有人开发，有利因素很快就不存在了。

创业机会指那些适合创业的机会，特别是创意。看到机会、产生创意并发展成清晰的商业概念，意味着创业者识别到了机会。至于发展出的商业概念是否值得投入资源开发，是否能成为有价值的创业机会，还需要认真的论证。

对机会的识别源自创意的产生，而创意是具有创业指向的，同时又具有创新性的想法。在创意没有产生之前，机会的存在与否意义并不大。有价值潜力的创意一般具有以下基本特征。

（1）独特、新颖，难以模仿。

创业的本质是创新，创意的新颖性可以是新的技术和新的解决方案，可以是差异化的解决办法，也可以是更好的措施。

另外，新颖性还意味着一定程度的领先性。不少创业者在选择创业机会时，关注国家政策优先支持的领域，寻找领先性的项目。不具有新颖性的想法不仅不会吸引投资者和消费者，对创业者本人也不会有激励作用。新颖性还可以加大模仿的难度。

（2）客观、真实，可以操作。

有价值的创意绝对不会是空想，而要有现实意义，具有实用价值。简单的判断标准是能够开发出可以把握机会的产品或服务，而且市场上存在对产品或服务的真实需求，或可以找到让潜在消费者接受产品或服务的方法。

（3）具备对用户的价值与对创业者的价值。

创意的价值特征是根本，好的创意要能给消费者带来真正的价值。创意的价值要靠市场检验，好的创意需要进行市场测试。同时，好的创意必须给创业者带来价值，这是创业动机产生的前提。

（4）创意与点子不同。

区别在于创意具有创业指向，进行创业的人在产生创意后，会很快甚至同时就会把创意发展为可以在市场上进行检验的商业概念。商业概念既体现了顾客正在经历的，也是创业者试图解决的种种问题，还体现了解决问题所带来的顾客利益和获取利益所采取的手段。例如，容易把球打丢是实际存在的问题，帮助球手把打丢的球找回来是个创意，有人试图解决这个问题，在高尔夫球内安置一个电子小标签，开发手持装置搜索打丢的球是解决问题的手段。

⭐ 案例描述

一位叫陈富云的创业者为服装业想到一个名为"数码试衣"的智能互联化营销模式。按照这个模式，服装厂商可以完全不必库存，消费者也可以任意为自己选择服装的款型和面料。消费者下单后，加工厂只需要按要求生产即可。理论上讲，这样出来的个性化成衣，每一件都只会贴身而不会"撞衫"。

因为这种模式，陈富云在北部新区获得了1200㎡的免租办公场地，还引来一家英国风投公司2000万英镑的先期投资。经过调查，陈富云发现，库存积压几乎是全球服装行业传统的"以产定销"经营模式无法克服的弊病。那么能不能靠"以销定产"的逆向思维来解决这一难题呢？经几番琢磨，陈富云终于想到了这种名为"数码试衣"的智能互联化营销模式。所谓智能互联化服装营销模式，即是先在步行街、商场、候机厅、酒店大堂、高档社区、茶楼等处设若干门店，这些门店相当于数码试衣的体验馆。

客户到试衣店，站到智能终端机上，即可完成对人体4800个坐标点的精确测量。提取85个人体数据后，再在终端机数据库中，自由创意组合，设计、选择、修改服装的面料、版型、颜色、款式等，即可合成称心的个性化服装。

与传统服装店以及淘宝网、试衣网等相比，这一模式可做到衣服款式无限。消费者可随心所欲地组合、修改和设计，型号也因人而异、量体裁衣。

⭐ 思考分析

创业家们常说："好的创意是成功的一半。"在大多数情况下，创业机会源于创意。但是，创意并不等于创业机会，创意并不注重实现的可能性，最终未必能转化为创业者可以把握的创业机会。而创业机会则必须是实实在在的，能满足潜在的市场需求，并为创业者带来价值。但创业机会的发现又是进行创业活动的前提条件，因此，创业者需要对创意的形成、发现及转化机制有一定的了解。首先，一个好的创意仅是一个好的创业工具，而将创意转化为良好的创业机会却是一个非常艰巨的工程。人们常常过高地估计创意的价值，却忽略了市场需求是否真实可靠。比如，中关村一家经销商与北京大学的学生合作开发了能够在黑暗中发出荧光的键盘，这样，计算机的使用者在黑暗中不用点灯就可以敲打键盘。这个创意很好，但这种键盘的成本一定比普通键盘高，而经常使用计算机的用户，绝大多数可以实现盲打，因而市场需求不会很好，正是这个原因，这个产品最终未获得成功。此外，第一个获得最好的创意也不能保证企业的成功，毫无疑问第一个获得最好的创意是一件大好事，但除非你能够迅速地占有很大的市场份额或者建立很难逾越的市场进入壁垒，从而领先于竞争对手，否则第一个出现也只不过意味着开拓了供竞争对手发展的市场，如万燕发明了VCD，却在市场竞争中成了"先烈"。

三、创业机会的概念

概念知识

创业机会有以下几种不同的定义方式。

（1）创业机会可以为购买者或使用者创造或增加价值的产品或服务，它具有吸引力、持久性和适时性。

（2）创业机会是一种新的"目的——手段"关系，它能为经济活动引入新产品、新服务、新原材料、新市场或新组织方式，并能以高于成本的价格出售。

（3）创业机会主要是指具有较强吸引力的、较为持久的、有利于创业的商业机会，创业者据此可以为客户提供有价值的产品或服务，并同时使创业者自身获益。

综上所述，我们可以得出较为全面的概念：创业机会，是指在市场经济条件下，社会的经济活动过程中形成和产生的一种有利于企业经营成功的因素，是一种带有偶然性并能被经营者认识和利用的契机。它是有吸引力的、较持久的和适时的一种商务活动空间，并最终表现在能够为消费者或客户创造价值或增加价值的产品或服务中，同时能为创业者带来回报或实现创业目的。

⭐ 案例描述

ofo小黄车是一个无桩共享单车出行平台，缔造了"无桩单车共享"模式，致力于解决城市出行问题。用户只需在微信公众号或App上扫一扫车上的二维码或直接输入对应车牌号，即可获得解锁密码，解锁骑行，随取随用。

共享单车的想法来源于CEO戴威，他4年的大学生活丢了5辆自行车，还都是一两千块钱的山地车，于是就想能不能把自行车做成共享模式。正好赶上毕业季，学校有很多毕业生不要的自行车，就想着让学生把自行车共享出来加入这个联盟，这样每个人就都能骑大家共享的单车。

2015年北京大学的一个同学把自己的自行车贡献了出来，这是第一辆共享单车，后来所有的共享单车都来自于老师和学生们。这是小黄车的1.0时代。

2015年11月份，小黄车创业团队突然发现了一个现象，用户对于班车的需求远远不如自行车的共享需求，那时候他们决定购买单车。这是ofo的2.0时代。

小黄车起初出现在高校，环境相对封闭，创业者初期根本没有想要进入城市。后期资本的扩展是创业团队没有想到的，到2016年10月，ofo小黄车已经完成了1.3亿美元C轮融资。在戴威看来，这些商业资本让他实现梦想的步伐更快了。他享受着这种加速的感觉，希望有一天把中国3.7亿的自行车存量都调动起来，让人随时随地有车骑。

到了2016年11月份，ofo正式宣布进入3.0时代。小黄车正式进入城市，同时宣布平台战略。ofo不生产单车，只连接单车。目前连接的单车已经超过了一千万辆，日订单突破了2500万，全球13个国家、180多个城市为两亿用户提供了超过40亿次的出行服务。

⭐ 思考分析

创业，最关键的要素是机会的发现。机会是一个非常神奇的东西，成功的创业、成功的创新、成功的战略，都要仔细琢磨和抓住机会。

不仅创业需要机会，做成任何事，机会都很重要。离开了机会，创业几乎就不可能。随着经济全球化的进程逐渐加快，企业面临着更加动态多变的外部环境，也面临着日趋严峻的竞争态势。在复杂、动态的环境中，各种创新和创业活动已经成为企业生存和发展的必要条件，但创新和创业活动绝不是凭空进行的，需要具备一定的条件。除了对外部环境的适应性需求外，还需要拥有创业机会。

结合身边创业案例，谈谈你对创业机会的认识。

四、创业机会的特征

📖 概念知识

1.创业机会的共性

（1）普遍性。凡是有市场、有经营的地方，客观上就存在着创业机会。创业机会普遍存在于各种经营活动过程之中。

（2）偶然性。对一个企业来说，创业机会的发现和捕捉带有很大的不确定性，任何创业机会的产生都有"意外"因素。

（3）消逝性。创业机会存在于一定的时空范围之内，随着产生创业机会的客观条件的变化，创业机会就会相应地消逝和流失。

2.好的创业机会的特征

有的创业者认为自己有很好的想法和点子，对创业充满信心。有想法、有点子固然重要，但是并不是每个大胆的想法和新异的点子都能转化为创业机会。许多创业者因为仅仅凭想法就去创业而失败了，那么如何判断一个好的商业机会呢？《21世纪创业》的作者杰弗里·蒂蒙斯教授提出，好的创业机会有以下四个特征。

第一，它很能吸引顾客。

第二，它在现在的商业环境中行得通。

第三，它必须在机会之窗存在的期间被实施（注：机会之窗是指商业想法推广到市场上去所花的时间，若竞争者已经有了同样的思想并已把产品推向市场，那么机会之窗也就关闭了）。

第四，必须有资源（人、财、物、信息、时间）和技能才能创立业务。

⭐ 案例描述

一个80后贫困打工小伙，立志改变命运的创业故事：做孔明灯电商生意，从400元起家到7000万，他仅用了两年半！来看一下孔明灯大王刘鹏飞的励志创业故事。

（1）发现商机。

有一天晚上，刘鹏飞出门散步，见路人都驻足仰望天空的灯笼，他一问原来是"孔明灯"，突然有了创业的灵感。当晚，刘鹏飞便买了一只孔明灯，回家拆开一研究，发现它的结构其实非常简单。第二天，他跑到国际商贸城去寻找货源，卖孔明灯的商家寥寥无几，而且全国生产孔明灯的厂家只有10家左右，这一发现更是让他兴奋。拿到第一个月打工挣到的1400元工资后，刘鹏飞炒了老板"鱿鱼"。他用其中的400元买了100多只孔明灯，开始做电子商务。

（2）市场分析。

刘鹏飞对孔明灯进行全面评估以后，发现其中蕴藏着巨大的商机："当时国际商贸城卖孔明灯的商铺只有三四家，竞争不激烈，制作起来很简单，投资不大，利润又很高，而且在国外市场还是一片空白。"对电子商务有所了解的刘鹏飞通过上网查询，发现阿里巴巴、中国制造等平台上都没有人在销售孔明灯，但国外却有客商在通过谷歌搜索引擎求购孔明灯。

（3）转变思路。

2007年年底，一家温州外贸公司在阿里巴巴上找到他，订购20万元的孔明灯，条件是先上门考察。可是，当时的刘鹏飞根本就没有工厂，连接待客户的办公室都没有。刘鹏飞把实际情况和盘托出，因为他态度诚恳，客户依然下了订单，刘鹏飞赚到了9万元。2007年10月，他成立以孔明灯生产为主的飞天灯具厂；2008年，他陆续在仙居、义乌、金华等地建立6家工厂，以满足更多的订单需求。2008年，全国孔明灯厂家从2007年的10家左右迅速发展到100多家，市场竞争越来越激烈，厂家之间打起了价格战。刘鹏飞意识到，必须把孔明灯推向国外市场，才是最好的出路。为了让对中国传统文化了解不多的国外消费者接受甚至喜爱孔明灯，刘鹏飞通过阿里巴巴出口通和谷歌搜索引擎不断地把"会飞的中国灯笼"介绍给国外客商，让孔明灯拥有了大批外国"粉丝"。

（4）搞定大客户。

2008年8月，刘鹏飞通过网络，得知德国第三大零售商有一个巨大的150万只孔明灯的订单，一时间在行业内掀起轩然大波。"这么大的订单当然想接，不过他们第一批货就要60万只，而且要求一个半月交货，这对我们是巨大的挑战。"当时刘鹏飞的工厂每天产量只有5000只，而按照德国订单的要求，日产量必须达到2万只才行。

刘鹏飞当机立断，火速招人扩大生产规模，并找同行合作一起完成订单。

"我找了很多同行，但是没人敢跟我合作，虽然利润空间比较大，但确实是烫手山芋。"历经千辛万苦，刘鹏飞终于找到合作伙伴，顺利完成了订单。

（5）发掘新机遇。

2008年6月，投奔他的学弟发现十字绣行业投资少、门槛低，国内规模企业也不多，便向刘鹏飞作了推荐。两个月后，由刘鹏飞投资的十字绣有限公司成立。到如今，他已经投资设立了8家公司，涉及孔明灯、十字绣、数字油画、荧光板、印刷、家居、服饰等多个领域，年销售额7000万元以上。

★ 思考分析

结合刘鹏飞的案例思考分析，成熟的创业机会是否需要全部满足本节课程所列举的特征，不同的创业机会是否只需满足其中部分特征，为什么？

五、创业机会的来源

📖 概念知识

创业机会虽具有某些普遍的共性，但它一般存在于大众视野的盲区，只有少数目光敏锐、洞察力强的人才能发现它。

1. 从"需求"中挖掘机会

创业的根本目的是为了满足市场和客户的需求。假如市场和客户没有得到服务要求，这就是我们所提到的问题。优秀的创业者能及时地发现这样的问题存在，并且利用这样的问题作为自己的创业项目。

2. 从"变化"中把握机会

当市场结构和需求发生重大变化时，必然会产生一些市场空白。而这些市场空白就是可利用的最佳创业机会。世界著名的管理大师彼得·德鲁克曾经说过，"成功的创业者就是那些善于在市场上寻找变化，并能随着这种变化做出及时积极回应的投资人"。这种变化或许来自国家政策的调整，也或许来自某行业的结构调整、市场重新整合、人口结构的变化以及人们精神上的需求变化等。例如，随着私人轿车拥有量的增加，衍生出代驾、汽车销售和保养维修、二手车买卖等诸多创业机会。

3. 自主发明创造机会

如今是一个高速发展的时代，各类行业的创新产品都在源源不断地涌入市场。假如自己有这样的实力和潜力，关注一下创新行业，在创新产品上多下一番功夫，也不失为一种不错的创业选择。

4. 从竞争中"劫取"机会

同一行业的参与者，必然有水平高下之分，又或者在业务水平和经验上参差不齐。个别有实力的创业者，面对行业竞争者时，能吸取竞争对手的长处，弥补自己的短处，逐渐拉大自己与同行的优势。不妨看看自己的同行，他们能给客户提供哪些更优质、更迅捷的服务，这些自己是否能做到。如果觉得没问题，或许你已经发现了一个不错的创业机会。

5. 新生知识、新生技术里藏有机会

随着现代化生活要求和水平的日益提升，人们对于各自的生活质量又有着更高的要求。而伴随而来的，就是产生了许多新生知识、新生技术的开发。或许这些行业平常不太受人关注，但随着社会的发展，这些行业将被绝大多数人所熟知，如生态环保、资源再造利用等，这些关系到我们每个人生活的新兴行业里，藏有大量的有待开发的创业机会。

⭐ 案例描述

在某次绿色环保公益活动上，小P正在脱产运作一个带公益色彩的创业项目——将各种规格的快递盒子循环再利用，变成工艺品。目前他已经通过互联网合作的方式雇用了两位外地的兼职设计师，设计出了一些盒子工艺品的制作方式和效果图案，并尝试与大型电商和一些产品制造企业合作。

小P通过市场调研发现，现在互联网购物人数增长很快，随之而来的是数量急剧增加的各式尺寸的瓦楞纸盒子在网购买家手里堆积。这些快递盒子没有漂亮的外观和实用性，买家重复利用的可能性非常小，并且快递员不会主动回收这些纸盒子，因此造成一种资源性的浪费。小P认为可以通过两个途径增加纸盒子的回收再利用性。

首先，增加纸盒子对买家的附加功能。方法是在快递纸盒上设计一些手工剪切线，并且随着货物一起附上一张纸盒手工制作说明卡，让买家能够通过盒子上面的标记和手工制作卡轻松地将纸盒子改造成为一个手工艺品，如创意花瓶和书

架等。这样既能够实现重复利用，又能够体现出卖家的品牌独特性。其次，回收纸盒子，通过设计改造为各种创意物品，参加公益展览，如组成恐龙或者变形金刚等大型展品，传播循环利用的理念以及小P设计公司的品牌。由于纸盒回收难度不大并且原材料充足，因此这个项目既有可持续性，又有营利性。小P打算通过与大电商和购物平台的各种商家合作，通过植入快递或者货物商品盒子再利用的方式，达到推广这些合作企业的品牌目的。

说起创业的因缘，小P在学校里参加了一个世界规模大学生的社会创业创新活动，当时小P是这个项目团队的负责人。项目结束后，小P也一直坚持创业的想法，甚至放弃了名牌大学重点专业的就业机会。小P在城市南边租了间办公室，注册了公司，在公园或者其他展会上策划和操作一场场个性盒子秀。在这些展会上，盒子变成了一个个玩具，甚至一个个大型模型，非常具有创意。在刚成立这家初创公司的时候，小P遇到过种子投资人资金没有及时到位、市场开发等各式挑战，但是小P咬牙坚持了下来，公司也逐渐朝个性设计定制方向发展。后来，小P与一些大型电商和企业开展了合作，申请到了几笔公益基金和创业种子投资。

最近小P的团队参加某个展会的站台布置，用快递盒子做成的霸王龙特别威武。小P因为项目的环保公益性申请到了世界某个非政府组织基金会的项目资助，相信小P的企业还有更大的发展空间。可见就算再小的创业点子，认准了并能一直坚持下去，也能够创业。

⭐ 思考分析

不管何种身份、地位和年龄，当一个人有创业冲动的时候，刚开始也只是一个想法或者思想的触动。在信息爆炸的今天，你在网络上用搜索引擎输入"创业机会"，会出现大量的信息，因此即使你不能靠自己的想象力每天提供一个创业点子，也可以以极其简便的方式每天搜集和整理一个创业点子。那如何挑选这些创业机会呢？

六、创业机会的识别

📖 概念知识

现今创业环境复杂多变，大学生在选择创业时应该慎之又慎。如今发现创业机会并不是什么难事，但是适合他人的机会却并不一定适合于自己，所以对于如何去识别创业机会，是每一个大学生创业者的必修课之一。

能否准确识别正确的创业机会，是能否创业成功的重要前提之一。从创业的角度来说，它是创业的起点，也可能是创业的终点。在一个错误的机会里谋求发展，那所做的一切努力都注定是徒劳的。尤其是对于大学生创业者，本身他们所能支配的创业资金就非常有限，而且大多都是借贷来的。如果将这有限的创业资本投入不合时宜的创业项目里，那失败对于大学生创业者的打击将会被放大很多倍，甚至从此失去再次创业的信心。因此那些希望自主创业的大学生，事先必须对所出现的创业机会有一个比较客观准确的甄别。大学生对于创业机会的选择，通常可以从以下几个方面考虑。

1. 创业时机的主观条件是否成熟

每个创业者对于时机的把握，是具有很大主观性的，这需要创业者首先对自己有一个全面客观的认识。因此在选择创业之前，不妨先问自己这样几个问题：① 你了解你将要介入的行业吗？② 你有不同于竞争对手的特点吗？③ 你所能协调的各种资源能满足这个项目的需求吗？④ 你是否充分做好了吃苦耐劳的心理准备？⑤ 你是否能接受创业带给你的各种失败和打击？

假如这几个问题你的答案都是肯定的，那你就具备了把握创业时机的主观条件。在创业的过程中，你可以自信地许下承诺，即便失败也有接受这种现实的能力。

2. 对市场信息和变化规律的掌握是否充足

市场环境往往决定了你的创业构想是否可行。尤其是在如今变幻莫测的市场里，"昨天的老皇历并不一定适用于今天"。创业者必须做到随时掌握市场的动态信息，才能长久立足于不败之地。特别是对大学生创业者来说，在学校所学到的只是一些常规知识，而市场里大多考验的是创业者随机应变的能力。跟不上市场变化的节奏，很有可能会被市场无情地淘汰。因此，掌握市场的动态信息和变化规律，也是识别创业机会的必要参考。

3. 创业机会的选择是否实际可行

我们总是劝人要"量力而行"，这句话同样也非常适用于大学生创业者。假如以上几条因素你都已具备，但是你所看中的创业机会却大大超出了你所能承受的最大范围，在不切实际的创业选择上一意孤行，这样的创业无异于飞蛾扑火。创业者憧憬成功的同时，也应该考虑到可能到来的失败。试问失败之后，你将何去何从？

★ 案例描述

小周毕业于北京某艺术学院，毕业之后一直在寻找工作。偶然的机会，他结识了一位善于做展览模型的朋友。或许是因为自己艺术生出身的缘故，小周慢慢地喜欢上了这位朋友的工作。而且，在向朋友学习的过程中，小周发现，小小的展览模型里也蕴藏着巨大的商机。于是在跟着这位朋友学习了半年之后，小周招聘了两个员工，开办了工作室。

不久，小周的工作室就接到了一家大型企业的制作订单。因为是第一次合作，而且又是一个大客户，所以小周对于这个订单格外地重视。不过事有不巧，在制作的过程中机械出现了客观故障，导致即将完成的模型功亏一篑。眼见明天就是约定的交付期限，此情此景让那两名员工一筹莫展。但是焦急的小周并没有绝望。他给客户打去电话，真心实意地给顾客道歉的同时，又向客户解释了模型制作失败的原因。最终，客户被小周的诚意所打动，同意再给小周三天时间。

在更换了新设备之后，小周对于每一个制作过程不敢有丝毫的松懈。在连续工作三天三夜之后，小周如期将一件质量上乘的模型交给了顾客。交货的时候，顾客见小周的眼睛里都布满了血丝。优质的模型，再加上真诚的态度，换来了客户的赞赏。此后这家企业不仅多次在小周这里制作模型，而且还将小周的工作室推荐给了多家企业。

★ 思考分析

一单看似就要失败的生意，为什么最后能奇迹般地顺利做成呢？不仅是因为小周真诚地客户交流，打动了客户，更是因为他面对失败和打击永不言弃的坚韧和吃苦耐劳的精神。这就是一个成功创业者所应该具有的强大承受力的心脏。创业机会的选择不仅需要客观条件，更需要具备主观条件。

创业时机是否成熟，客观因素也是不得不考虑的。另外，对于呈现在你面前的创业机会，你是否发现了其中蕴藏的巨大商机，而且这种商机里的潜力是否足够巨大。假如这些外在的条件并没有达到你的预期，那你就得再三掂量一番。只有将创业能力和创业条件进行一个综合考量，你才能确定这是不是一个最佳的创业时机。

七、创业机会识别的影响因素

概念知识

创业机会识别作为一种主动行为，带有浓厚的主观色彩，创业者的个体因素起到了重要作用。为此，一些研究者逐渐认识到机会识别是个体与环境的互动过程，外部环境因素对机会识别的影响同样不可忽视。

1. 个体因素

（1）创业警觉性。

创业警觉性是指一种持续关注、注意未被发现的机会的能力。

（2）先验知识。

人们更容易关注到与自己已有知识相联系的刺激。对创业者而言，丰富且广泛的阅历是识别潜在商机的主要决定因素，帮助创业者识别新信息的潜在价值。每个个体都有自己独特的先前经验和先验知识，这就构成了其有别于他人的知识走廊，这种特异性就解释了为何有人更容易发现一些特定的机会，而其他人则不能。

先验知识包括特殊兴趣和产业知识两个维度。前者指对某一领域及其相关知识的强烈兴趣，后者是由创业者在多年工作中积累而来的知识和经验。也有研究提出对创业机会识别起关键作用的先验知识有四种：特殊兴趣知识和产业知识、关于市场的知识、关于服务市场方式的知识和有关顾客问题的知识。

（3）创造力。

创造性和创新能力最早与乐观、自我效能等因素一同成为创业者的性格特质中的一种。发散性思维和创造性思维共同构成了创造力，信息多样化与发散性思维存在交互作用，只有在信息多样化的条件下，发散性思维才对企业经营理念的形成产生显著的影响。还有学者认为，机会识别本身就是创造性活动，而不仅是被创造力这一特质所影响的。

（4）社会资本。

社会资本又称社会网络，是联系创业者和机会的纽带与桥梁，创业者需通过自己的社会网络获得有关创业机会的信息。创业者自身社会网络规模的大小、多样性、强度以及密度将对机会识别产生重要影响。很多文献都发现社会关系网络与个体识别机会的成功率呈正相关。有学者认为，创业者的网络关系规模越大越有助于接触到丰富多样的信息，从而发现更具创新性的机会。

2. 环境因素

环境因素包括诸如技术创新、制度变革、经济走势、社会习俗、文化法律等多项内容。史蒂文森（Stevenson）和冈珀特（Gumpert）认为，技术、市场、社会价值和政府的政策法规四种环境会对机会识别产生影响。我国学者唐靖、张韩等在研究中根据创业者做决策时的环境特点，将环境划分为风险性环境、不确定性环境和模糊环境三种类型，并指出在不同环境特征下，机会的来源不同，因而机会的识别方式也存在差异。在风险性创业环境、不确定性创业环境和模糊创业环境中均存在环境动态性，但是，关于创业环境的动态性对创业机会识别的作用则存在积极和消极两种对立的观点，这也是未来学者需要进一步研究探索的方向。

3. 各因素交互作用

创业机会识别的影响因素在不断地丰富和完善，单一影响因素的作用已不足以解释整个创业机会识别过程。有学者研究发现，警觉性和以往知识的交互作用以及警觉性和创新型认知风格的交互作用是决定机会营利性识别的主要因素，以往知识和创新型认知风格的交互作用是决定机会可行性识别的主要因素。研究发现，只有在信息多样化的条件下，发散性思维才对企业经营理念的形成产生显著的影响。也有学者研究发现，工作经验丰富的创业者能从高密度网络中受益，识别到更具有创新性的机会；而经验丰富的创业者反而不能借助自身网络之外更广泛的联系来发现创新性机会。

第二节　创业机会评价

所有的创业行为都来自于绝佳的创业机会，创业团队与投资者均对创业前景寄予极高的期待，创业家更是对创业机会在未来所能带来的丰厚利润满怀信心。

不过我们都知道，几乎九成以上的创业梦想最后都落空。事实上，新创业获得高度成功的概率大约不到1%。

成功与失败之间，除了不可控制的机运因素之外，显然一定有许多创业机会在开始的时候，就已经注定未来可能失败的命运。创业本身是一种"做中学"的高风险行为，而且失败也可能是奠定下一次创业成功的基石。如果创业者能先以比较客观的方式进行评价，那么许多悲剧结局就不至于一再发生，创业成功的概率也可以因此而大幅提升。

"评价"这个术语通常与一项判断联系在一起。这个判断决定了正在开发的机会是否值得得到人力、物力、财力的支持以及能否进入下一阶段的发展。在整个创业过程中，对机会进行评价的人主要是创业者（包括创业团队）、投资者。在创业的不同阶段，随着信息的收集、各方面情况的变化，创业者很可能对这一机会做出多次评价，这些评价会使创业者识别出其他的新机会或调整其最初的看法。

创业者在机会开发的过程中，基本上遵循"识别——评价——开发"这一逻辑顺序，将一个最初的创意慢慢地逐渐完善起来。在机会评价的过程中，创业者会根据市场情况或已经拥有的相关资源做一个初步调查。根据调查的结果多次评价机会的优势和劣势，使创业者调整最初的看法或是重新寻找其他较好的商业机会。这个调查一开始可能是单独、非正式地进行，随着外部资源整合后慢慢会与他人进行沟通，当外部资源介入机会开发的过程中，评价也变得正规起来。面对经常多变的市场行情许多人会经常有一些好的想法，但这些想法如果没有经过认真仔细地评价就不能称之为机会，只有个体在结合资源、人际关系等因素对这些想法评价后才能被叫作机会，整个过程即为机会评价。即创业机会评价是创业者针对市场上出现的商业机会或想法，结合自身情况对其不断甄别和判断的过程。

一、评价创业机会价值的基本框架

概念知识

不是每个创业机会都会给创业者带来益处，每个创业机会都存在一定的风险，因此，创业者在利用创业机会之前要对创业机会进行科学的分析与评价，然后再做出是否创业的决策。

创业者对机会的评价来自于他们的初始判断，而初始判断通常就是假设加简单计算。机会瞬间即逝，如果都要进行周密的市场调查，经常会难以把握。假设加上简单计算只是创业者对机会的初始判断，进一步的创业行动还需依靠调查研究，对机会价值做进一步的评价。因此，创业者在投资决策前，必须搜集各种有关信息，认真分析研究宏观环境的发展变化。否则，很可能因为不了解宏观环境的状况而使投资"竹篮打水一场空"。

创业机会评价是创业过程中的关键节点，是连接机会识别和机会开发的一个中间变量，日益受到越来越多学者的重视。目前，在创业机会评价指标方面，引用较多的主要是蒂蒙斯（Timmons）的创业机会评价框架。

1. 蒂蒙斯的创业机会评价框架

蒂蒙斯的创业机会评价框架（表3-2-1），涉及行业和市场、经济因素、收获条件、竞争优势、管理团队、致命缺陷问题、个人标准、理想与现实的战略差异等8个方面的53项指标。

表3-2-1　蒂蒙斯的创业机会评价框架

指标类别	评价指标
行业和市场	1. 市场容易识别，可以带来持续收入。 2. 顾客可以接受产品或服务，愿意为此付费。 3. 产品的附加价值高。 4. 产品对市场的影响力高。 5. 将要开发的产品生命长久。 6. 项目所在的行业是新兴行业，竞争不完善。 7. 市场规模大，销售潜力达到1000万～10亿。 8. 市场增长率在30%～50%甚至更高。 9. 现有厂商的生产能力几乎完全饱和。 10. 在五年内能占据市场的领导地位，达到20%以上。 11. 拥有低成本的供应商，具有成本优势
经济因素	1. 达到盈亏平衡点所需要的时间一般为1.5～2年。 2. 盈亏平衡点不会逐渐提高。 3. 投资回报率在25%以上。 4. 项目对资金的要求不是很大，能够获得融资。 5. 销售额的年增长率高于15%。 6. 有良好的现金流量，能占到销售额的20%，甚至30%以上。 7. 能获得持久的毛利，毛利率达到40%以上。 8. 能获得持久的税后利润，税后利润要超过10%。 9. 资产集中程度低。 10. 运营资金不多，需求量是逐渐增加的。 11. 研究开发工作对资金的要求不高

指标类别	评价指标
收获条件	1. 项目带来的附加价值具有较高的战略意义。 2. 存在现有的或可预料的退出方式。 3. 资本市场环境有利，可以实现资本的流动
竞争优势	1. 固定成本和可变成本低。 2. 对成本、价格和销售的控制较高。 3. 已经获得或可以获得对专利所有权的保护。 4. 竞争对手尚未觉醒，竞争较弱。 5. 拥有专利或具有某种独占性。 6. 拥有发展良好的网络关系，容易获得合同。 7. 拥有杰出的关键人员和管理团队
管理团队	1. 创业者团队是一个优秀管理者的组合。 2. 行业和技术经验达到了本行业内的最高水平。 3. 管理团队的正直廉洁程度能达到最高水准。 4. 管理团队知道自己缺乏哪方面的知识
致命缺陷问题	不存在任何致命缺陷问题
创业家的个人标准	1. 个人目标与创业活动相符合。 2. 创业家可以做到在有限的风险下实现成功。 3. 创业家能接受薪水减少等损失。 4. 创业家渴望进行创业这种生活方式，而不只是为了赚大钱。 5. 创业家可以承受适当的风险。 6. 创业家在压力下状态依然良好
理想与现实的战略差异	1. 理想与现实情况相吻合。 2. 管理团队已经是最好的。 3. 在客户服务管理方面有很好的服务理念。 4. 所创办的事业顺应时代潮流。 5. 所采取的技术具有突破性，不存在许多替代品或竞争对手。 6. 具备灵活的适应能力，能快速地进行取舍。 7. 始终在寻找新的机会。 8. 定价与市场领先者几乎持平。 9. 能够获得销售渠道，或已拥有现成的网络。 10. 能够允许失败

2. 蒂蒙斯创业机会评价体系的局限性

（1）评价主体要求比较高。

蒂蒙斯的创业机会评价指标体系是目前最全面的评价指标体系，主要是基于风险投资商的风险投资标准建立的，这与创业者的标准还存在一定的差异。这些评价标准经常被风险投资家使用，创业家可以通过关注这些问题而受益。该评价体系运用的要求比较高，要求使用者具备敏锐的创业嗅觉、清晰的商业认知、丰富的管理经验和系统的行业信息。但即使如此，仍然不影响该评价体系作为创业者项目选择与评价的参考标准。

（2）蒂蒙斯指标体系维度有交叉重复问题。

该指标体系的各维度划分不尽合理，存在交叉重叠现象。比如，在竞争优势、管理团队、创业家的个人标准和理想与现实的战略性差异这四个维度中，都存在"管理团队"的评价项目，维度划分标准不够统一。再比如，行业与市场维度中的第11项"拥有低成本的供货商，具有成本优势"，与竞争优势维度中的第1项"固定成本和可变成本低"存在包含关系与重叠问题。这会直接影响使用者的评价难度和考量权重，在一定程度上影响了机会评价指标的有效性。

（3）指标体系缺乏主次，定性定量混合，影响效度。

蒂蒙斯指标体系另外一个比较明显的缺点是：指标多而全，主次不够清晰；其指标内容既有定性评价项目，又有定量评价项目，而且这些项目中有交叉现象。一方面，评价指标太多，使用不够简便；另一方面，在运用其对创业机会进行评价时，实际上难以做到对每个方面的指标进行准确量化并设置科学的权重，实践效果不够理想。

二、评价创业机会价值的方法

概念知识

蒂蒙斯创业机会评价体系只是一套评价标准，在进行创业机会评价实践时，还需要科学的步骤和专业的评价方法才能操作。

1.标准矩阵打分法

标准打分矩阵，是指将蒂蒙斯创业机会评价体系的各项标准的每个指标设定为三个打分标准，比如"最好3分，好2分，一般1分"形成的打分矩阵表。在打分后，求出每个指标的加权评价分。

这种方法简单易懂，易操作。该方法主要用于不同创业机会的对比评价，其量化结果可直接用于机会的优劣排序。只用于一个创业机会的评价时，则可采用多人打分后进行加权平均。如果其加权平均分越高，说明该创业机会越可能成功。一般来说，高于100分的创业机会可进一步规划，低于100分的创业机会，则需要考虑淘汰。

2. Baty选择因素法

该方法可以看作是标准矩阵打分法的简化版。评价者通过对创业机会的认识和把握，按照蒂蒙斯创业机会评价体系的各项标准，看机会是否符合这些指标要求。如果统计符合指标数少于30个，说明该创业机会存在很大问题与风险；如果统计结果高于30个，则说明该创业机会比较有潜力，值得探索与尝试。应用该方法时需注意，如果机会存在"致命缺陷"，需要一票否决。致命缺陷通常是指法律法规禁止、需要的关键技术不具备、创业者不具备匹配该创业机会的基本资源等方面的系统风险。

该方法比较适合于创业者对创业机会进行自评。

3. 蒂蒙斯创业机会评价体系的简化改进

由于蒂蒙斯创业机会评价体系的提出背景与局限，创业者在实际进行创业机会评价时，通常会参考该指标体系，筛选出符合国情环境、行业特征与评价者特质的精简化的指标体系。针对我国国情，推荐参考清华大学姜彦福的实证研究成果：10项重要指标序列（表3-2-2）。

表3-2-2 创业机会评价体系简化版

指标类别	具体指标
管理团队	创业者团队是一个优秀管理者的结合
竞争优势	拥有优秀的员工和管理团队
行业与市场	顾客愿意接受该产品或服务
致命缺陷	不存在任何致命缺陷
个人标准	创业家在承担压力的状态下心态良好
收获条件	机会带来的附加价值具有较高的战略意义
管理团队	行业和技术经验达到了本行业内的最高水平
经济因素	能获得持久的税后利润，税后利润率要超过10%
竞争优势	固定成本和可变成本低
个人标准	个人目标与创业活动相符合

以下是一套简单易操作且效度比较高的评价体系，供大学生的创业机会评价
（表3-2-3）。

表3-2-3　大学生创业机会评价体系

指标类别	具体指标
致命缺陷	不存在任何致命缺陷
行业与市场	1. 顾客可以接受产品或服务，愿意为此付费。 2. 市场容易识别，可以带来持续收入
管理团队	创业者团队是一个优秀管理者的结合
个人标准	个人目标与创业活动相符合
竞争优势	固定成本和可变成本低
战略性差异	在客户服务管理方面有先进的服务或运营理念
经济因素	1. 项目对资金的要求不是很大，能够获得融资。 2. 能获得持久的税后利润，税后利润率要超过10%。 3. 有良好的现金流，能占到销售额的20%，甚至30%以上

4. 应用蒂蒙斯创业机会评价体系时的注意事项

（1）影响创业机会评价结果的三个重要因素。

首先，评价主体的个性特征差异。由于评价者在信息处理方式和行为决策风格等方面存在显著差异，使得不同评价者在评价同一个创业机会时会出现结果差异，为规避个性差异可采用"360度"的评价模式。

其次，评价主体的工作年限。蒂蒙斯在研究中指出，企业工作经验对创业者能否做出正确判断有重要影响作用，他认为"具有至少10年或10年以上的企业经验，才能识别出各种商业行为，并获得创造性的预见能力和捕捉商机的能力"。因此，工作年限超过10年的创业者的意见比工作年限较短的创业者和管理者的意见更值得重视，评价结果更为可靠。

最后，评价主体的管理经验。在进行机会评价时，评价者的知识结构、专业技能会起到重要的影响作用。有高管工作经验意味着其可以掌握更多的决策经验和资源控制能力。因此，在机会评价时，对创业导师的管理经验，尤其是高级管理经验要求较高。

（2）评价创业机会的5项基本标准。

无论采用何种评价体系和评价方法，都需要考虑创业机会评价的基本标准。有研究指出，评价创业机会至少有以下5项基本标准。

① 产品有明确的市场需求，推出的时机也是恰当的。

② 投资的项目必须能够维持持久的竞争优势。

③ 投资必须具有一定的高回报，从而允许一些投资中的失误。

④ 创业者与机会之间必须相互合适。

⑤ 机会中不存在致命的缺陷。

⭐ 案例描述

某高校大学城地处某市新区，周边商业配套服务尚不齐备，大学城内虽有超市等购物点，但数量较少，分布不均，在校学生日常购物并不方便，而且现在的师生大多都不愿把时间花费在日常生活用品的购买上。虽然绝大部分师生都拥有智能手机且都使用微信，在京东、淘宝等购物网站上也可完成购买需求，但对日常用品来说，一是量小琐碎，二是临时性较强，普通网购因物流因素在及时性上不能很好地满足此需求。

根据以上基本情况，如果能将已有的细分市场需求与创业者的资源能力相结合，则可将其转化为一个正式的创业机会。如上所述，市场需求已经明确存在，那么创业者的资源和能力呢？结合现今移动互联网和微信的普遍使用，可建立一个以微信为平台，以满足在校师生的消费需求为目的，结合校内快递，建立校园微信商城，填补传统购物和普通网购中间的空白，同时校内快递的需求可解决部分学生的在校兼职工作，可谓一举多得。校园微信商城的目标顾客群为在校的老师和学生，老师们办公时，若有什么需要，动身去买，既浪费时间又影响工作效率，特别是一些需要比较专注的工作，这时就可以利用微信商城，轻松选购所需商品，还可以留言对送达时间提出要求。因为是校园微信商城，同学们一般可以优先给老师送货。同样，对同学们来说，不用走出宿舍就能满足购物需求，也很方便。

⭐ 思考分析

下面将运用创业机会评价方法从不同的角度、不同的侧重点对本案例进行分析评价。

（1）行业和市场。首先，此次创业的市场容易识别，可以带来持续收入。其次，顾客可以接受产品或服务，愿意为此付费。另外，微信商城是新兴事物，竞争还不完善，其中的关键因素（市场、顾客和市场需求）客观存在，在校师生作为顾客群，适当时可以扩展到周边社区。

（2）经济性。资金需求较低，正常运营资本不集中、较少，日常用品零售毛利约为20%，处于中等水平，且能保持较好的现金流。

（3）收获问题。退出机制和战略方面，退出门槛低，流动性较好。

（4）竞争优势。固定和可变成本项较低，进入障碍也较低。

（5）管理团队。本项不做评估。

（6）个人标准。本项不做评估。

（7）战略差异化。本项不做评估。

由蒂蒙斯标准评估分析可以看出：在适用于本项目的评估标准中，除了进入障碍方面较低不具有太多优势外，其他几项均较好。

分析结论：通过分析，本案例中的创业机会市场窗口已经打开，市场需求明朗，技术、资金等基础资源能够得到满足，初步识别为有利机会。通过评价，本次机会水平较大，而环境所带来的潜在威胁、失败的风险较小，且案例中的创业机会和优势更为有利，运用蒂蒙斯模型进行分析可以得出，行业和市场、经济性因素、收获问题、竞争优势等指标均具有较高的潜力。

综合来说，此机会可看作一个理想业务，适合进行机会开发。以上案例展示了运用创业基本理论对创业机会进行识别评价的基本过程、步骤、方法以及评价指标。具体运用时，因案例中的创业投入资源少、技术要求不高，创业领域细微，所以创业机会的识别与评价方式相应比较简单。可采用一种或几种评价模式中的一个或几个指标进行评价，根据特定的情况进行甄别使用。

三、创业机会评价的关键因素

📖 概念知识

创业活动是创业者与创业机会的结合，并非所有的创业机会都有足够大的价值潜力来填补为把握机会所付出的成本，并非所有机会都适合每个人。尽管在整个创业过程中，评价创业机会非常短暂，但它非常重要，是创业者发现创业机会之后做出是否创业决策的重要依据。在机会评价这个阶段，需要对机会进行比较正式的评估分析，如市场情况、创业支持要素、预期财务状况等。经过评估，可以进一步确定该机会是否能成为真正意义上的创业机会，从而进行开发利用。

创业机会评价的关键因素和指标主要有以下三个维度。

1. 风险性

创业机会"风险性"维度主要考察的是创业机会在后续的创业过程中是否存在本身固有的一些属性，给新创事业带来巨大的风险。也就是说该属性维度事实上是度量创业机会是否会一开始就已经注定了失败的命运，因此这一属性维度对创业者在评价创业机会时意义尤其重要。

风险可以表现在资金、管理、人员、市场反应、外界环境突然变化的可能等方面。结合创业的一些特征，资金风险和创业后的运营管理是创业面临的最大风险，所以在评价创业机会时要着重考察。特别是对未来资金的需求预期以及现金流预期上面，必须考虑全面，主要对机会的劣势和威胁进行重点分析，判断风险程度。可以运用蒂蒙斯评价模型中的三个主要指标来表现创业机会风险性维度，分别是：① 不存在致命缺陷；② 盈亏平衡点不会逐渐提高，达到盈亏平衡点的时间为1.5～2年；③良好的现金流量，能占到销售额的20%～30%。

2. 可行性

此维度的评价主要是考察新创事业是否能在最初几年的竞争中存活下来。这也是对机会评价最为细致关键的环节，因为机会开发后续许多环节工作的展开都是基于这一特征维度的考察的。

① 行业、市场情况。具体指标为所开创的事业顺应时代潮流、项目所在的行业是新兴行业、竞争不完善以及市场潜力较大。

② 产品特性。创业者所提供的产品或有价值创业机会的特征服务是创业的根本，产品或服务能否满足市场需求，得到认可推广，直接关系到创业的成败和持续发展的可能。对本身的优势、客户（消费者和供应商）以及竞争者的以下几个指标：顾客可以接受产品或服务、愿意为此付费、将要开发的产品生命长久、拥有发展良好的网络关系、能够获得销售渠道、容易获得合同等进行重点分析，以帮助新创企业在最初阶段立足于市场。

③ 管理团队。主要包含运营管理水平和管理者团队的素质能力，对采用蒂蒙斯模型中的个人标准、管理团队中的创业者团队是一个优秀管理者的组合、个人目标与创业活动相符合、创业者可以承受适当的风险等指标进行考察。

3. 营利性

绝大多数创业者从事创业活动，获取财富的回报都是其初衷。在营利性维度下可以归纳为以下几个指标：投资回报率、市场增长率和持久的获利能力三个方面。具体到蒂蒙斯模型的指标为：投资回报率在25%以上；市场增长率在30%～50%甚至更高；能获得持久的毛利，毛利率要达到40%以上；能获得持久的税后利润，税后利润率要超过10%。需结合具体创业项目的具体情况，对具体指标数据进行设定。

★ 案例描述

宋某在高中时就有经商方面的考虑和规划。升入大学后，在担任部门部长期间，他广结人缘。他发现学生会、班级、社团等经常要举办活动，而学校只提供教室，教室里没有专门用于办活动的音响和话筒。因此他认为这里具有商机，虽然不大，但足以让自己在初期创业时体会创业过程，学习创业的相关知识。由于创业初始资金和环境的限制，宋某只能将客户选择在学校，并通过朋友帮助宣传，或者发广告单、宣传卡片等方式扩大知名度。客户之间的相互宣传是他扩大营业范围的最重要途径。他认为，在创业过程中最重要的是做好创业的准备，对自己的创业机会进行详细分解，才会使得自己的创业走向成功。成功绝不是偶然的，从相当程度上说，来自于对市场准确的估计，以及对创业项目的详细评价等关键因素的把握。

★ 思考分析

宋某之所以成功，可以归结为以下几方面原因：首先，宋某懂得研究市场，抓住机会，努力学习创业知识；其次，他懂得识别有价值的创业机会，在开始创业初期做了大量的准备工作和市场积累，并对其中的关键性因素和指标进行了分析。

第三节 创业风险防范

一、创业风险的主要类型

概念知识

创业风险是指在企业创业过程中存在的风险，是由于创业环境的不确定性，创业机会与创业企业的复杂性，创业者、创业团队与创业投资者的能力与实力的有限性而导致的创业活动偏离预期目标的可能性。

从创立企业的功能上，可将创业风险分为五大类，即创业管理风险、创业市场风险、创业资金风险、创业技术风险和创业环境风险。

1.创业管理风险

创业管理即创业者对机会、资源、团队三者的协调管理，它要求企业管理层延续注入创业精神和创新活力，增强企业的战略管理柔性和竞争优势。一名优秀的创业者，可以不具备优秀的个人技术，但他一定是一名优秀的管理者。

发达国家成功的创业企业，都是由技术专家、管理专家、营销专家和财务专家所组成的有机结合体。创业管理风险，即创业者对机会、资源、团队三者任何一方面都有可能出现协调管理不当的风险。创业管理更强调团队中不同层级员工的协同创业，而不是单打独斗式的创业。

2.创业市场风险

创业市场风险，是指在市场实施期间，由于市场环境的变化，而导致创业失败的情况。简单来说，新企业在创业之初，总会推出一些新型产品吸引消费者，而消费者因为对于新产品的陌生，许多人都采取观望的态度。假如这种情况长时间持续下去，往往会使企业半路夭折。又或者创业者对产品价格定位的失误，导致产品的销售业绩长时间徘徊在低位也会导致创业的失败。

3.创业资金风险

创业风险中，最致命的恐怕要数资金风险了，因为创业中投入的资金极有可能会血本无归。大学生在创业初期，缺乏资金是最普遍存在的问题。例如，创业销售型企业，资金短缺有可能导致货源供应不上，高科技技术无法转化为现成的产品等，时间一长，辛苦研究的技术就会迅速贬值，最终使前期的投资都付之东流。

4.创业技术风险

技术创新与产品生产之间存在着天然的鸿沟，并不是所有技术上的创新都可以在实践中转化为产品。一旦新技术在产品生产过程中出现障碍，那么掌握新技术的创业者极有可能要面对失败的结局。

5.创业环境风险

影响创业的因素很多，包括市场需求变化，政治、政策、法律法规的调整以及自然灾害等。这些因素共同构成了创业的大环境，其中任一因素的改变，都有可能会对创业者带来致命的打击。因此，大学生创业之前，必须重视创业环境的分析和预测，从而将自己的创业风险降至最低。

★ 案例描述

2010年，拥有芯片无线传输模块新技术的秦溢创办了自己的公司。这位以才子自居的大学生在同学里面颇有号召力。得到他创办公司的消息，好几个同学院的同学都找到他表示愿意加入一同创业。这些被他吸引而来的人都是平时与他关系较好的同学，好多是在大学期间技术问题研讨时认识和熟悉起来的，所以，他的团队，技术实力非常过硬。公司创立之后，秦溢的主要精力放在了无线传输模块的技术改进方面，公司的管理工作交给了团队中的一名成员。

几个月后，秦溢发现公司内部纪律松散、员工工作积极性不高。于是他开始留心日常管理工作，发现公司的财务工作更是一塌糊涂。意识到了问题的严重性，他找到负责管理工作的成员了解，并主动提出要多承担管理工作时，这位成员长出一口气说："我本来就是做技术的，这几个月让我做管理，真是头都大了，还是你来吧。"就这样，秦溢接过了管理的担子，不试不知道，他发现管理工作真的太难做了。最后，他决定从外部引进管理人才，才最终化解了公司一成立便存在的管理危机。

★ 思考分析

拥有先进的技术是技术型公司成功的重要基础之一。但仅有技术，而没有得

力的管理人才，先进技术的效用也得不到最大程度的发挥。管理不是小事情，它
关系到创业者能否充分整合现有资源，形成团队合力，共创成功。试结合世界上
的成功企业，如微软、苹果等，分析各个公司在技术及人力资源管理方面是如何
相辅相成，共同化解风险的。

二、创业风险的防范措施

🏛 概念知识

1. 做好创业前期的准备

创业能否成功，很大程度上取决于创业前期的准备工作是否充分。前期准备
不充分，本身就给创业埋下了很大的隐患。通常大学生创业前期，要客观地判断
自己是否具备创业相关技术和技能素质。同时要衡量产品所需资金是否在自己可
承受范围内。其他准备工作还包括市场定位调查、产品销售渠道、创业团队构成
分析等。

2. 强化风险识别意识

创业者应该明白这样一个市场原则，在创业过程中，风险是如影随形的，大
投资有大风险，小投资有小风险。树立正确的风险意识，强化自己的风险嗅觉，
只有这样才能以最小的代价面对风险的危害。

3. 拓展融资渠道，科学管理资金

资金的多少是项目发展的决定因素。确定企业运作项目后，创业者要明确资
金的来源是否充足可靠。同时不应将资金来源单一化，多元化的融资渠道能够大
大降低创业风险。同时，对资金做到科学化管理也是很有必要的。创业者应在企
业内部建立良性运转的资金管理制度，保证创业资金合理利用，避免出现资金浪
费等不良现象。

4. 积极利用社会资本

社会资本是个广泛的概念，包括师生关系、合作伙伴关系，以及客观关系
等。大学生创业者的根本问题是经验的困乏，这时不妨利用自己的师生关系，从
他人的身上学习一些创业经验。或者创业者以良好、诚信、优质的服务，牢牢抓
住自己的客户，客户也能客观分担创业者的风险。当然，在如今这个提倡合作共
赢的经济时代，与上下游企业的纵向合作，也不失为降低风险的好措施。

★ 案例描述

研究生毕业的张力，在×市经济区开办了一家生物芯片研究所。创业4年来，张力的创业之路走得相当平稳，因为在他的身后，有一支创业导师队伍——×经济区高科技创业中心在帮着他。该创业中心是为了避免大学生创业者走弯路所创立的一家创业指导中心。这里汇聚了一批创业经验丰富的专家，专家能为大学生创业者提供创业指导，大大降低了他们的创业风险。

2011年，在创业中心的倡导下，该经济区的中小企业集体融资一个亿，购下了一项经济区发展计划项目。所有的融资企业，不管出钱多少，都是项目参与人。融资人多了，自然每个人所承担的风险也能控制在可承受范围之内。再加上有创业专家们一路护航，该计划项目最终顺利圆满完成，大家都分得了自己因投资而享用的那份收益。

★ 思考分析

社会资本是一笔无法用具体数值来衡量的财富，有时候它比金钱资本更具有帮助性。一个好的创业者，一定掌握着足以支撑企业发展的社会资本，从而使创业者面对任何困难都能做到八面玲珑，不至于陷入无路可走的困境。

三、大学生创业风险分析

★ 概念知识

（1）项目选择风险。创业项目选择风险是指：在创业初期因选择的创业项目不当，导致企业无法盈利而难以生存的风险。目前，大学生创业的项目选择多集中在高科技领域和智力服务领域，如软件开发、网络服务、家教中介、设计工作室等。此外，快餐、零售等连锁加盟店也是大学生青睐的创业项目。大学生创业时如果缺乏前期市场调研和论证，只是凭自己的兴趣和想象来决定创业项目，甚至仅凭一时的心血来潮做决定，而不去做大量细致的市场调研与论证，不结合自身掌握的资源状况做出决定，那么在创业过程中一定会非常艰难，甚至会走向失败。

（2）技能不足风险。大学生从象牙塔走出来就开始进行创业，还未实现由"学校人"向"社会人"的完全转变，其年龄、阅历、心理等与有社会经验的人相比都处于劣势，"眼高手低"是对当代大学生的综合评价。创业本身是一个复杂的系统工程，市场不会因为创业者是学生就网开一面。在单纯的校园环境中成长起来的大学生，在面对社会和市场时，比有社会经验的人更容易迷失和迷茫，思考问题理想化，对困难估计不足。另外，大学生还缺乏创业必备的知识和能力，不了解创业的相关政策法规，也没有在相关企业的工作、实践经历，缺乏能力和经验。同时，这种缺乏不仅仅表现在职业技能、技术、管理等方面，还同时表现在人生阅历、心理承受等方面。所以，我国大学生创业成功的概率并不高，其中技能不足是主要的因素之一。

（3）环境风险。创业环境与创业活动是相互作用的，对创业的成败起着决定作用。不管是企业还是个人都处于一定的环境之中，如社会环境、企业治理环境、政治环境等。这些环境的变化，都会对大学生的创业造成较大的影响，这种影响尤其表现在创业的中后期，一旦发生，对企业的危害都是致命性的。尤其是高技术产品的创新活动以及一些敏感性产业。

（4）资源风险。这里所说的资源风险主要是由于社会资源贫乏而产生的风险。社会资源是企业以及个人在社会上获得成功的重要因素之一，越是社会资源广泛，其获得成功的可能性就越大。因为企业作为社会企业类公民，需要与各方进行沟通和联系，如政府、社会团体、供应商、销售商，等等，企业的所有工作都需要调动足够多的社会资源。然而，初入社会的大学生的社会资源毫无疑问相对较少，尽管有老师和同学的帮助，也有政府创业机构的支持，但这些帮助对于大学生的创业尤其是企业的持续经营而言，可以说是杯水车薪。所以，当大学生走入社会实施创业时，在广告宣传、市场营销、工商税务等方面将会遇到很多挫折和困难，并会为此耗费大量精力、物力以及人力。

（5）财务风险。财务风险是指因资金不能适时地筹集和供应而导致创业失败的可能性。可以说，财务风险贯穿在创业活动的整个过程。足够的资本规模可以保证企业投资的需要，合理的资本结构可以降低和规避融资风险，融资方式的妥善搭配可以降低资本成本。我国大学生自主创业资金主要来源于家庭支持、银行贷款、风险投资、典当融资、股权融资和融资租赁等渠道。其中，除去家庭支持外，其他资金来源渠道的获得途径都需要一定的资质和担保，这对于刚进行创业的大学生而言，是非常困难的。因为不管是银行，还是风险投资担保机构，都需要有实业或者其他企业机构的担保。当今社会，空手套白狼的创业奇迹越来越少，如果没有广泛的融资渠道，创业计划无从谈起。如果没有足够的流动资金，很可能在创业初期就遭遇失败，因此，财务风险普遍是创业前期的"命门"。

（6）管理风险。创业管理风险是指：在创业管理运作过程中因信息不对称、管理不善、判断失误等影响管理的水平，而导致创业失败的风险。企业的管理不仅仅需要知识，还需要阅历，需要在平常的工作中日积月累形成的经验。一些大学生创业者虽然可能接受过创业方面的培训，但是大部分是来自于书本，过于理想化。他们怀抱着一腔热情和抱负"纸上谈兵"，造成经营理念淡薄、产品营销方式呆滞、信息闭塞等，特别是大学生知识单一、经验不足、资金实力和心理素质明显不足，更会增加在管理上的风险。

⭐ 案例描述

毕业生小黄参加了市政府举行的全市落实创业政策恳谈会。会上，他一道出自己想建立一个大学生求职网站的想法就得到了市长的赞赏和支持。在市长的鼓励下，这个充满了创业激情的小伙子迅速完善了先前酝酿许久的创业计划书、架构起未来网站的基本框架。但一个绕不开的问题是，由于自己并不会写电脑程序，网站的建立必须由专业的技术人员来完成，这些技术核心人物在哪里？苦苦找寻数月无果，小黄只好暂时收起创业梦想，先找份工作，给别人打工。

迎接小黄的是一场接一场的招聘会和一次又一次的失望而归。在与企业的接触中，他萌发出创办一个不同寻常的求职网站的想法。

接下来的几个月，小黄开始了广泛的市场调研。他登门20多家企业，与人力资源管理部门负责人沟通了这一想法，网站的特色服务内容得到70％的人的肯定。"我会用两到三年的时间向外界推广网站，吸纳大学生和企业登录，并向企业收取一部分会员费。三年后，点击量有了一定提升，广告将成为网站盈利的又一渠道。未来，在继续完善网站服务内容的基础上，推出一系列连带产品，我相信这会有更大的发展前景。"

然而，尽管制定了自己的创业计划、确立了盈利模式、进行了市场调研，也得到了父母兄长的资金支持，但小黄却忽视了创业最为关键的因素之一—— 组建得力的团队。

目前高校内具备这方面技术的人太少，而有丰富经验和能力的人却不愿意放弃工作跟他一起创业，小黄孤军奋战的结果只能是退下阵来。

"合理的创业方案、资金和团队是创业的三大要素，缺一不可，之前我却没有认识到这一点。"小黄感慨地说。

⭐ 思考分析

"对创业条件和风险分析不足，这是我最大的失败。"小黄这样总结自己的失败。

创业前对自己要有一个清醒的定位，这个定位不仅仅是对自己能力的定位，对创业的成功与失败、存在的风险与阻力等都要有一个清醒的定位和分析。对各方面的因素与风险做到心中有数，才能进退有据，不至于功亏一篑。

四、大学生创业风险管理

📖 概念知识

（1）谨慎选择创业项目。大学生创业者在创业初期一定要做好市场调研，在了解市场的基础上创业。一般来说，大学生创业者资金实力较弱，选择启动资金不多，人手配备要求不高的项目，从小本经营做起比较适宜。

（2）提升大学生自身素质。大学生创业所存在的风险往往是由大学生这个特殊的群体在创业过程中具有的劣势造成的。因此想要规避风险，就必须从实际出发，提升大学生自身能力，具备各项创业所需的技能与素质，如策划能力、创新能力、组织能力、管理能力以及公关能力等。只有这几方面的能力同时具备，大学生在创业中才能技高一筹，使企业立于竞争的不败之地。

（3）准备好创业必备的硬件。俗话说："巧妇难为无米之炊"，没有充分的硬件准备，再好的创意也难以转化为现实的生产力，再优秀的人才也没有用武之地。大学生创业所需要具备的硬件主要是经验、资本和技术。经验的积累可避免陷进眼高手低、纸上谈兵的误区；资金为成功创业建立物质基础；技术则是大学生想要在高科技领域占有一方天地的王牌。

（4）打造核心团队。团队力量的发挥是组织赢得竞争的必要条件，企业团队应该有动态的发展观，团队组成应随着成员实际贡献的变化而变化。因为具有发展观念的团队才有可能建立一套完善的内部调节机制，形成团队成员的向心力、凝聚力及核心力。在创业时，用科学手段构建和谐团队，打造核心团队，可以保证组织的高效率运转。同时，团队在核心成员的影响下勤奋工作，可以使整体组织保持活力。

（5）健全管理制度。制度建设是企业建设的基本要求，要打造一支企业员工队伍，必须明确岗位职责。"不以规矩，不能成方圆。"制度对创业者是一种激励，也是一种鞭策。企业管理分为人力资源管理、营销管理、生产管理、财务管理等，任何一个环节出现问题都可能导致企业混乱以至于瘫痪。因此，完善的管理制度必不可少，同时还必须严格执行、奖惩分明，否则再好的管理制度也会成为摆设。

⭐ **案例描述**

成都某高校食品科学系的6名研究生筹集资金20万元，在成都一著名景观旁边开了一家"六味面馆"。第一家店还未开张的时候，6位股东就把眼光放到了五年之后，计划先把第一家店搞好，积累经验，5年之内要开20家连锁店。然而，由于6位股东功课繁忙，面馆长时间处于无人管理状态，而且因味道不好、分量不足等无法吸引顾客，经营状况欠佳，最后不得不公开转让。这家当初在成都号称"第一家研究生面馆"的餐馆仅仅经营了4个多月，就不得不草草收场。

⭐ **思考分析**

大学生创业既是机遇也是挑战。对于随时存在的风险，要时刻保持清醒的头脑，懂得如何面对，积极防范风险。该案例中，6位股东的创业想法是好的，但是没有提前做好风险管理，致使店堂内经常无人管理，也无法吸引顾客。同时，面馆每个月支出庞大，资金链断裂等。众多原因，共同导致了"六味面馆"的惨淡结局。

思考题

1.创业机会的含义是什么？

2.创业机会识别有哪些影响因素？

3.对创业者来说，关键在于如何能够从众多机会中找寻出有价值的创业机会。观察校园周边，你认为哪些是有价值的创业机会？列举出来。

4.有价值创业机会的特征有哪些？

5.找一个你身边的创业者，去和他或她聊聊，看看他或她是通过什么途径发现机会的，然后结合所学的内容思考一下，为什么他或她能够看到机会？他或她看到的又是什么样的机会？

6.如果你身边的朋友正在找寻创业机会并向你征询意见，你会告诉他什么？

04 商业模式开发

时代华纳前首席执行官迈克尔·邓恩说过，"在经营企业的过程当中，商业模式比技术更重要，因为前者是企业能够立足的先决条件"。在创新驱动的全球竞争中，企业纷纷寻求与竞争对手差异化的优势。越来越多的企业家、投资者和创业者认识到商业模式对公司发展的重要意义。本章将通过概念解读和相关案例对商业模式进行介绍与分析思考。

第一节　商业模式的概念与作用

概念知识

一、商业模式的概念

商业模式是一个非常宽泛的概念，包括运营模式、盈利模式、"B2B"模式、"B2C"模式、"鼠标加水泥"模式、广告收益模式，等等，不一而足。

商业模式是指为实现客户价值最大化，把能使企业运行的内外各要素整合起来，形成一个完整的、高效率的、具有独特核心竞争力的运行系统，并通过最优实现形式满足客户需求、实现客户价值，使系统达成持续盈利目标的整体解决方案。

二、商业模式的原则

一个成功的商业模式应该遵循以下几个原则。

1. 客户价值最大化原则

一个商业模式能否持续赢利，是与该模式能否使客户价值最大化有必然关系的。一个不能满足客户价值的商业模式，即使赢利也一定是暂时的、偶然的，是不具有持续性的。反之，一个能使客户价值最大化的商业模式，即使暂时不赢利，但终究也会走向赢利。所以我们把对客户价值的实现再实现、满足再满足，当作企业应该始终追求的主要目标。

2. 持续赢利原则

企业能否持续赢利是我们判断其商业模式是否成功的唯一外在标准。因此，在设计商业模式时，能赢利和如何赢利自然就成为重要的原则。持续赢利是指既要能"赢利"，又要能有发展后劲，具有可持续性，而不是一时的偶然赢利。

3. 资源整合原则

整合就是要优化资源配置，就是要有进有退、有取有舍，就是要获得整体的最优。在战略思维的层面上，资源整合是系统论的思维方式，是通过组织协调，把企业内部彼此相关但却彼此分离的职能，把企业外部既参与共同的使命又拥有独立经济利益的合作伙伴整合成一个为客户服务的系统，取得1+1>2的效果。在战术选择的层面上，资源整合是优化配置的决策，是根据企业的发展战略和市场需求对有关的资源进行重新配置，以凸显企业的核心竞争力，并寻求资源配置与客户需求的最佳结合点，目的是要通过组织制度安排和管理运作、协调来增强企业的竞争优势，提高客户服务水平。

4. 创新原则

一个商业模式的成功不一定是在技术上的突破，也有可能是对某一个环节的改造，或是对原有模式的重组、创新，甚至是对整个游戏规则的颠覆。商业模式的创新形式贯穿于企业经营的整个过程之中，贯穿于企业资源开发、研发模式、制造方式、营销体系、市场流通等各个环节，也就是说，在企业经营的每一个环节上的创新都可能促成一种成功的商业模式。

5. 组织管理高效率原则

按现代管理学理论来看，一个企业要想高效率地运行，首先，要解决的是企业的愿景、使命和核心价值观，这是企业生存、成长的动力，也是员工干好本职工作的理由。其次，要有一套科学的、实用的运营和管理系统，解决系统协同、计划、组织和约束的问题。最后，还要有科学的奖励、激励方案，解决如何让员工分享企业成长果实的问题，也就是向心力的问题。只有把这三个主要问题解决好了，企业的管理才能实现高效率。

三、商业模式的作用

1. 明确企业发展战略

商业模式从企业整体价值链及在其中的地位描述了企业的战略目标。管理者能否在企业中发现并成功运用商业模式的力量整合企业资源，培养企业的核心竞争力，影响着企业战略目标的实现。同时，商业模式的运用更加明确了企业的战略定位，在企业的各个环节中体现了企业的战略目标。商业模式初期的建立都是根据公司的核心人物对于市场、企业的定位而做出关于企业各项活动的基本应对方法，甚至商业模式所建立的企业文化氛围都带着企业家的精神，这给管理层更好地理解企业战略目标并为之奋斗提供了方向，也能使管理层的管理方式及沟通方式为企业发挥更大的效用。另外，企业的商业模式不仅要持续创新，同时要大胆探索，从企业内部运营方式到企业的定位，从固有的客户群到吸引其他的消费群，从原有的消费观念到创新性的消费理念等出发，改变传统的发展模式，站在更高的消费层次上思考企业的出路，使企业的商业模式更具有前瞻性和引领性。

2. 构建企业盈利模式

商业模式能让企业不断地思考企业的定位、企业的目标人群，特别是隐性的消费群体，保持消费群对企业的依赖度并为其不断延伸服务价值，使企业在不断的对市场和客户需求的分析中找到运营中的不足之处和空白区，重构产品和服务体系，提高消费群体对企业的满意度和忠诚度，进而保持企业的持续盈利。商业模式能从整体上掌控企业资源，通过对企业资源的整合再分配，以一种全新的资源处理方式来提高企业效率，让企业在价值链中获得竞争优势。

3. 组织管理高效率

高效率是每个企业管理者都梦寐以求的境界，也是企业管理模式追求的最高目标。从经济学的角度衡量，决定一个国家富裕或贫穷的砝码是效率；决定企业是否有赢利能力的也是效率。管理模式和资源处理方式以及企业的盈利模式都在商业模式范围之内。现实生活中的万科、联想、华润、海尔等大公司，在管理模式的建立上都是可圈可点的，正是以这些可行性的管理模式为特点的商业模式，促使这些企业逐步从众多的竞争市场中脱颖而出。

4. 快捷融资能力

不管在任何的生命周期阶段，企业都不可避免地面临融资的问题，能否有效而快捷地筹集到资金，对于企业的发展壮大起着举足轻重的作用。所以资金流是企业正常运作的控制因素，掌握了资金流就能掌控企业的运转，因而能否快捷融资并合理运用资金是商业模式能否起到应有作用的关键点。

融资模式的打造对企业有着特殊的意义，尤其是对我国的中小企业来说更是如此。企业生存需要资金，企业发展需要资金，企业快速成长更需要资金。资金已经成为所有企业发展中很难突破的瓶颈。谁能解决资金问题，谁就赢得了企业发展的先机，也就掌握了市场的主动权。而在一定程度上，企业的规模成为企业进行下一步融资的基础，这对于创业型企业或是处于新发展阶段的企业而言有一定的难度。资金的短缺会进一步限制这些企业的发展，而难以进一步发展的企业就更加难以获得融资，使企业的发展进入困境。而商业模式却有可能成为企业获得融资的一种方式，因为风险投资者更为看重企业的商业模式，其原因是商业模式代表了企业的发展空间。从一些已成功的企业发展过程来看，无论其表面上对外阐述的成功理由是什么，但都不能回避和掩盖融资对其成功的重要作用。所以说，商业模式设计中很重要的一环就是要考虑融资模式。

5. 增强投资者信心

企业不管处于何种发展阶段，资金流对于企业是壮大还是崩溃都起着决定性作用，因此投资者在一定程度上掌握着企业的发展命脉。商业模式能从企业定位、企业运作方式、价值链地位等方面让投资者了解企业的整体经营结构，吸引投资者为企业投资或是追加投资，这是企业合理、安全地发展壮大的有效途径。

⭐ 案例描述

D公司成立于2011年，位于中国珠宝之都——深圳。目前拥有一支一百多人的专业团队，主要由供应链、产品、设计、连锁店管理、网站运营和IT等多部门人员组成，这些员工大多有着非常丰富的钻石珠宝行业的相关经验。公司开发了多个针对不同消费人群的自主品牌，并代理众多国际国内品牌产品。在业务模式上采取"线上电子商务＋线下实体连锁店"模式，这样能为顾客提供最多的品牌、品类和产品选择，最具竞争力的价格以及最好的服务。

⭐ 思考分析

D公司运用创新的商业模式，结合了资本、管理、网络技术与国际、国内优质合作伙伴等优势，通过将现代电子商务模式与传统零售业进行创新性融合，实现了高效的供应链、先进的直效营销理念、现代化网络平台和呼叫中心的结合，形成了最具价值的钻石珠宝渠道品牌，构建了企业的盈利模式。通过对品牌的培育和对钻石珠宝产业链的深度挖掘，用先进的系统平台和创新的商务模式为顾客和商家创造了最大价值。

第二节 商业模式的内容

概念知识

亚历山大·奥斯特瓦德提出了商业模式设计"画布"9个基本模块，由此来展示企业创造收入的模式。9个模块覆盖了商业模式设计内容的3个主要方面：价值发现、价值生产、价值占有。

1.价值发现

价值发现解决的是为谁生产的问题，包含客户细分、渠道通路、客户关系和价值主张。

（1）客户细分。

客户构成了任何商业模式的核心。客户细分构造模块用来描绘一个企业要接触和服务的不同人群或组织。在这一模块，企业必须问的问题是：我们正在为谁创造价值？谁是我们最重要的客户？

一般而言，客户细分群体包含以下几种类型。

① 大众市场。即价值主张、渠道通路和客户关系全部聚焦于一个大范围的客户群组，在这个群组中，客户具有大致相同的需求和问题。

② 利基市场。即价值主张、渠道通路和客户关系都针对某一利基市场的特定需求。

③ 区隔化市场。即价值主张、渠道通路、客户关系都针对略有不同的客户需求及问题。

④ 多元化市场。即以完全不同的价值主张迎合完全不同的客户细分群体。

⑤ 多边平台或多边市场。即服务于两个或更多的相互依存的客户细分群体。

（2）渠道通路。

渠道是客户接触点，渠道通路用来描绘公司如何沟通、接触其客户细分而传递其价值主张。在这一模块，企业必须问的问题是：通过哪些渠道可以接触我们的客户细分群体？如何接触他们？渠道如何整合？哪些渠道最有效？哪些渠道成本效益最好？如何把我们的渠道与客户的日常业务进行整合？

渠道具有5个不同的阶段，每个渠道都包含部分或全部阶段。可以区分为直销渠道与非直销渠道，也可以区分为自有渠道和合作伙伴渠道。

（3）客户关系。

客户关系用来描绘公司与特定客户细分群体建立的关系类型。在这一模块，企业必须问的问题是：每个客户细分群体希望与我们建立和保持何种关系？哪些关系已经建立了？这些关系成本如何？如何把它们与商业模式的其余部分进行整合？

我们可以把客户关系分成以下几种类型。

① 个人服务，这种关系类型基于个人与个人之间的互动。

② 专用个人服务，这种关系类型包含了为单一客户安排的专门客户代表。

③ 自助服务，与客户之间不存在直接的关系，而是为客户提供自助服务所需要的所有条件。

④ 自动化服务，这种关系类型整合了更加精细的自动化过程，用于实现客户的自助服务。

⑤ 社区服务，利用用户社区与客户或潜在客户，建立更为深入的联系，并促进社区成员之间的互动。

⑥ 共同创作，超越与客户之间传统的客户——供应商关系，与客户共同创造价值。

（4）价值主张。

价值主张模块用来描绘为特定细分客户创造价值的系列产品和服务。这种主张解决了客户困扰或满足了客户需求。在这一模块，企业必须问的问题是：我们该向客户传递什么样的价值？我们正在帮助客户解决哪一类难题？我们正在满足哪些客户需求？我们正在提供给客户细分群体哪些系列的产品和服务？

每个价值主张都包含可选系列产品或服务，迎合特定客户细分群体的需求。一般而言，有助于为客户创造价值的价值主张可能包含新颖、性能、定制化、质量、设计、品牌、价格、成本削减、风险控制、便利性、可达性等因素。

2. 价值生产

价值生产解决的是企业如何开展业务的问题，包含核心资源、关键业务和关键伙伴。

（1）核心资源。

核心资源用来描绘让商业模式有效运转所必需的最重要因素。这些资源使得企业组织能够创造和提供价值主张、接触市场、与客户细分群体建立关系并赚取收入。在这一模块，企业必须问的问题是：我们的价值主张需要什么样的核心资源？我们的渠道通路需要什么样的核心资源？我们的客户关系需要什么样的核心资源？收入来源需要什么样的核心资源？

核心资源可以分为：实体资产、知识资产、人力资源和金融资产。

（2）关键业务。

关键业务用来描绘企业为了确保其商业模式可行必须做的最重要的事情，是企业得以成功运营所必须实施的最重要的动作。在这一模块，企业必须问的问题是：我们的价值主张需要哪些关键业务？我们的渠道通路需要哪些关键业务？我们的客户关系需要哪些关键业务？收入来源需要哪些关键业务？

关键业务可以分为：制造产品、解决客户问题、平台和网络服务。

（3）关键伙伴。

关键伙伴模块用来描绘让商业模式有效运作所需的供应商与合作伙伴的网络。在这一模块，企业必须问的问题是：谁是我们的重要伙伴？谁是我们的重要供应商？我们可以从合作伙伴那里获取哪些核心资源？合作伙伴执行哪些关键业务？

以下三种动机有助于创建合作关系：① 优化商业模式和运用规模经济；② 降低风险和不确定性；③ 获取特定资源和业务。

3. 价值占有

价值占有解决的是投入和收益的问题，包含成本结构和收入来源。

（1）成本结构。

成本结构用来描绘运营一个商业模式所涉及的所有成本。在这一模块，企业必须问的问题是：什么是我们商业模式中最重要的固有成本？哪些核心资源花费最多？哪些关键业务花费最多？

商业模式成本结构包含两种类型：① 成本驱动。成本驱动的商业模式侧重于在每个地方尽可能降低成本。② 价值驱动。增值型的价值主张和高度个性化的服务通常以价值驱动型商业模式为特征。

（2）收入来源。

收入来源是商业模式的动脉。收入来源用来描绘公司从每个客户群体中获取的现金收入。在这一模块，企业必须问的问题是：什么样的价值能让客户愿意付费？他们现在付费买什么？他们是如何支付费用的？他们更愿意如何支付费用？每个收入来源占总收入的比例是多少？

可以获取收入的方式包括：资产销售、使用收费、订阅收费、租赁收费、授权收费、经纪收费、广告收费。

⭐ **案例描述**

腾讯商业模式的成功之道

1999年，腾讯开发出中国第一个ICQ工具，即腾讯QQ，受到用户欢迎，注册人数疯长，很快就让腾讯不堪高额服务器托管费的重负。马化腾拿着改了6个版本20多页的创业计划书寻找国外风险投资，并得到了IDG和盈科数码220万美元融资。外部资金的注入，使腾讯进入了快速发展的通道。2004年，腾讯在香港联合交易所正式挂牌交易，2011年，腾讯全年总收入超过网易、盛大这两家公司的总和。2015年腾讯营收破千亿，2016年，腾讯全年总收入达到人民币1519.38亿元。

腾讯通过一系列的战略举措巩固了行业领先地位，丰富了生态系统并且提高了竞争力。QQ和微信通过让用户便捷地享受内容和服务，巩固了其在中国用户生活中不可替代的平台地位。不仅如此，腾讯还发布了数个成功的自研和授权的游戏，从而增强了作为全球游戏公司领导者的角色，提升了媒体平台的普及程度，数字内容的付费用户数也迅速增加。此外，腾讯也大大提高了移动支付服务的市场占有率和日均交易笔数，在商业支付交易上取得了快速增长。展望未来，腾讯将会通过进一步落实"连接"策略为用户提供优质体验，为生态系统中的合作伙伴创造业务机会，也将继续大力投资领先的技术，如安全云、大数据和人工智能等以迎接下一轮的增长。

⭐ **思考分析**

一般说来，较好的商业模式应具备以下特点。

（1）系统性：每个模式本身必须是一个独立的有机整体，同时它又在一定程度上能与其他模式相衔接。

（2）变动性：模式不能是僵化的和一成不变的，它本身具备一定的弹性和成长性，可以随着情况的变化而不断地修改和补充。

（3）可操作性：较好的模式是便于传播和有利于实施的。

（4）独特性：模式的导入不是照搬，而是消化、理解和创造性地利用。即使是"通用模式"也必须结合企业自身的特点发展成为"专有模式"。

第三节　商业模式设计分析

概念知识

商业模式设计分析指的是对商业模式运行的关键环节进行测评、跟踪,对商业模式的实施绩效进行评估,检测商业模式的竞争优势,发现问题并及时采取措施,让企业的商业模式高效运行、持续成长,不断提升竞争优势。商业模式设计是企业商业模式创新的基础和价值创造的保障。价值链、价值流、作业管理和流程管理等是商业模式设计的分析工具。

1. 价值链分析

价值链模型是1985年迈克尔·波特在《竞争优势》一书中提出的。该理论认为:企业的任务就是不断地创造价值,创造价值的过程就是由一系列互不相同但又相互联系的增值活动组成的。企业的运作是为了价值最大化,为此需要进行包括设计、生产、营销以及对产品起辅助作用在内的各种活动的综合参与,并用价值链表示。价值链分析可以评价企业竞争优势来源于哪些活动环节,有助于企业认清在运作活动链上的优劣环节,从而调整价值链结构,创造新的竞争优势。价值链是分析一个组织各个运作活动对创造价值贡献大小的有用工具,它从根本上将企业作为价值创造活动的综合体来考虑,这些活动包括生产操作、营销与分销、后勤等。价值创造体现在生产过程的各个具体活动中,价值链的每一活动既增加消费者从企业产品中获得的收益(B),也增加企业在生产、销售产品过程中的成本(C)。价值创造是生产成品的价值与生产成品所牺牲价值的差额。消费者在购买产成品时付出的货币价格(P)必须低于他的可察觉价值时才会觉得合算,即消费者剩余等于B-P。企业要创造比竞争对手更多的价值才能获取竞争优势。

2. 价值流分析

价值流是指从原材料转变为成品并给它赋予价值的全部活动,包括从供应商处购买的原材料到达企业,企业对其进行加工后转变为成品再交付给客户的全过程,企业内以及企业与供应商、客户之间的信息沟通形成的信息流也是价值流的一部分。价值流包括增值和非增值活动,如供应链成员间的沟通、物料的运输、生产计划的制定和安排以及从原材料到产品的物质转换过程等。价值流分析可以绘制价值流图来分析运作过程现状，从顾客需求开始，通过研究运作流程中的每一道工序，从下游追溯到上游，直至供应商，分析每个工序的增值和非增值活动，包括准备、加工、库存、物料的转移方法等，记录对应的时间，分析物流信息传递的路径和方法，分析、判别和确定出问题所在及其原因，设计出新的价值流程，为持续改善提供目标。价值流管理是通过绘制价值流图，进行价值流图分析来发现并消灭浪费，降低成本，赢取最高的边际利润的。

3. 作业基础管理

作业基础管理是帮助企业管理者制订企业战略以及为将战略落到实处所需要的行动及其与企业资源之间关系的一种管理方法。成功的企业能将外部的资源最大限度地整合到价值网络中实现价值拓展的最大化，为企业带来最大战略利益。作业基础管理的目标已扩展到对企业活动、业务流程、产品和服务的计量等领域，从而对分配于上述企业活动和业务流程直至产品和服务上的企业资源予以定价。

作业基础管理对这种战略的筹划和实施是至关重要的，它辨别了关键作业、成本动因及为降低成本而改善业务流程的途径。提供卓越的顾客价值是实现竞争优势的一种经营战略，这一方法能帮助管理者发现价值增加的机会。通过识别和分析关键作业、业务流程及改进方法，能够帮助企业发展客户战略、支持技术领先战略或者辅助支持定价策略的制订。作业基础管理关注的重点主要是确定作业，找出成本动因，包括资源动因和作业动因，据此分配资源和作业成本。

4. 流程管理及其分析工具

流程管理理论认为，为客户创造价值的不是哪一个独立的部门或者个人，而是企业的流程。流程的变化或者通过"改进"，或者通过"重组"，根据流程的增值性要求来配置资源、形成适应于流程需要的新的组织机构。业务流程是把一个或多个输入转化为对顾客有价值的输出的活动（迈克尔·哈默），或是一组将输入转化为输出的相互关联或相互作用的活动（ISO 9000）。"流程"的定义包括六个要素：输入资源、活动、活动的相互作用（即结构）、输出结果、顾客、价值。企业的流程具有多个层级，是从个体员工、工作团队、业务单位到企业全景。流程管理中的流程分析工具有助于对流程层次结构有一个更为清晰的认识和理解。国外学者William J.Kettinger, James T.C.Teng, Subashish Guha三人对流程重组的方法、技术和工具做了大量的研究工作，最终归集出可以用于流程重组的25种方法、72种技术和102种工具。其中，最具有流程管理代表性的技术工具为IDEF流程图分析法。

5. 价值链分析与作业基础管理的结合

价值链管理和作业基础管理都涉及流程（或者活动）。价值链管理是利益导向的战略思维观念；作业基础管理在思想理念上是属于成本导向的。价值链高度概括了企业的经营活动，揭示了这些活动的目标本质——价值增值；作业基础管理则为价值链分析和企业竞争战略的策划和实施提供了有效的分析方法。两者在分析方法上都将视野集中于企业的业务流程、经营活动（作业），因而可以将两者有机结合，应用价值链管理和成本管理的优势，然后通过对企业所在产业链和企业内部整个价值链的分析，寻找出企业的优势和增值环节，通过对企业资源的战略性整合和集中配置实现价值增值，营造竞争优势。同时，对微观作业活动进行成本价值分析，消除资源浪费，节省投入，实现投入/产出两个方面的价值增值。构成价值链的是企业运作中互有差异又相互联系的各种流程和作业，作业基础管理所针对的对象就是这些流程和作业。从流程管理及其分析工具当中设计商业模式的价值创造来源不失为一条有效的方法。

★ **案例描述**

小米手机商业模式设计

北京小米科技有限责任公司（简称小米手机）成立于2010年4月6日。由于小米的创始人雷军独特的营销方式和新颖的运营方式使公司的销售额成几何式增长，公司从成立之初，就受到了业界的强烈关注。雷军根据之前在亚马逊、凡客诚品和魅族手机的从业经历，对小米手机营销采用了电商和"轻模式"相结合的营销模式。

小米手机商业模式的成功有3个关键因素：产品创新、运营模式和营销方式。

（1）产品创新，主要涉及"设计团队"和"生产外包"。

（2）运营模式，采用B2C电商和"轻资产"运营模式。

（3）营销创新，采用网络营销的方式。

传统手机厂商一般定位为高端或中低端。市场存在空白——"低价高配"的高性价比手机。小米以"为发烧友而生"为开发理念，硬件上，元器件供应商几乎都是手机行业前3名的行业巨头。在保证原有市场份额的条件下，通过品牌定位的延伸，合理布局终端和低端市场。久而久之，给用户留下了"配置最好、价格很低"的印象。

与传统手机厂商相比，小米手机的运营方式有自己的特点。第一，采用B2C的电子商务模式，大大缩减了中间渠道，压低了最终的零售价。第二，用户先付款、后交货，实行JIT准时制生产方式（Just In Time，简称JIT）制造。由于现在手机供应链十分成熟，代工厂在几天内采购配件、组装生产、封装、交货，这允许小米先收款后生产发货，缓解了资金压力。第三，共用凡客诚品的物流和仓储，节约了物流和仓储成本。第四，组建最出色的互联网营销团队，深深扎根于互联网。

小米手机的营销方式结合了饥饿营销和网络营销。小米是第一个尝试"饥饿营销"的手机品牌。事前，用宣传激发起顾客的购买欲望，同时，限时间、限数量地提供商品，供顾客"抢购"，提高其知名度。网络营销方面，在广告投放上，小米把互联网广告投放的数量、支出与广告的收益挂钩，综合使用CPA、CPC、CPS和CPM模式等。

★ 思考分析

小米手机值得国产手机学习的是它的运营模式——电商和"轻资产"相结合的运营模式。首先，小米公司继续加强采取扁平化的网络销售方式，压缩渠道成本，做到手机的"低价格、高配置"。其次，小米手机开始尝试实体与网络渠道互补，提升它的销售和售后服务。第三，与运营商和其他电商平台合作，例如从发布小米3开始，小米为两大运营商定制手机，拓展在运营商渠道的市场份额。第四，是营销方式。从传播学和扩散学的角度，结合饥饿营销、病毒营销和网络营销，提高品牌在网络上的扩散速度和深度。

第四节　商业模式的创新

互联网完全改变了人们的生活方式，也深刻影响了企业的运营与管理。创业者管理员工的时候不会通过单一的手段，可能是通过谈话，一对一地沟通，也可能通过微博了解个体的心态，或者是通过微信，发表对一些事物的看法和观点来影响员工。互联网推动了商业发展的趋势，虚拟化、资源共享、体验式服务等，就像水龙头一样，一拧开就可以用。社交网络也正在改变我们的业务模式。

因为互联网的快速发展，传统的商业模式受到了冲击，变革的速度越来越快，行业的门槛也越来越低，战略周期成功的模式不可能延续10年、15年，这就要求我们不得不经常观察商业模式的变革。创新、客户体验、平台、免费、点击率、网络支付等成为互联网时代商业模式的关键词。

一、常见的互联网商业模式

概念知识

互联网上常见的商业模式内容有以下几种。

1.广告服务

这是互联网最主要、最常见的商业模式。创业者吸引客户在自己的互联网载体上发布广告，并向广告客户收取广告费。

2.电信增值服务

创业者在自己的互联网载体上提供彩铃彩信下载、短信发送、电影手机注册、手机游戏下载、电子杂志订阅、视频点播等电信增值服务。创业者根据用户的使用或下载情况获得分成收入。

3.通过网站销售产品或服务

这就是电子商务，是采取比较多的一种互联网创业方式。在已有的网站或自建的网站上销售产品和服务，并通过电子支付完成交易。创业者的收益来自销售利润。

4.会员服务

创业者通过在互联网上提供各种差异化的服务来吸引用户注册会员和用户，并向注册会员和用户收取固定的会员费，或者根据注册会员和用户的使用或下载情况收费。

5.互联网游戏运营服务

创业者开发游戏软件并在互联网上吸引玩家。创业者通过虚拟装备和道具买卖向用户收费。

6. 推介服务

创业者通过在互联网上为商家推介产品和服务，以搜索竞排、产品招商、分类网址和信息整合等方式吸引客户。创业者的收益来自付费推荐和提成盈利。

7. 广告中介服务

创业者通过创建广告联盟网站给广告主和站长服务，差价销售广告，获得利润。

8. 企业信息化服务

创业者通过帮助企业建设、维护、推广网站，代理销售企业的互联网产品，为企业网站提供域名注册、服务器托管等服务，为企业提供互联网营销策划和搜索引擎优化等服务来吸引企业用户。创业者的收益来自向企业用户收取的服务费或产品销售的利润。

9. 网上劳务服务

这是青年创业者比较容易起步的一种创业方式。创业者通过互联网向客户提供设计方案、软件开发、文字写作、外语翻译、创意点子等劳务服务，向客户收取劳务报酬。

10. 相关服务

创业者可以从事与电子商务相关的其他服务，如为淘宝店主提供网店装修、模特摄影，以及为快递公司提供外包服务等。创业者的收益主要来自向客户收取服务费。

⭐ 案例描述

WiFi软广告商业模式——微信精准加粉

WiFi软广告商业模式最大限度地运用了WiFi广告的精准定位特点。通俗地说，如果你经常在多个饭店吃饭，那么系统会预测你为一个美食爱好者，当你再连接WiFi时，则会给你推送一些关于美食的公众号。如果你经常出没在机场，则判断你为高收入人群，一些针对高收入人群的微信公众号同样也会推送给你。利用WiFi支撑公众号运营的成功案例就有不少。

目前WiFi场景流量变现开放平台Big WiFi已经正式上线，平台已成为WiFi领域最大的微信公众号精准营销开放平台。在短短的时间里吸引了100⁺广告代理公司加入，每日营销能力达1000万人群，PV（即页面浏览量）达到200万，UV（网站独立访客）达到120万，每日公众号加粉能力突破30万。从平台上线，积累的微信公众号广告主已超过5000个，精准加粉累计超过3000万，为WiFi运营商带来超过2000万的变现收入。成都万达影城有20余家电影院将原有密码型WiFi升级到微信连WiFi，获得粉丝超过20万。这些粉丝全部是有过到店及观影行为的精准人群，后续公众号推送、影迷互动极为活跃，正在作为模式扩大到哈尔滨、苏州等地。纳什科技通过和成都铁路局合作，在四川、重庆、贵州等地的20余高铁站提供公共WiFi服务。除了提供近场服务，还将WiFi上网用户导入到所运营的智慧铁旅公众号，累计粉丝过百万，集中在商旅人群，成为西南地区最具影响力的垂直媒体之一。

⭐ 思考分析

商业WiFi和自媒体运营可以天然结合，并在此基础上诞生两种商业模式：一是通过铺设场所WiFi，结合WiFi使用户向粉丝转化，成长为区域或行业自媒体大号；二是通过铺设场所WiFi，向第三方提供服务，按粉丝增长付费产生赢利。在"软广时代"里，WiFi广告应做到精细化运营，内容优质化，服务定制化，只有这样，WiFi广告才能在"软广时代"健康发展。

互联网的商业模式并非单一和固定的，往往是多种模式相组合并不断变化的。互联网商业模式发展和创新非常快，新的模式会不断地快速涌现，需要创业者不断地关注和学习。最后需要提醒创业者的是，在选择移动互联网商业模式时，必须要考虑到移动互联网技术不断发展所带来的新机遇，关注这些变化和创新，把握初创企业在移动互联网领域的新商机。

二、平台化的商业模式

📖 概念知识

互联网时代对商业模式的一项重大变革，就是通过互联网构建了平台化的模式，而阿里巴巴、苹果和脸谱（Facebook）都创新了开放的平台化模式。无论是封闭的平台还是开放的平台，都意味着未来的商业系统将建立在大大小小、不同类型的平台中，初创企业将不得不依靠平台生存和发展。

平台化的实质变化，是由过去封闭的单向供应关系，变成多向的开放供应链平台关系。也就是说，供应链平台化了。苹果手机主要的配件来自三星。企业在生产现有品牌产品的同时，给竞争者提供核心部件，甚至同质量的产品。这意味着所有的竞争者在供应链上是透明的，处在同一个平台上。由于庞大的供应链平台化需求的竞争，已经没有任何一家研发企业或者核心部件的提供商，会像过去一样只向一两家企业供货。

⭐ 案例描述

后起之秀脸谱公司于2006年8月转向了平台商业的模式，其重心是开放平台的搭建。2011年在美国上市的游戏开发商真嘎（Zynga），市值一度高达77亿美元，其收入的94%来自脸谱。脸谱在美国有1.5亿用户，这相当于美国人口的一半。脸谱平台上除个人主页和人际网络外，几乎所有的其他服务都由另外的专业软件公司完成，他们通过为平台的用户出售软件服务获利。脸谱要做的是让这些软件提供商可以在其平台上自由开发。脸谱上运行着超过5.2万个应用程序，来自180个国家的超过100万注册开发人员在上面进行各种开发。截至2010年的数据显示，这些应用程序每月有300亿次的下载量，大量的创新公司基于脸谱平台而生长。他们相互依存，构成脸谱平台化的商业帝国。

⭐ 思考分析

商业模式的灵魂在于创新。一个好的商业模式是营销、管理、资本、资源的有效整合。应该以创新的思维思考如何为客户提供一流的产品和服务，如何为股东提供持续、稳定、高水平的投资回报，如何回报社会，为社会公众做出贡献。

商业模式的创新必须以客户为中心，由企业本位转向客户本位，由占领市场转向占领客户，为客户创造价值。商业模式创新的关键在于应变能力。应变能力是企业面对复杂多变市场的适应能力和应变策略，是竞争力的基础。

随着全球经济网络化，数字化成为时代的主旋律，网络经济和现代信息技术手段深刻影响着人类经济和社会的发展。商业模式的创新必须重视互联网的力量，融入时代的潮流。

三、客户体验模式

概念知识

1999年，美国人约瑟夫·派恩和詹姆斯·吉尔摩在他们撰写的《体验经济》一书中，将"体验"定义为"企业以服务为舞台，以商品为道具，以消费者为中心，创造能够使消费者参与，值得消费者回忆的活动"。体验经济是满足人们各种体验的一种全新的经济形态。在体验经济中，企业不再仅是销售商品或服务，而是提供最终体验并充满感情的力量，给顾客留下难以忘却的愉悦回忆。在体验经济时代，客户每一次购买的产品或服务在本质上不再仅仅是实实在在的商品或服务，而是一种感觉，一种情绪上、体力上、智力上，甚至精神上的体验。

案例描述

从农业经济、工业经济和服务经济到体验经济的演进过程，就像母亲为小孩过生日而准备生日蛋糕的进化过程。在农业经济时代，母亲是拿自家农场的面粉、鸡蛋等材料，亲手做蛋糕，从头忙到尾，成本不到1美元。到了工业经济时代，母亲到商店里，花几美元买混合好的盒装粉回家，自己烘烤。进入服务经济时代，母亲向西点店或超市订购做好的蛋糕，花费十几美元。到了今天，母亲不但不烘烤蛋糕，甚至不用费心思自己办生日晚会，而是花一百美元，将生日活动外包给一些公司，请他们为小孩筹办一个难忘的生日晚会。这就是体验经济的诞生。

思考分析

体验经济的基本特征有哪些方面？

（1）非生产性。

体验是一个人情绪、体力、精神达到某一特定水平时，意识中产生的一种美好感觉，不能完全来量化，因而也不能像其他工作那样创出可以触摸的物品。

（2）短周期性。

一般规律下，农业经济的生产周期最长，一般以年为单位；工业经济的周期以月为单位；服务经济的周期以天为单位；而体验经济以小时为单位，有的甚至以分钟为单位，如互联网。

（3）互动性。

农业经济、工业经济和服务经济是卖方经济，他们所有的经济产出都停留在顾客之外，不与顾客发生关系；而体验经济则不然，顾客全程参与其中。

（4）不可替代性。

农业经济提供产品，工业经济提供商品，服务经济提供服务，而体验经济提供感受。这种感受是个性化的，在人与人之间、体验与体验之间有着本质的区别，因为没有哪两个人能够得到完全相同的体验经历。

（5）深刻的烙印性。

任何一次体验都会给体验者打上深刻的烙印，几天、几年，甚至终身。一次航海远行、一次极地探险、一次高空蹦极、一次洗头按摩，所有这些都会让体验者对体验的回忆超越体验本身。

（6）经济价值的高增进性。

在家里自己冲一杯咖啡，成本不过0.2元。但在鲜花装饰的走廊，伴随着古典轻柔的音乐和名家名画装饰的咖啡屋，一杯咖啡的价格可能超过20元，你却认为物有所值。这就是体验服务的价值分别。

四、实体店+电商模式

随着电子商务的全面发展，越来越多的传统行业纷纷开启网上销售，实体店铺开始规划电子商务化，这也是初创企业在互联网时代必然要考虑的选择。

在已有线下业务运营的前提下，实体店发展电子商务是现有业务模式的一个延伸，有线下业务、品牌、渠道、顾客等多方面资源的支持，这种电子商务模式更稳健，相对于纯网络型电子商务更有竞争力。当这些实体店铺进入电子商务领域时，它们的推广和渗透都拥有强大的线下品牌支持。相对而言，更容易突破诚信障碍，获得快速发展。

采取与线下业务紧密结合的方式开展网上生意是目前大多数实体店的选择，而网上店铺的定位也更多体现在市场推广、实体店销售业务的延伸及全方位的客户服务上。应该说，实体店与网店存在某种依附关系，两者的互动结合将在很长一段时间内成为主流。

概念知识

网络已经成为我们生活中不可缺少的一部分，网上购物成为一种时尚的购物方式，仅淘宝网一年的交易额就高达万亿元。这个数字对创业者来说充满了诱惑，更让人看到产品和服务的超大销售量和极大的利润。

实体店的优势是稳定的店面和稳定的客户，但劣势是店面租金和装修费用高，员工的工资及日常开销大，店面的广告知名度低，客户量少，稳定客户更少。网店的优势是无须大量的投资费用，广告知名度较高，客户量超大以及网上购物的时尚性、便捷性。但网店也存在一定的劣势，即需要投入大量的时间和精力用于网店的宣传，缺乏信用保证等。

实体店和网店各有利弊，怎样才能让两者扬长避短？

合作是唯一的生存之道。只有让实体店和网店互补，才能创造出更多的利润。网店可赚取实体店外的利润，来补助实体店的高额租金等。实体店的存在又能保证网店的信用，而且网店上有实体店的广告，能扩大实体店的知名度。

1. 社交网络

借助正确的顾客分析工具，实体店可以有效进行数据挖掘，洞察消费者希望购买什么，并将之转化为更有效的商品管理和促销推广。与之相对地，实体店也可以利用社交网络与消费者直接建立关系，努力成为其信任的品牌，进而影响消费者的购买内容和方式。

2. 展示厅作用

消费者进入实体店只是对目标商品进行挑选、体验，然后到网上以更低的价格进行购买，这一现象预计将会成为常态化现象。实体店与其去阻止不可能阻止之势，还不如顺势接纳这一现象，将之作为网店和消费者进行互动的机会。实体店还需要从服务的角度出发进行门店布局展示及商品组合。

3. 门店角色

门店的角色逐渐从货仓式卖场转变为向顾客提供社交以及全方位购物体验的场所，实体店需要重新评估并优化其整个门店的选址战略。位于大型商场内的门店是否需要搬迁到规模较小的商业街？以往被遗弃的城郊地点要不要重新考虑？实体店要相应地对门店规模、布局、选品、位置等做出调整，以便为顾客带来无缝的体验。

4. 门店备货

消费者可以线上下单，然后选择在当地门店线下取货。门店为网络订单进行备货也带来一些新问题，例如，在消耗门店库存的同时如何不影响门店客流；对于网上下单、门店备货的订单，怎样对门店经理和店员的绩效进行评估。

5. 更多"库存店"

实体店已经开始将一些位置重要但业绩不佳的门店转为不对外营业的"库存店"，专门履行当日或次日送达的网上订单。这需要创业者关注如何通过供应计划和仓储管理来及时采购、补充并交付商品、开展物流。

6. 提供购物体验

消费者希望获得始终如一的高消费体验，这就要求实体店不仅在网上线下提供一致的品牌观感，更需要全方位了解消费者，并基于消费者的消费特点和偏好开展顾客互动。

⭐ **案例描述**

韩都衣舍的实体店+网店转型

韩都衣舍刚创立的时候，一年仅有不过万元的销售额。但仅仅两年后，韩都衣舍以极快的速度一跃成为长江以北最大的淘宝卖家以及淘宝网综合人气第一的服饰类网店，有多达万人的会员。

不过，韩都衣舍在网络运营中，仍然存在着许多不足的地方：线下销售缺乏；各旗舰店各自分割，联系不足；品牌推广力度不够；价格区分不明显。

2009年，经过领导层慎重考虑后，决定对发展思路进行改变。首先，由最初的商品进口转变为时尚进口。其次，韩都衣舍在国内市场中建立了许多实体店进行体验，这样可以给消费者提供更大的便利，并且区别于其他的专卖店，在店内可以实现同步试衣的新型功能。在体验店中的消费者通过虚拟试衣功能可以任意挑选自己喜欢的衣服，选择自己满意的商品后，店员将消费者选中的服装导入到数据库之中，让仓库对订单进行处理。这样消费者可以选择自己最方便的实体店进行提取，如果说消费者需要上门服务，也可以得到满足。消费者可以在体验店进行打分评论，对产品提出意见和建议，并对体验店的服务质量进行评价，以此来鼓励体验店提供更加优质的服务。这一系列的举动，有效地将线上选购和线下服务结合在了一起。

随着一系列创新方案的实施，韩都衣舍在国内同行业中已经是绝对的佼佼者。2010年获"十大网货品牌"以及"最佳全球化实践网商"的称号；2011年3月，获得IDG近千万美元投资。2012～2016年，在国内各大电子商务平台，连续五年行业综合排名均排第一。2014年9月，获得由李冰冰、黄晓明、任泉三人成立的Star VC的投资。2016年7月获批成为互联网服饰品牌第一股。

★ 思考分析

首先，由原来的网店，走向线下发展实体店，不能够盲目发展，可以这么说，开实体店并不是目的，而是一种营销手段。通过这样的转型，可以在线上市场和线下市场同时展开销售，而又能够互补地解决"网店"与"实体店"独立运营时不可避免的问题。

其次，做好将网店的运营转变为一种公司化运营的思想转变，毕竟，原来单一的网店经营模式，并不能代替完整的公司化运营模式。如果不能改变这样的思想，仅仅是把经营"网店"的经验转移到经营"实体店"的方面，又或者把"实体店"的经营思路生硬地套在"网店"上，那么也注定会导致"网店+实体店"这样双轨运营模式的失败。

当然，最重要的还是要做好自己的产品，树立起自己的品牌。只有树立好自己的品牌，才能够在线下销售时让客户获得真实的购物体验，同时，这种体验又可以在线上经营的时候得到传播。进而在打开线下市场之后，就可以吸引更多的加盟商，这样，就让中小型服装企业有了更多的自我选择圈，也可以克服中小型服装企业资金不足的问题。

五、移动互联网商业模式

移动互联网正处于发展阶段，由于庞大的用户数量和巨大的商业前景，未来将不断涌现新的商业模式。可以断定的是，未来移动互联网的市场规模将会超越PC互联网。只有认真学习、思考和勇于实践，不断挖掘移动互联网的市场潜力，不断创新业务模式，才能在此领域立足并取得成功。

📖 概念知识

移动互联网商业模式是以互联网技术为基础，通过移动应用软件向手机和其他移动电子设备的用户提供服务，并获取利润的商业模式。现在热门的移动应用软件有：手机工具软件、移动社交、移动广告、手机游戏、手机电视、移动定位服务、手机搜索、手机内容共享、移动支付和移动电子商务等。移动电子商务可以为用户随时随地提供所需的服务、应用、信息和娱乐，利用手机终端便捷地选择及购买商品和服务。以上这些移动应用软件需要的不仅仅是创业者的软件开发能力，更需要具备良好的推广和服务的运营能力。

对于个人的小团队创业者，目前开发移动应用软件主要是通过"App store"和"安卓应用发布平台"来发布自己的软件。

1. App store

这是由苹果公司为iPhone和iPod Touch、iPad以及Mac创建的服务，允许用户从iTunes Store或Mac App Store浏览和下载应用程序。用户可以购买或免费试用，让该应用程序直接下载到iPhone或iPod Touch、iPad、Mac等移动设备上。

2. 安卓应用发布平台

目前国内几个主要的安卓应用发布平台如下。

（1）安卓市场。安卓市场是国内最早最大的安卓软件和游戏下载平台，提供"手机客户端""平板电脑客户端"和"网页端"等多种下载渠道，用户可以自由选择"手机直接下载""云推送""扫描二维码"和"电脑下载"等多种方式轻松获取安卓软件和游戏。

（2）应用汇。应用汇是一款基于安卓系统的本土化应用商店，旨在方便用户发现最适合自己的安卓软件和游戏。

⭐ 案例描述

微信带来的商业模式创新

微信（WeChat）是腾讯公司于2011年初推出的一款快速发送文字和照片、支持多人语音对讲的手机聊天软件。用户可以通过手机或平板电脑快速发送语音、视频、图片和文字。微信提供公众平台、朋友圈、消息推送等功能，用户可以通过"摇一摇""搜索号码""附近的人"、扫描二维码等方式添加好友和关注公众平台。同时，微信可以将内容分享给好友以及将用户看到的精彩内容分享到微信朋友圈。

由于微信所具有的强大功能以及正在不断增加的巨大的用户数量，微信现在已经成为人们使用移动互联网的主要入口和平台。如何充分利用微信所具有的功能和用户数量来开发新的商业模式，是初创企业的重大机遇和全新课题。从目前来看，微信所带来的新商业模式主要集中在微信所提供的公众平台功能上。

⭐ 思考分析

微信公众平台带来的商业模式主要包括哪些？

（1）为企业用户提供微信营销服务。微信只是一个平台，营销必须有设计，有方案。

（2）基于微信开放平台的应用开发或微页面制作。

（3）专门为企业和单位设计、开发和维护微信公众平台。

（4）利用微信公众平台的功能或微信小程序，打造属于企业自己的商城，或者加入第三方的微商城（如腾讯微商城）。

（5）利用微信公众平台的功能，开发或运营独立的服务功能，或者开发，或运营企业自身需要的客户管理功能等。

（6）另外，目前还有很多初创企业利用微信朋友圈的信息分享功能，在分享的信息中加入企业产品或服务的宣传推广信息。这也是一种比较常见的模式，这种模式类似于直接利用微信发布广告。

👆 思考题

1.商业模式有哪些作用？

2.商业模式设计的分析工具有哪些？

3.小米的商业模式设计对于国产手机品牌的商业模式有哪些启示？

05 创业团队组建

　　创业团队区别于其他团队，它对于创业企业的成功起到至关重要的作用。创业并不是个人英雄主义的个体创业，而是卓有成效的团队创业；没有团队的创业不一定失败，但一个没有高成长性团队的企业要发展却极其困难。创业能否走得更远，取决于创业者和创业团队的素质，所以要想获得创业的成功，首先要组建一支优秀的创业团队。了解和重视团队的构成和组建，加强团队培养，制定人性化的制度，才能引领团队成长为一支有超强凝聚力、高效执行力的团队。从某种程度上，对于初创企业来说，创业成功的关键是组建一支优秀的创业团队。

第一节　创业团队的构建

一、创业团队的构成

创业团队是由两个以上具有一定利益关系、共同承担创建新企业责任的人组建形成的工作团队。

★ 案例描述

史玉柱、马云、陈天桥、马化腾和刘德建这5位IT巨头，其创立的巨人、阿里巴巴、盛大、腾讯、网龙，无疑是中国互联网的骄子企业，其中每一家企业的市值都在10亿美元以上。

虽然他们性格迥异，企业发展方向也各自不同，但是其创业成功的密码却有惊人的相似性！巨人、阿里巴巴、盛大、腾讯、网龙的创业团队几乎惊人的一致：其核心成员都是这5位创始人的同事、同学、亲人。

史玉柱的巨人团队成员大多是他的大学同学；马云的阿里巴巴团队成员大多是师生、师徒关系；马化腾的腾讯团队成员大多是大学同学、同事；陈天桥的盛大团队成员大多是亲人、同学、同事；网龙创业团队成员则是刘德建和刘路远堂兄弟。

★ 思考分析

他们的创业团队组成不是同事就是昔日的大学同学，或者是家人齐上阵，团队成员的背景更称不上华丽，和现在很多新公司高管们十分华丽炫目的高层从业背景形成了鲜明的对比。然而，这样的创业团队组成，似乎在企业遭遇困难之时，凝聚力更强，而且默契度也更高，企业的战略决策高度统一，在企业取得成功后，也获得了超额回报。

那么，什么样的人会是创业团队成员的最佳选择？如何找到合适的创业团队成员？

概念知识

　　创业团队是团队而不是群体。团队中成员所做的贡献是互补的，而群体中成员之间的工作在很大程度上是互换的。

　　任何一个团队中都有9种互不相同但又缺一不可的9种角色：贯彻者、实干者、完美者、创新者、专家、监控者、凝聚者、资源查探者、协调者。

　　不同角色对团队的贡献，如表5-1-1所示。

表5-1-1　不同角色对团队的贡献

类型	角色	角色描述	角色在团队中的贡献	
行动导向	贯彻者	纪律性强，值得信赖，有保守倾向，办事高效，把想法变为实际行为	促进决策的实施	没有贯彻者效率就不高。是创业团队进一步发展的"助推器"
	实干者	勤勤恳恳，尽职尽责，积极投入，找出差错与遗漏，准时完成任务	运筹计划	实干者的计划性很强。有了好的创意还需要靠实际行动去实践。实干者在企业中应该占较大的比例，他们是企业发展的基石。没有执行就没有竞争力
	完美者	激发人的人，充满活力，在压力下成长，有克服困难的动力和勇气	注重细节，强调高标准	没有完美者的团队的线条会显得比较粗，因为完美者注重的是品质、标准。在创业初期，不能过于追求完美；在企业成长过程中，完美者要迅速地发挥作用，完善企业中的缺陷，为做大做强企业打下坚实的基础。"细节决定成功"说明完美者在企业管理和发展中的重要作用

类型	角色	角色描述		角色在团队中的贡献
谋略导向	创新者	解决难题，富有创造力和想象力，不墨守成规	提出观点者	没有创新者思维就会受到局限，点子就会匮乏。创新是创业团队生产、发展的源泉
	专家	目标专一，自我鞭策，甘于奉献，提供专门的知识与经验	为团队提供指导	没有专家，业务就无法向纵深方向发展，企业发展将受到限制
	监控者	冷静，有战略眼光与识别力，对选择进行比较并做出正确选择	监督决策实施的过程	没有监督者的团队会大起大落，特别是企业做不好的时候如果没有人去挑刺，就会大落。监督者是创业团队健康成长的鞭策者
人际导向	凝聚者	协作的、温和的、感觉敏锐的、老练的、善于倾听	润滑调节各种关系	防止摩擦，平息争端，没有凝聚者的团队的人际关系会比较紧张，冲突的情形会更多一些，团队目标完成将受到很大的冲击，团队的寿命也将缩短
	资源查探者	外向、热情、健谈、发掘机会，增进联系	善于向外界求助	信息是企业发展必备的重要资源之一，创业团队的成功更需要正确、及时的信息。创业团队要在社会中生存和发展，没有外界的信息，交流企业就成了一个自给自足的封闭小团体
	协调者	成熟，自信，称职的主事人，阐明目标，促进决策制定，分工合理	协调各方利益和关系	没有协调者的团队领导力会削弱，协调者除了要有权力性的领导力以外，更要有一种个性的引召力来帮助领导树立个人影响力。从某个角度说管理就是协调。各种背景的创业者凝聚在一起，经常会出现各种分歧和争执，这就需要协调者来调节

二、创业团队的组建

创业团队的组建是一个相当复杂的过程，不同类型的创业项目所需的团队不一样，创建步骤也不完全相同。

⭐ 案例描述

韩都衣舍是起家于淘宝网的互联网品牌，2015年收入超过15亿元。其创始人、CEO赵迎光是从韩国留学回来的大学生，他认为自我裂变、不断进化的小组制是韩都衣舍创业成功的秘籍。

韩都衣舍的小组制是公司的发动机，老板拥有的权力小组全有。韩都衣舍的模式是"以产品小组为核心的单品全程运营体系"，即去中心化的。这个产品小组通常由3个人组成，所有公共资源与服务都围绕着小组去做。3个人中有一个设计师；一个负责产品页面推广，在传统商业叫导购；还有一个货品专业，就是采购的角色，负责供应链的组织。现在这种小组韩都衣舍有280个。这280个小组没有绝对的中心，而且所有的公共平台都围绕这些小组去服务。

在韩都衣舍，每天早上10点公布前一日所有小组的业绩排名。优秀的小组会拿到较高的奖金，小组内奖金的分配由组长来决定。优秀的组员如果想分得更多钱，可以退出小组，自己组建新的小组。销售排名在后面的小组组员的奖金较其他组少很多，这样的小组组员自然就不想在挣钱少的小组干了，这就促成了小组的分裂。小组分裂后，可以重新自由组合，也可以加入新员工组建的新的小组。

这样，每个小组都是一个竞争因子，几乎就是一个小公司。很多公司都想尝试这种"把公司做小"的理念，而韩都衣舍依托互联网轻装上阵，因而走得更远。

⭐ 思考分析

案例中的团队构成相对固定，但从其相对灵活的组建和优化的过程中可以看出团队组建的过程和其构建对目标达成的影响和意义，所以要想组建一支战斗力强的团队需要根据团队的具体情况做出分析和规划。

那么如何找到适合自己企业的团队类型和组建方式呢？

📖 概念知识

1.创业团队的类型

从不同的角度、层次和结构，可以划分为不同类型的创业团队，而依据创业团队的组成者来划分，创业团队有星状创业团队（Star Team）、网状创业团队（Net Team）和从网状创业团队中演化而来的虚拟星状创业团队（Virtual Star Team）。

（1）星状创业团队。

一般在团队中有一个核心人物（Core Leader），充当了领队的角色。这种团队在形成之前，一般是核心人物有了创业的想法，然后根据自己的设想进行创业团队的组织。因此，在团队形成之前，核心人物已经就团队组成进行过仔细思考，根据自己的想法选择相应人员加入团队，这些加入创业团队的成员也许是核心人物以前熟悉的人，也有可能是不熟悉的人，但这些团队成员在企业中更多时候是支持者角色（Supporter）。

这种创业团队有以下几个明显的特点。

① 组织结构紧密，向心力强，主导人物在组织中的行为对其他个体影响巨大。

② 决策程序相对简单，组织效率较高。

③ 容易形成权力过分集中的局面，从而使决策失误的风险加大。

④ 当其他团队成员和主导人物发生冲突时，因为核心主导人物的特殊权威，使其他团队成员在冲突发生时往往处于被动地位，在冲突较严重时，一般都会选择离开团队，因而对组织的影响较大。

（2）网状创业团队。

这种创业团队的成员一般在创业之前都有密切的关系，比如同学、亲友、同事、朋友等。一般都是在交往过程中，共同认可某一创业想法，并就创业达成了共识以后，开始共同进行创业。在创业团队组成时，没有明确的核心人物，大家根据各自的特点进行自发的组织角色定位。因此，在企业初创时期，各位成员基本上扮演的是协作者或者伙伴角色（Partner）。

这种创业团队的特点如下。

① 团队没有明显的核心，整体结构较为松散。

② 组织决策时，一般采取集体决策的方式，通过大量的沟通和讨论达成一致意见，因此组织的决策效率相对较低。

③ 由于团队成员在团队中的地位相似，因此容易在组织中形成多头领导的局面。

④ 当团队成员之间发生冲突时，一般都采取平等协商、积极解决的态度消除冲突，团队成员不会轻易离开。但是一旦团队成员间的冲突升级，使某些团队成员撤出团队，就容易导致整个团队的涣散。

（3）虚拟星状创业团队。

这种创业团队是由网状创业团队演化而来，基本上是前两种的中间形态。在团队中，有一个核心成员，但是该核心成员地位的确立是团队成员协商的结果，因此核心人物从某种意义上说是整个团队的代言人，而不是主导型人物，其在团队中的行为必须充分考虑其他团队成员的意见，不如星状创业团队中的核心主导人物那样有权威。

2.创业团队组建的重要要素

（1）目标。目标是将人们的努力凝聚起来的重要因素，从本质上来说创业团队的根本目标都在于创造新价值；团队通过一个共同目标，把工作上互相联系、相互依存的人们组成一个群体，使之能够以更加有效的合作方式达成个人、部门和组织的目标。

团队通过一个共同目标，把工作上互相联系、相互依存的人们组成一个群体，使之能够以更加有效的合作方式达成个人、部门和组织的目标。创业团队应该有一个既定的共同目标，为团队成员导航，目标在创业企业的管理中以创业企业的远景、战略的形式体现。

目标的作用，一方面在于给团队带来积极的压力，让他们有精准的方向去努力；另一方面也能够成为极佳的内部激励手段，让每个人在找准自己位置的同时，通过对比，了解到团队中其他人员的实力、潜力和优点，从他人身上学到经验。

所以，对于团队目标，不仅要传达到每一个人、每一个小组，还要将每个人的特质、工作收获全面展示出来（表5-1-2）。

表5-1-2　团队目标

姓名	本月排名	本月销量	上月销量	计划目标
A				
B				
C				
D				

（2）人员。人是构成创业团队最核心的力量。在一个创业团队中，人力资源是所有创业资源中最活跃、最重要的资源。应充分调动创业者的各种资源和能力，将人力资源进一步转化为人力资本。任何计划的实施最终还是要落实到人身上去。人作为知识的载体，所拥有的知识对创业团队的贡献程度将决定企业在市场中的命运。

（3）职权。明确各人在新创企业中担任的职务、承担的责任和相应享有的权限，即团队的工作范围和在某范围内决策的自主程度。职权的确定主要取决于团队类型、目标、定位和组织的规模、结构及业务类型等。创业团队当中领导人的权利大小与其团队的发展阶段和创业实体所在行业相关。

（4）计划。制定成员在不同阶段分别要做哪些工作以及怎样做的指导计划，如何把职责和权限具体分配给团队成员。一方面，目标最终实现，需要一系列具体的行为方案，可以把计划理解成达到目标的具体工作程序；另一方面，按计划进行可以保证创业团队的顺利进度。只有在计划的操作下创业团队才会一步一步地贴近目标，从而最终实现目标。

3. 组建创业团队的流程

（1）明确创业目标。

创业团队的总目标就是通过完成创业阶段的技术、市场、规划、组织、管理等各项工作，实现企业的从无到有、从起步到成熟。总目标确定之后，为了推动团队最终实现创业目标，再将总目标加以分解，设定若干可行的、阶段性的子目标。

（2）制订创业计划。

在确定了总目标以及阶段性子目标之后，紧接着就要研究如何实现这些目标，这就需要制订周密的创业计划。创业计划是在对创业目标进行具体分解的基础上，以团队为整体来考虑的计划。创业计划确定了在不同的创业阶段需要完成的阶段性任务，通过逐步实现这些阶段性目标，最终实现创业目标。

（3）招募合适人员。

招募合适的人员是创业团队组建最关键的一步。关于创业团队成员的招募，主要应考虑两个方面：一是考虑互补性，即考虑其能否与其他成员在能力或技术上形成互补。这种互补性既有助于强化团队成员之间的彼此合作，又能保证整个团队的战斗力，更好地发挥团队的作用。一般而言，创业团队至少需要管理、技术和营销三个方面的人才。只有这三个方面的人才形成良好的沟通协作关系后，创业团队才可能实现稳定高效。二是考虑适度规模，适度的团队规模是保证团队高效运转的重要条件。团队成员太少则无法实现团队的功能和优势；而过多又可能会产生交流障碍，很可能使团队分裂成许多较小的团体，进而大大削弱团队的凝聚力。

（4）职权划分。

为了保证团队成员执行创业计划、顺利开展各项工作，必须预先在团队内部进行职权划分。创业团队的职权划分就是根据执行创业计划的需要，具体确定每个团队成员所要担负的职责以及相应享有的权限。团队成员之间的职权划分必须明确，既要避免职权的重叠和交叉，也要避免无人承担而造成工作上的疏漏。此外，由于还处于创业过程中，面临的创业环境又是动态、复杂的，会不断出现新的问题，团队成员可能不断更换，因此，创业团队成员的职权也应根据需要不断地进行调整。

（5）构建制度体系。

创业团队制度体系体现了创业团队对成员的控制和激励能力，主要包括团队的各种约束制度和激励制度。一方面，创业团队通过各种约束制度（主要包括纪律条例、组织条例、财务条例、保密条例等），指导其成员避免做出不利于团队发展的行为，对其行为进行有效的约束，保证团队的秩序稳定；另一方面，创业团队要想实现高效运作，要有有效的激励机制（主要包括利益分配方案、奖惩制度、考核标准、激励措施等），使团队成员能看到随着创业目标的实现，其自身利益将会得到怎样的改变，从而达到充分调动成员的积极性、最大限度发挥团队成员作用的目的。要实现有效的激励，必须把成员的收益模式界定清楚，尤其是关于股权、奖惩等与团队成员的利益密切相关的事宜。需要注意的是，创业团队的制度体系应以规范化的书面形式确定下来，以免带来不必要的混乱。

（6）团队调整融合。

完美组合的创业团队并非自创业一开始就能建立起来的，很多是在企业创立一定时间以后，随着企业的发展而逐步形成的。随着团队的运作，团队组建时在人员匹配、制度设计、职权划分等方面的不合理之处会逐渐暴露出来，这时就需要对团队进行调整融合。由于问题的暴露需要一个过程，因此，团队的调整融合也应是一个动态持续的过程。在完成了前面的工作步骤之后，团队的调整融合工作需要专门针对运行中出现的问题，不断地对前面的步骤进行调整，直至满足实践需要为止。在进行团队调整融合的过程中，最为重要的是要保证团队成员间经常进行有效的沟通与协调，培养和强化团队精神，提升团队士气（图5-1-1）。

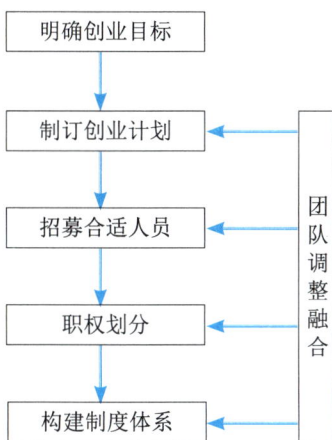

图5-1-1 创业团队组建程序

4.组建创业团队的关键点

（1）制定战略目标与重点。

① 创业者自我评估，主要指就创业者的各项能力、素质以及现有的资源进行自我测评，明确自己的优势与劣势，为后期寻找"相似性"或者"互补性"的团队成员（创业合作者）、寻找补充性的资源，提供重要参考依据。

② 选择创业合作者，要注重两个核心问题：一是注重互补性能力组合。二是人员规模。创业团队规模，一般初期不宜过多，便于股权的分配、内部统一集中管理、达成一致以及高效率的发挥。当然，具体应该根据战略目标与重点而定。

（2）确定组织架构、职责与权利。

制定组织目标与章程包含：使命与目标，团队文化，决策原则，团队行动纲领，职责与分工，绩效考核方法，与利益相关者的沟通及关系处理，团队成功的度量标准等。

5.组建创业团队的原则

（1）理性与非理性原则。

有些创业者遵循理性逻辑来组建创业团队，会理性分析创业所需要的资源和能力，并将其与自己所拥有的资源和能力相比较，将组建创业团队视为弥补自身能力空缺的一种方式，目的是为了整合优秀的资源来推动创业成功。寻找合作伙伴，理应关注他们拥有的资源和能力。但现实中，创业者往往更倾向于找那些志趣相投而不是技能互补的人合作。

所以，如果创业机会所蕴含的不确定性较高，价值创造潜力较大，往往意味着创业过程中面临的任务也就越复杂，越具有挑战性，此时，理性地组建创业团队可能会更好地应对创业过程中的复杂任务，有助于创业成功。而如果创业机会所蕴含的不确定性较低，价值创造潜力一般，在这样的条件下，创业团队成员之间的齐心协力和信任感也就更加关键。当然，选择与谁合作，也和创业者自身的能力有关。

（2）互补性与相似性原则。

在任何情况下，选择合适的创业伙伴的过程，都应当开始于创业者所做的仔细的自我评估，因为这样会使创业者清楚他们已经拥有什么。以下是创业者自我评估内容：知识基础，专门技能，动机，承诺，个人特征。

团队成员的相似性还是互补性最终取决于创业者所考虑的维度。在知识、技术和经验方面互补是非常重要的。为了取得成功，新企业必须获得丰富的和有价值的人力资源。另一方面，相似性也是有利的，它增加了沟通的便利性并有助于形成良好的人际关系，动机方面的相似性也非常重要。

因此，一种平衡的方法是，在知识、技能和经验方面主要关注互补性，而在个人特征和动机方面则考虑相似性。

（3）认知冲突与情感冲突原则。

冲突的发生是企业内外部某些关系不协调的结果，表现为冲突行为主体之间的矛盾激化和行为对抗。团队内的冲突可分为两大类，即认知冲突与情感冲突。

认知冲突是指团队成员对有关企业生产经营管理过程中出现的与问题相关的意见、观点和看法所形成的不一致性。认知冲突是有益的，集中于经常被忽视的问题背后的假设。通过推动不同选择方案的坦率沟通和开放式的交流，认知冲突鼓励创造性的思维，促进创造性的方案。但冲突优势也是有害的。基于人格化、关系到个人导向的不一致性往往会破坏团队绩效，冲突理论研究者共同把这类不一致性称为"情感冲突"。情感冲突会阻止人们参与影响团队有效性的关键性活动。

因此，认知冲突可以通过改善决策质量和提高成功地执行决策的机会，进而提高团队绩效。然而，情感冲突却降低了决策质量，破坏了对成功执行决策的理解，甚至导致团队成员不愿意履行相关义务和执行决策，进而导致团队绩效下降。

第二节　人性化的制度

团队文化是指团队成员在相互合作的过程中，为实现各自的人生价值，并为完成团队共同目标而形成的一种潜意识文化。团队文化是社会文化与团队长期形成的传统文化观念的产物，包含价值观、最高目标、行为准则、管理制度、道德风尚等内容。它以全体员工为工作对象，通过宣传、教育、培训和文化娱乐等方式，最大限度地统一员工意志，规范员工行为，凝聚员工力量，为团队总目标服务。

一、制定公司管理制度

🔖 概念知识

创业初期公司要不断地面对毫无准备的各种问题，如顾客的投诉、市场的变化等。这一阶段制定政策和规章制度有可能会扼杀满足顾客需求的机会。但缺少政策和规章制度，为了短期的获利而过于灵活，甚至采取权宜之计，又会使公司养成坏习惯，对将来造成影响。对于初创期的公司而言，这类坏习惯的代价不高，收益不小，但随着公司人员和业务的增加，坏习惯的价值下降了，代价却直线上升。没有规章和政策，公司的表现就不会稳定，公司的管理也就只能是由危机到危机的管理。所以引入制度管理对于创业公司是重要的，也是必要的。明确创业公司制定规章制度的重要性和必要性，需要注意创业初期过分强调规章制度也有可能造成公司僵化的风险。成长中的公司没有流程会造成混乱，过于强调流程又会变得官僚化。

公司内部管理制度内容广泛，涵盖多种形式，主要有公司章程、聘用合同、公司组织结构与职能分解、公司部门运作规程、公司员工工作纪律手册、部门规章制度等。关键要从基础规划到日常性的业务程序、监管体系的建立等抓起，要避免依赖于估计和模糊概念、各自为政的作风，这都需要付出很大的精力。总之，公司内部管理制度必须进一步完善，如在生产管理、营销管理、财务管理、人事管理等方面，公司要在健全内部管理制度方面下大力气。同时，随着公司不断发展，制定公司内部管理制度的因素也在不断变化，内部管理制度也要持续地进行改进。

⭐ 案例描述

F公司是一家生产电信产品的公司。在创业初期，依靠一批志同道合的朋友，大家不怕苦不怕累，从早到晚拼命干。公司发展迅速，几年之后，员工由原来的十几人发展到几百人，业务收入由原来的每月十来万发展到每月上千万。企业大了，人也多了，但公司领导明显感觉到，大家的工作积极性越来越低，也越来越计较。

F公司的老总黄某一贯注重思考和学习，为此特别到书店买了一些有关成功企业经营管理方面的书籍来研究，他在介绍松下幸之助的用人之道一文中看到这样一段话："经营的原则自然是希望能做到'高效率、高薪资'。效率提高了，公司才可能支付高薪资。但松下先生却提倡'高薪资、高效率'时，不把高效率摆在第一个努力的目标，而是借着提高薪资，来提高员工的工作意愿，然后再达到高效率。"他想，公司发展了，确实应该考虑提高员工的待遇，一方面是对老员工为公司辛勤工作的回报，另一方面是吸引高素质人才加盟公司的需要。因此，F公司重新制定了报酬制度，大幅度提高了员工的工资，并且对办公环境进行了重新装修。

高薪的效果立竿见影，F公司很快就聚集了一大批有才华有能力的人。所有的员工都很满意，大家的热情高，工作十分卖力，公司的精神面貌也焕然一新。但这种好势头不到两个月，大家又慢慢回复到懒洋洋、慢吞吞的状态。这是怎么啦？

F公司的高工资没有换来员工工作的高效率，公司领导陷入两难的困惑境地，既苦恼又彷徨不知所措。那么症结在哪儿呢？

⭐ 思考分析

F公司出现的这种情况是一个普遍现象，很多企业都经历过这样一个过程，在创业初期，每个人都可以不计报酬、不计得失、不辞辛劳、不分彼此，甚至加班加点、废寝忘食。但是，只要企业一大，大家这种艰苦奋斗、不计报酬的奉献精神没有了，不分上下班的工作干劲和热情态度也不见了，关心企业、互相帮助、团结如一人的氛围也消失了。为什么会这样呢？原因大概有以下三点。

首先，那就是企业大了，老板或忙于企业发展的大事，或忙于社会上各种应酬，与原来创业的老员工在一起的时间少了，感情必然疏远，心理距离必然拉大，以感情作为激励手段的作用自然就会逐渐消失。

其次，在创业初期每个老板可能对公司员工，尤其是一些核心骨干有过许多承诺，但当企业真的做大之后，老板（或许忘了）并没有兑现这些诺言，因而老员工便产生失望情绪，接下来的自然是消极怠工，或是集体跳槽。

第三，当企业成长到一定规模之后，必须走向制度化的管理，而制度给人的感觉总是冷冰冰的，原来的那种相依为命、一起创业的融洽感觉消失殆尽，称兄道弟不行了，一切都要按级别来、按公司规定来，制度容不得感情。

二、团队激励

概念知识

团队激励是指通过特定的方法与管理体系，将员工对组织及工作的承诺最大化的过程。激励理论，即研究如何调动人的积极性的理论。它认为，工作效率和劳动效率与职工的工作态度有直接关系，而工作态度则取决于需要的满足程度和激励因素。如美国心理学家马斯洛把人的各种需求分为生理需求、安全需求、社会需求、尊重需求、自我实现需求五个层次（图5-2-1），认为人们按照需求层次追求满足，因而管理者根据需求设置目标即可起到激励作用。另外，双因素论者赫茨伯格把影响工作态度的因素分为保健因素和激励因素两类：保健因素包括组织政策、管理技术、同事关系、工资待遇、工作环境等，这些因素的改善可消除职工的不满情绪；激励因素是适合个人心理成长、能调动积极性的因素，但只维持原有的工作效率。

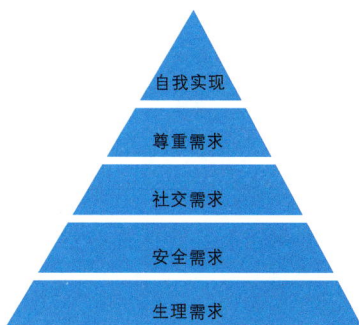

自我实现
尊重需求
社交需求
安全需求
生理需求

图5-2-1　五个层次的需求

★ 案例描述

案例一：激励要立足于需求层次

小王是一家近年来发展势头强劲的激光产品生产厂家的片区销售经理，由于其才能出众，每年在其片区的销售业绩稳居公司前三名。为激励小王发挥更大潜力，公司总裁将其提拔到副总经理的职位，主管全公司的销售业务。刚上任时，小王铆足了劲，取得了不俗的业绩，公司销售业绩稳步上升。但三个月后，当小王拿到公司发放的季度奖金后，心却凉了半截，他的季度奖金甚至没有担任片区销售经理时的三分之一。小王左思右想，终于鼓足勇气，向总裁提出回原岗位工作。总裁弄清了原因，在经过董事会协商讨论之后，提出了新的关于副总经理职位的薪酬计算方法，尽管仍然不足以达到小王原有的提成收入，但相差不大，同时还获得新的锻炼机会和一定数量的股票期权。薪酬问题解决了，小王继续留在副总经理的职位上。第二年，该公司一跃而成为该行业独一无二的控制者，其市场份额占国内市场的70%以上。

根据马斯洛的需求层次理论，员工的需求是分层次的，当基层的需求没有得到有效满足时，相对高层需求的激励效果也会弱化。从目前的经济发展水平来看，绝大多数员工还是处于往小康迈步的阶段，对于他们来说物质方面的要求还远没有得到满足。因此，企业在为员工制定激励措施时，是否能因人制宜，满足不同员工的不同需要，是激励能否取得成效的一个关键因素。

案例二：激励要立足于实际条件

A公司是一家从事计算机硬件、软件销售和二次开发的电脑A公司，公司规模不大，五十人左右。经过多年的打拼，在本地区小有名气，并占有一定的市场规模。随着市场竞争的激烈化，为了继续保持公司的快速超常发展、提高员工的积极性，该公司总经理借鉴当时业界较为风行的"目标管理法"，对员工进行目标管理。其具体操作是这样的：A公司根据第二年销售额的预测（公司希望第二年实现销售额翻番的目标，因此，将其营业额的预测定为上一年度的两倍），并将这一销售额自上而下，分配到每一部门，再由各部门分配到每位员工头上，取消了原来执行的按销售比例提成的制度，改为未完成任务时只有极低提成，超额完成任务则有巨额提成。表面上看来，如果业绩真的如A公司所愿，能够继续快速增长，优秀员工在超额完成任务后，收入将大幅度提高；而对于不能完成任务的

"不合格"员工,公司又降低了花在他们身上的成本,似乎是一举两得的好事。但员工在仔细分析后发现,由于该公司所处市场环境竞争加剧,产品优势逐渐丧失,公司规模扩大、销售人员增加,导致每位销售人员所拥有的潜在"蛋糕"变小,并且A公司在资金实力、内部管理、配套服务方面跟不上快速增长的需要,几乎无人有信心完成二倍于前一年的销售额,多数员工产生了"被愚弄"的情绪。一年之后进行核算,全公司没有一个人能得到高额提成,核心销售人员流失殆尽。两年后,该公司已濒于倒闭。

A公司对他们的考核标准并没有从实际出发,而是主观地设置绩效目标,即使经过超常努力,员工也很难达到公司的目标,在完成任务之前,收入却不会因业绩的增长而提高。因此,从目标管理一开始推行,就受到了员工心理上的抵制和排斥,而企业又未能及时发现员工的这一趋向采取补救措施,以致最后激励失败,并导致核心员工的大量流失,企业发展的基础也受到动摇。其原因在于管理者从主观的、自身需要的角度选择了目标管理法,其目标的客观性、可操作性、可实现程度就值得怀疑。更重要的是,在激励实践的过程中,A公司未能提供必要的资源支持,比如资金、技术、后勤服务等。员工在工作过程中,随着业务量的增加,售前服务的费用增加,对公司技术支持力度的需求增加,对达成的订单的后续服务需求增加,而公司没有认真考虑这些因素,更没有采取相应措施,因此常常不能满足客户提出的关于产品送货、安装、维修、技术支持等方面的要求。并且随着优秀员工流失,这一情况越来越严重,客户对于A公司的服务越来越不满,员工增加销售额的目标越来越难以实现,如此恶性循环,最终导致了A公司的濒于破产。

⭐ 思考分析

解决一个公司某个阶段存在的激励问题是容易的,难的是我们的激励机制应该怎样随着企业的发展而不断完善,变得更加科学、更加有效。以下几点或许能给我们一些启示。

(1)激励方式要有针对性。任何一家企业在选用激励方式时都必须要根据不同对象、不同阶段、不同情况而定,制定合理的激励方式。如果不加分析随便采取一种激励手段,其激励效果可能不会很好,甚至有时起到负面效果。

(2)没有长期有效的灵丹妙药。企业在建立和实施激励机制的过程中,要不断增、删激励项目与激励内容,完成激励机制的不断更新。同时需要注意的是，激励机制不能只是在成功时锦上添花，而且应能在受挫时雪中送炭。

（3）建立双赢的观念。要充分认识激励机制的关键在于不断满足企业和个人的发展需要，只有同时满足企业和个人双重发展需要的激励机制，才是真正有生命力的激励机制。高工资是给人的动力和压力，以产生高效率和高效益，有了高效益别忘了高工资，这一良性循环，才能使公司长久、持续、高速发展。

在社会主义市场经济条件下，人们面临更加复杂的社会矛盾，人生目标、价值取向出现了多元化趋势，在此情势下，必须坚持以人为本，因此，运用激励机制意味着管理者用"心"去关怀人，用"心"去体贴人，用"心"去理解人，管理者用自己的真情实意才能赢得被管理者的心。行政管理需要激励，只有本着"以人为本"的管理宗旨设计和实施的激励机制，才能确保被管理者产生积极的回应，也才能真正唤起人们的工作热情。但请注意：一旦激励机制建立起来，要坚持不懈地执行它，不断地强化它，永不放弃，这样才能得到长期永久的效益。

三、完善淘汰机制

📖 概念知识

末位淘汰制是绩效考核的一种制度。末位淘汰制是指工作单位根据本单位的总体目标和具体目标，结合各个岗位的实际情况，设定一定的考核指标体系，以此指标体系为标准对员工进行考核，根据考核的结果对得分靠后的员工进行淘汰的绩效管理制度。末位淘汰制的作用：一方面末位淘汰制有积极的作用，从客观上推动了职工的工作积极性、精简机构等；另一方面末位淘汰制也有消极的方面，如有损人格尊严、过于残酷等。

首先，"末位淘汰"要有末位，像一句俗语所说的"十个指头有长短"，员工表现之间存在一定的差异。这种差异按不同的维度来排序，排序的结果会不一样，但总存在一个末位。这里，需要注意的是，排序的标准不一样时，末位的人员可能有所不同。因此，末位与排序标准密切相关，与排序标准或者说排序工具的信度和效度有关。

其次，就是淘汰问题。一方面，不管内部淘汰还是外部淘汰，并不是说被淘汰员工天生就不行。如一个纪律性强和有良好服从意识的员工，可能适宜做生产人员，但不宜从事市场开发工作。如果一开始进入企业后，就从事他不擅长的企划工作，必然在竞争中处于劣势。另一方面，淘汰也不是简单地将员工踢出原岗位，企业可以视自己的能力和员工的特点，协助员工发挥其优势，找到新的工作岗位。

基于上述讨论，对企业"末位淘汰"界定如下：企业为满足竞争的需要，通过科学的评价手段，对员工进行合理排序，并在一定的范围内，实行奖优罚劣，对排名在后面的员工，以一定的比例予以调岗、降职、降薪或下岗、辞退的行为。其目的是促进在岗者激发工作潜力，为企业获得竞争力。

★ 案例描述

案例一：

一个有30多万员工的大型国有"老"企业，为了解决人浮于事的现象，决定减员增效。措施是：企业将部分员工的"工龄买断"，一年工龄给4500元，买断工龄后就不再是该企业的员工了。虽然决定是否买断自己的工龄是完全自愿的，但是，企业也进行了一些说服工作：企业马上就会实行竞争淘汰制度，如果你现在不买断工龄的话，到时被淘汰下岗，就什么也拿不到了……有些单位甚至下达买断工龄的指标，给员工造成一定的压力。通过一系列的"工作"，有7万多员工被买断工龄，平均每个员工拿到几万元的工龄费，最高的一个人能够拿到十多万，为此企业付出了几十个亿的代价。

但是，将七万多员工"请回家"以后，企业并没有实行竞争淘汰的用人制度，做法还是与以前一样，但是年底的奖金却大大增加了。很多没有买断工龄、继续待在企业的员工，年底竟可以拿到几万元的奖金，于是，这些被买断工龄的员工感到"上当受骗"了，就集体回来闹事，而且一闹就是三个月，最后企业没办法，为了保持社会稳定，做出了一个与原来减员增效背道而驰的"招工"，在企业本来已经"人满为患"的情况下，又招了一万多人，使得企业几年来的做法全乱套了。

案例二：

2002年7月19日《商界名家》报道了西部地区大山沟里的贵阳车辆厂惠金根厂长，他1992年就开始实行内部下岗，4000多人的企业，一次下岗826人，当时阻力很大，很多下岗工人的父母找到他说："全厂4000多人，为什么就偏偏多了我的小孩？……"

通过全厂职工大讨论，最后决定：必须继续进行改革，牺牲局部利益，以保证整个企业的生存。为了给内部下岗的工人寻找再就业机会，企业合资办了一个凉席厂，试行一段之后，合伙老板要求实行计件工资制，定额是每人每月织席30床，或抽席条3万条。由于多年以来，我们企业早就没有实行计件工资制了，最初给下岗工人定为每月25床，或2.5万条，但他们都完不成。台湾老板说这不行，你们把人领回去，我再另外招人来做。于是企业派人跟了三天，所有员工都能完成任务，可他们觉得太累，要求回原来的工厂工作，得到的答复是不可能。不干的话，只能就地下岗。结果有三十多个人不干了，在家待了三个多月，一分钱工资都没有。而这些继续干的，工资却不断提高，后来，不但能够完成任务，而且多的还能织到每月35床，工资从600多元到800多元，当时厂长一个月才200多元。

结果，为了使职工接受改革观念花了二年左右的时间。但是，从此之后，企业充满活力。

⭐ 思考分析

案例一说明：一个企业如果对"淘汰""下岗"这些做法没有全面深入地研究，而是贸然行事，其结果将适得其反。可以这样分析：① 如果这个企业在对部分员工买断工龄之后，就真正开始实行竞争淘汰的用工制度，并且，不是马上全面大大提高在职员工的收入，而是采取拉开差距的做法，使最低工资与原来的水平差不多，那么这些被买断工龄的员工也就没有理由回来"闹事"了。这样的改革才可能达到预期目标。② 既然可以花几十个亿买断七万多人的工龄，不如用这些钱来实行内部下岗，还不必花这么多钱。大概原来以为可以一劳永逸地一次性解决"富余人员"的问题，结果是多花了很多钱，不但没有达到目的，反而制造出更多更大的麻烦。

如果企业内部没有竞争淘汰，企业整体将会被市场所淘汰，这已成了一种常识。但是，由于人们对"竞争淘汰"的理解存在种种误区，目前中国能充分发挥"竞争淘汰"最佳激励作用的企业并不多。

有竞争，就必然有淘汰，如果不能坚决地实现淘汰，竞争也就不可能真正地实行。但中国很多企业至今对"淘汰"只有一种理解，以为"淘汰"只有将员工淘汰出企业这样一种形式，于是，很多企业不敢实行"淘汰"，也就不可能充分发挥竞争的激励作用。

比如说，广东一个年销售额为几百个亿的企业，几年前就提出要在企业推行末位淘汰，但是，直到现在也还没有真正实行。虽然总公司定了一个淘汰2%的指标，而在实际操作中，有关部门却把一些因病、工伤等提前退休的员工算成是淘汰了。

又如上海一个大企业的副总裁说："能上能下、能进能出、能高能低、公平竞争，将是企业未来人事管理的主要机制。在此，需要强调的是，在这种机制面前人人平等，不仅普通职工是竞争上岗，干部同样也竞争上岗。"但是，2年多过去了，至今也还没看见这个企业动真格。

"竞争淘汰"至少有三种基本形式和众多具体形式，希望获得可持续发展的企业根据需要，在不同的时候、选择不同的竞争淘汰形式，只有这样，企业才能不断提高自己的竞争能力，才能在竞争越来越激烈的全球市场上生存下去。

大量事实和理性分析表明，"竞争淘汰"不但本身存在种种问题或弊端，如果对它们认识不清或无制度保证，"竞争淘汰"不但不能给企业带来积极作用，反而会给企业造成大量麻烦。

第三节　高效的执行力

一、什么是团队执行力

🔵 概念知识

什么是企业执行力，如何提升企业执行力，已成为近年来困扰企业管理层最为迫切的问题。企业执行力的优劣由执行力的构成环节和构成要素决定，这就使构建系统的战略绩效管理体系成为企业提升执行力的必然手段。

从团队二字入手。一个团队需要许多方面组成，重点有4大因素，大致如图5-3-1所示。

人：队伍；形：结构；势：士气；精神：企业文化。

对应这以上4点，一个缺乏执行力的团队一般会暴露出4大类问题。

（1）人员问题：下属缺乏贯彻执行的能力。

（2）结构问题：执行结构过于复杂，不适合贯彻执行命令。

（3）士气问题：下属缺乏贯彻执行的原动力，或者贯彻执行时态度不端正。

（4）团队文化问题：团队缺乏明确的奋斗目标或奋斗理念。

图5-3-1　团队建设的四个维度

每个团队都有它的核心团队，用通俗的话来看就是其领导班子。领导班子结构既不可过于简单也不可以过于复杂，它需要根据整个团队的人数以及需要执行任务的难度而定。如果一个团队人数偏少、任务偏易，而执行结构却又偏复杂时，往往导致上级的精神与指示不能及时执行与贯彻下去。相反，如果一个团队人数偏多、任务偏难，可是执行结构却过于简单的话，往往导致下级在执行任务的时候目的性不明确且任务过于繁重。由此可见，要作为一个具有高执行力团队的领导者，必须掌握结构复杂或简易的度。

近些年，很多企业家、专家都在共同关注一个问题，就是我国企业的执行力到底是强还是弱？这个问题需要根据对预先设定的很多指标进行结果评估后才能准确地回答出来，根据很多专家学者发表的文章、数据来看，中国企业的执行力存在很大的问题。仅以资源占有、资源投入与产出结果这个指标衡量，从横向上看，我国企业与欧美企业比较执行力偏弱；从纵向看，国有企业与民营企业比较执行力偏弱。

★ 案例描述

案例一：

有一群老鼠开会，研究怎样应对猫的袭击。一只被认为聪明的老鼠提出，给猫的脖子上挂一个铃铛。这样，猫行走的时候，铃铛就会响，听到铃声的老鼠不就可以及时跑掉了吗？大家都公认这是一个好主意。可是，由谁去给猫挂铃铛呢？怎样才能挂得上呢？这些问题一提出，老鼠都哑口无言了。

案例二:

有一个农夫一早起来,告诉妻子说要去耕田,当他走到40号田地时,却发现耕耘机没有油了;原本打算立刻要去加油的,突然想到家里的三四只猪还没有喂,于是转回家去;经过仓库时,望见旁边有几颗马铃薯,他想起马铃薯可能正在发芽,于是又走到马铃薯田去;路途中经过木材堆,又记起家中需要一些柴火;正当要去取柴的时候,看见了一只生病的鸡躺在地上······这样来来回回跑了几趟,这个农夫从早上一直到太阳落山,油也没加,猪也没喂,田也没耕······很显然,最后他什么事也没有做好。

案例三:

阿诺德和布鲁诺同时受雇于一家店铺,拿着同样的薪水。可是一段时间以后,阿诺德青云直上,而布鲁诺却仍在原地踏步。布鲁诺到老板那儿发牢骚。老板一边耐心地听着他的抱怨,一边在心里盘算着怎样向他解释清楚他和阿诺德之间差别。"布鲁诺,"老板说话了,"您去集市一趟,看看今天早上有什么卖的东西。"布鲁诺从集市上回来向老板汇报说,今早集市上只有一个农民拉了一车土豆在卖。"有多少?"老板问。布鲁诺赶快又跑到集市上,然后回来告诉老板说一共有40袋土豆。"价格是多少?"布鲁诺第三次跑到集市上问来了价格。"好吧,"老板对他说,"现在请你坐在椅子上别说话,看看别人怎么说。"

阿诺德很快就从集市上回来了,向老板汇报说,到现在为止,只有一个农民在卖土豆,一共40袋,价格是多少;土豆质量很不错,他带回来一个让老板看看。这个农民一个钟头以后还会运来几箱西红柿,据他看价格非常公道。昨天他们铺子的西红柿卖得很快,库存已经不多了。他想这么便宜的西红柿老板肯定会要进一些的,所以他不仅带回了一个西红柿做样品,而且把那个农民也带来了,他现在正在外面等回话呢。

此时,老板转向布鲁诺说:"现在你知道为什么阿诺德的薪水比你高了吧?"

⭐ 思考分析

一个高效的团队应该是三类人员的有机组合:一是具有技术专长的成员,而且他们的技术专长在一定程度上应该是互补的;二是具有解决问题和决策技能的成员,他们能够就解决问题的各个建议进行权衡并做出有效决策;三是具有善于倾听、反馈、解决冲突及其他人际关系技能的成员。

高效的团队拥有以下特征。

（1）清晰的目标。高效的团队对所要达到的目标有清楚的了解，并坚信这一目标包含着重大的意义和价值。成功的团队还应该将它们的共同目标转化为具体的、可以衡量的、现实可行的绩效目标，作为团队绩效评估的重要依据。

（2）优秀的技能。高效的团队是由一群有能力的成员组成的。他们具备实现理想目标所必需的技术和能力，而且相互之间有能够良好合作的个性品质，从而出色地完成任务。

（3）一致的承诺。高效的团队成员对团队表现出高度的忠诚和承诺，对群体目标有奉献精神，愿意为实现这一目标而调动和发挥自己的最大潜能。

（4）相互的信任。成员间相互信任是高效团队的显著特征，也就是说，每个成员对其他人的品行和能力都确信不疑。

（5）良好的沟通。团队成员通过畅通的渠道交流信息，包括各种言语和非言语信息。此外，管理层与团队成员之间健康的信息反馈也是良好沟通的重要特征，它有助于管理者指导团队成员的行动，消除误解。

（6）良好的谈判技能。高效团队的成员，角色具有灵活多变性，总在不断地进行调整，这就需要成员具备充分的谈判技能。由于团队中的问题和关系时常变换，成员必须能面对和应付这种情况。

（7）恰当的领导。有效的领导者能够让团队跟随自己共同度过最艰难的时期，因为他能为团队指明前途所在。高效团队的领导者往往担任的是教练和后盾的角色，他们对团队提供指导和支持，但并不试图去控制它。

（8）内部和外部的支持。要成为高效团队的最后一个必要条件就是它的支持环境。从内部条件来看，团队应拥有一个合理的基础结构。这包括：适当的培训，一套易于理解的用以评估员工总体绩效的测量系统，以及一个起支持作用的人力资源系统。从外部条件来看，管理层应给团队提供完成工作所必需的各种资源。

（9）共同培养团队精神。团队精神是团队成员为了团队的利益与目标相互协作，尽心尽力的意愿与作风。它的作用是把成员的技能、积极性、创造性向着同一个方面进行整合，以形成强大的合力指向组织共同的目标。

二、高效团队执行力的培养

概念知识

什么是执行？什么又是执行文化？

对员工而言，执行就是完成任务的过程。

对企业领导者而言，执行则是一套系统化的运作流程，包括领导者对方法和目标的严密讨论、质疑、坚持不懈地跟进，以及责任的具体落实。它还包括对企业所面临的商业环境做出假设、对组织的能力进行评估，将战略、运营及实施战略的相关人员进行结合、对这些人员及其所在的部门进行协调，以及将奖励与产出相结合。

⭐ 案例描述

案例一：

加利福尼亚大学的学者曾做过这样一个实验：把6只猴子分别关在3间空房子里，每间两只，房子里分别放置一定数量的食物，但放的位置高度不一样。第一间房子的食物放在地上，第二间房子的食物分别多次从易到难悬挂在不同高度上，第三间房子的食物悬挂在屋顶。数日后，他们发现第一间房子的猴子一死一伤，第三间房子的两只猴子死了，只有第二间房子的两只猴子活得好好的。

原来，第一间房子里的猴子一进房子就看到了地上的食物，为了争夺唾手可得的食物大动干戈，结果一死一伤。第三间房子的猴子虽做了努力，但因食物太高，够不着，活活饿死了。只有第二间房子的两只猴子先按各自的本事取食，最后随着悬挂食物高度的增加，一只猴子托起另一只猴子跳起取食。这样，每天依旧取得足够的食物。

案例二：

唐僧四师徒性格迥异，却历经百险，团结一致，坚定地朝目标前进，终于求取真经，可以说唐僧团队是经典的团队组合。由不同风格成员组成的企业团队，尽管会发生矛盾，但他们之间优势互补却又目标一致，更容易取得成功。阿里巴巴前总裁马云就曾经表示很欣赏唐僧团队。简而言之，唐僧团队主要包含四种角色：德者、能者、智者、劳者，他们分工明确，如网友"枭龙"所说："德者领导团队，能者攻克难关，智者出谋划策，劳者执行有力。"

德者居上——唐僧无疑就是团队里面的领导人和核心，他目标明确、品德高尚，负责传达上级命令，督促下属工作，对下属的表现做出评判和考核。然而，在整个团队里，他并不是能力最出色的，决策能力也不见得很强，但对于要完成的任务坚持到底。

　　他能力一般为什么却能掌控整个团队的管理呢？首先，他凭借明确的目标和坚定的意识，他能够用他所能贯彻上级命令和指示，不让团队方向有所偏离。这同样适用于企业领导，制定目标和贯彻落实是最开始也是最重要的一步。其次，以权制人，权威无私。在取经路上，唐僧一直都以取经为最重要目的，毫无私心、以身作则，并且在孙悟空不听使唤时，及时使用紧箍咒制服他。同样，企业领导要一切以团队利益为准，树立权威，必要时使用权力制衡员工的反抗。除了强硬的约束措施，唐僧最重要的本领还是他的高尚品德，凭其人格魅力感化徒弟，让徒弟们心服口服。作为企业领导，利用规章制度、金钱利诱来约束和管理员工是短期低效的，只有以其人格魅力、企业文化来感染员工，增强员工归属感和忠诚度，才能从根本上让员工心甘情愿地为企业和团队服务。

　　能者居前——孙悟空能力无边、个性率直、想法多端、行动灵活，可谓是团队内的优秀人才。然而，孙悟空却欠缺自我约束力、团队合作精神和全局决策能力。可以说，孙悟空是能力超强的执行者，却不能成为运筹帷幄的管理者。也只有这样才形成一个优秀的团队，因为如果团队里同时存在两个优秀管理者必定会造成冲突矛盾，因此，对于孙悟空这种能力超强的人才，重点是要懂得管理以及提升他的忠诚度，这里就涉及团队里的规章制度的硬性约束，和日积月累下企业文化和领导才能的带领和管理。

　　智者在侧——关于猪八戒的评价褒贬不一，但他在团队中确实是不可或缺的角色，网友"活动工场"总结得好："虽然好吃懒做，但是干起活儿来也保质保量；虽然自私自利，但会坚持大立场；虽然喜欢打小报告，但也不会无中生有；虽然奉迎领导，但也愿意与群众为伍。还有八戒的协调能力是孙、沙二人不具备的：时而劝服孙悟空继续西行，时而替孙悟空跟师傅说情。从这些点我们看到，团队里是不能缺少八戒式的员工。"且不说猪八戒不俗的战斗力，他在团队中最重要的作用就是协调各方，为整个团队的工作氛围带来活力。这类型员工虽然没有宏大的目标、过人的能力，但也能按时按质完成工作任务，并且给团队增添活力和欢乐，所以说在团队里也是重要角色。

　　劳者居其下——最后就是沙僧了，也许有人觉得沙僧作用不大，但是试想没有了沙僧，唐僧团队完整吗？正如网友"枭龙"所说："唐僧只知发号施令，无法推行；悟空只知降妖伏魔、不做小事；八戒只知打打下手、粗心大意；那担子谁挑、马谁喂、后勤谁管？"沙僧能力一般，但忠心耿耿、工作踏实、任劳任怨、心思缜密，并且有良好的团队合作精神。这种角色虽然不会有大作为，但是团队运行也离不开他。

案例三：

一场瘟疫在动物王国里肆虐，动物之王狮子为此召开了紧急会议："我们的王国正在遭受不幸，这是神对我们的惩罚。我们必须找出那个触怒神的动物。"狮子指定狐狸担当法官。

作为表率，狮子先说："我犯过错误，前两天看到一只受伤的斑马，就把它抓来吃了。"狐狸马上说："大王这么做，恰恰解脱了斑马的痛苦，所以根本不算触犯戒律。"

狼群的代表接着发言："我们也犯过错误，上个星期，一只麋鹿闯进我们的领地，我们就一起把它抓住吃掉了。"狐狸又说："保护领地安全是每个动物的职责所在，这没有错。"就这样，肉食动物一个个都被狐狸裁定为无罪。

轮到草食动物了，驴子想了许久也没有找到自己的错误："我一直安分守己……"狐狸打断他："你没有偷吃别人地里的青草吗？"驴子老实地说："没有啊。不过，我前几天看到树上的新芽绿油油的，忍不住吃了几口。"

狐狸马上说："这就对了，你是吃青草的，吃树芽就是抢别人的食物，严重地违背了神的安排。"话音未落，狮子扑上去把驴子杀了，向神祭祀。仪式完毕，驴子成了狮子的美食。

⭐ 思考分析

通过案例研究，我们得出培养高效的执行力需要做到以下几点。

（1）勇于改造团队。

当发现团队存在的问题时，要勇于解决问题。也许在改革中会受到许多阻力，比如下级会对你的方案提出质疑，或许方案的事实并没有在短时间内见效，但是都不应该阻挠你的改革措施。一个领导者应该勇于将团队向着高效团队改革。

另外要做到发现问题的同时立即解决问题，不要拖延时间。在管理学中有一个"秃头论证"理论在这里说明问题很恰当。众所周知，掉一根头发不会成为秃头，掉两根头发也不会成为秃头，即使掉一百根头发也不是秃头。可是我们并不可以就此安心，真正的秃头是一个人一早醒来发现自己的头发竟然全部没了。由此可见，当领导者发现问题却没有及时解决的时候，一个集体的优秀品质便会不知不觉的丧失，当你意识到问题的严重性时，问题已经到了不可解决的地步了。而且事实上，及时解决问题也是高效执行力的一种体现。

（2）建立核心团队。

之前有所提及，所谓的核心团队，也就是一个团队的领导班子。它是整个执行过程的第一层，上对最高领导负责，下领各位成员，因此在执行事务上显得尤其重要。一个团队的核心部分主要可分为4类人。

① 有能力、态度好的人（类似唐僧）：这群人往往是优秀的领袖，管理这类人才，主张放心地将决策权交给他，让他靠自己的判断执行与决策。

② 有能力、态度差的人（类似孙悟空）：管理这类人，主张采用"一起商量，你来决定"的方法，在他决策前要求他与自己进行沟通。

③ 没能力、态度好的人（类似沙和尚）：对于此类人，可以采用"一起商量，我来决定"的方法，自己掌握决策权，在决策之前也和他们商量。

④ 没能力、态度差的人（类似猪八戒）：这类人，作为领导者也不可以完全否定与放弃，掌握决策权的同时，交给他们一定的任务，让他们成为你布置任务的执行者。

作为领导者也要明白，不可以放弃团队中的任何一个人，因为每一个人都是执行环节的一部分，缺一不可。著名的"木桶原理"告诉我们，桶盛水的多少不在于最长的木条有多长，而在于最短的木条有多短。

（3）制定并遵守统一规范。

很多人都会感叹德国公司执行力强，这显然是与德国人的严谨与健全的法律分不开的。在这方面应该学习德国人在遵守规定上一丝不苟的态度。

许多集体都会制定规则来提高团队的执行力，同时约束、惩罚那些低执行力的行为。但是作为领导者，在执行规则的时候，一定要注意公正。一不能因为犯错的人与自己的私交好而宽恕他；二不能随便"变通"，不遵守规则。

卡耐基有句名言："对于一个上班迟到的人来说，你如果不惩处他，那么工厂里其他所有人也就都有了迟到的理由。"我认为非常正确。一旦有一次"例外"发生，便会有接二连三，于是例外就会成为惯例，团队也就丧失了执行力。

只有一个拥有高效执行力的集体才有机会成为一个优秀团队，只有一个注重培养团队执行力的领导者，才是一个优秀的领导者。

思考题

1.什么是创业团队？

2.作为创业团队中的领导者，更适合在团队中扮演什么样的角色？

3.初创团队在组建时，如何招募到合适的创业伙伴？

4.团队文化建设有哪些可行的方法？

5.如何让团队成员建立互助的关系？

6.在创业型企业里，如何对员工实施激励策略？

7.为什么企业必须建立竞争淘汰机制？

8.企业推行竞争淘汰机制可能遭遇哪些阻力？

9.提高团队执行力需要具备哪些要素？

10.如何组建一支高效执行力的团队？

11.请通过实地访谈或者网络途径，搜索关于1～2家公司创业团队的案例，并注意比较分析高管团队成员变化对企业不同成长阶段策略选择和具体方案的影响。

06 创业政策与资源

导言

　　近些年来，随着大学生创业的人数逐渐增多。中央和地方政府相继出台了一系列财政、金融以及社会保障政策鼓励大学毕业生创业。国家教育部每年也会就做好高校毕业生就业创业工作签发文件。然而大学生在现实的创业过程中，面临最多的问题就是资金短缺、场地限制、经验不足等，不少创业的大学生只想着埋头苦干，面对困难只知咬牙坚持，却不知道现在有非常多的创业政策能够帮助他们，政府、社会各方面都提供了不少能助他们一臂之力的创业资源。正所谓"工欲善其事，必先利其器，器欲尽其能，必先得其法"。大学生在准备创业时先了解一下相应的创业政策，知道哪些创业资源自己可以利用，非常有必要。

第一节 创业政策

⭐ **案例描述**

第二次世界大战以后，英国国内一方面由于受到战争和经济危机的影响，传统工业日益萎缩；另一方面，此时的英国政府缺乏有效的产业政策，对教育和人才培养重视不够，英国经济增长乏力，于是出现了世界经济中的"英国病"现象。面临困境，英国政府于20世纪90年代初果断选择了大力发展文化创意产业。

伦敦，英国的首都，曾经的世界工业中心，在最近的20余年间完成了它华丽的转身。伦敦都市圈，以伦敦——利物浦为轴线，包括伦敦、伯明翰、谢菲尔德、曼彻斯特、利物浦等数个大城市和众多中小城镇。由伦敦城和其他32个行政区共同组成的大伦敦是这个都市圈的核心。作为整个都市圈的龙头，这片约1600平方千米的土地，曾经是整个世界的工业中心，继而演变成金融和贸易中心。以创意产业为主的新兴产业开始在大伦敦地区异军突起。凭借着每年210亿英镑的产出值，创意产业目前已经成为仅次于金融服务业的伦敦第二大支柱产业。

政府主导型创意产业发展模式通常是政府作为产业发展的主体与主导推动力，通过制定相关政策措施与发展战略，实施相关的税收、公共服务等优惠措施，促进某一地区创意产业的迅速形成并高速发展，从而实现创意产业的跨越式大发展。

伦敦文化创意产业发展模式是以政府为主导的，政府通过制定创意产业发展战略，选定适合文化创意产业发展的区位，吸引文化创意产业的文化和技术人才，并通过影响文化创意产业发展的硬环境和软环境形成创意产业区位，从而使政府确认所制定的发展战略。

（1）硬件环境。

作为一个世界城市，一个欧洲的主要金融商业服务中心，一个全球重要的交通运输枢纽以及教育、文化和娱乐中心，伦敦已成为一个使用多语种的、年轻的流动性城市。伦敦都市（London Metropolitan Area），包括大伦敦区及外伦敦，金融业和金融区的发展对大伦敦地区和英国经济发展都具有重要的牵引作用。2004年，伦敦就业人口数量达到350万。伦敦在英国经济甚至欧盟经济中的地位、发达的金融服务业、城区地理特征都影响着伦敦文化创意产业的发展。

（2）软件环境。

一是政府制定的文化创意产业发展战略。伦敦市政府为推动文化创意产业的发展出台了诸多相关政策。1997年布莱尔担任英国首相后成立了创意产业小组，并发布了《创意产业勘察报告》，将创意产业发展列为国家发展战略。2003年，伦敦市长提出的伦敦市文化战略目标是维护和增强伦敦作为"世界卓越的创意和文化中心"的声誉，是伦敦成为世界级文化城市的保障。为营造使创意具有经济性的环境，伦敦提出了"创意城市"理念，以吸引需要生活便宜的年轻创意人。除此之外，为创建"创意伦敦"，伦敦发展局为文化创意产业企业提供了一系列的资金支持。2005年3月，设立了"创意之都基金"，为伦敦创意产业企业提供资金支持，基金原资产净值达500万英镑，加上其他融资，其资产达到了1亿英镑。

二是政府确定的创意产业区位。创意产业区是一个不断自我更新和自我加强的正反馈系统，伦敦市政府根据该市文化创意产业发展的实际情况确定了创意空间及发展类型，然后按其所需提供相应的软件和硬件设施，并大力宣传吸引相关人才聚集。随着产业区规模的不断扩大，更多创意人才和机构被吸引进来，旧城区的功能与面貌发生了根本转变，演变成集生产、居住和时尚消费于一体的高档区，如伦敦的泰晤士河南岸创意产业集聚区、伦敦利物浦创意产业聚集区等。

三是政府大力支持创意人才培养。文化创意产业需要大量的创意人才，伦敦市政府为此做出了很多努力。例如，刻意为创意产业提供实习岗位，鼓励更多高等院校设立创意专业等；为了激发下一代的创造意识，伦敦市政府提出的"发现你的才能"计划，从学前班至大学，学校每周为每位学生提供至少5个小时的"高品位的文化体验"等活动，政府还投入了大量资金用来支持学校相关的音乐课程，以便发掘"被埋没的莫扎特"。

★ 思考分析

伦敦的创意产业是如何发展起来的？

伦敦文化创意产业的快速发展使得世界各国、各地区争相研究、借鉴伦敦模式，伦敦模式对文化创意产业发展提供了一系列的启示和借鉴。伦敦创意产业的飞速发展离不开创业政策的大力扶持，需要政府的全方位推动。伦敦模式最主要的特点就是政府的大力支持。伦敦文化创意产业的蓬勃发展与知识产权的法律保护密不可分。20世纪90年代，英国先后颁布了新的《广播电视法》《电影法》

《著作权法》《英国艺术组织的戏剧政策》等一系列法律和法规。为伦敦文化创意产业的发展提供了一个良好的市场环境和公平的竞争格局，确保了文化市场的持续繁荣。

📘 概念知识

什么是创业政策，现在有哪些创业政策？

创业政策是一个国家或地区为达到经济目标，促进创业活动并保持均衡创业活动水平的有关政策。当前各地各类创业政策不少，创业者要用好、用足政策，全面了解政策是第一步。现行的创业政策主要集中在以下7大板块。

1. 融资服务政策

融资服务政策包括劳动部门、小企业服务中心等部门制订和操作的各项政策，主要有劳动保障部门的创业贷款担保政策、小企业担保基金专项贷款、中小企业贷款信用担保、开业贷款担保、大学生科技创业基金等。政策优惠主要涉及创业贷款、担保及贴息等。

2. 场地扶持政策

场地扶持重点有两方面的政策：一是都市型工业园区的政策，二是创业园区的房租补贴政策。这两大类园区各自都有针对入园企业的房租补贴政策。其中，在创业园区之内，除了房租补贴之外，还有一些相关的配套指导服务，如提供代理记账、专家指导、贷款直接申请的渠道等。

3. 税费减免政策

税费减免政策主要集中在以下四个方面：① 商贸型、服务型企业的优惠政策；③ 高校毕业生创业方面的税收优惠政策；② 失业人员、协保人员、农村富余劳动力从事个体经营的优惠政策；④ 劳动就业服务企业的税收优惠政策。

4. 创业专家指导政策

一般各地政府都会组织由各行业专家组成的公益性专家志愿团，可以为创业者提供个性化的指导服务，包括一对一的咨询服务，也可以由多名专家组成"专家团"为创业者提供"会诊"。另外，还有定期举行的开业讲座服务、网上咨询指导服务等。

5. 创业能力提升政策

这一板块的政策可以关注三个方面：一是创业培训的政策，二是职业经理人培训的政策，三是创业专家讲座方面的信息。其中创业培训政策为个人提供创业理论、个性化辅导和创业实训三段式的培训。上海市这一政策的适用范围是上海市户籍的所有意向创业者，本市的失业人员以及农村富余劳动力可以享受全额的培训费用补贴。

6. 鼓励科技创业政策

鼓励科技创业政策主要包括大学生科技创业基金政策、科技型中小企业创业基金政策和高新技术成果转化相关政策等。其中，大学生科技创业基金由上海市政府出资1.5个亿，分3年实施，每年有5000万元的额度为大学生创业提供资金支持。高校毕业生以科研成果或者专利发明创办企业的，就可申请享受这一政策。高新技术成果转化相关政策则包括立项、注册登记、税费减免、贷款扶持、风险投资支持等。

7. 非正规就业孵化器政策

非正规就业孵化器是一种面向小企业的孵化器，个人在创业过程中暂时不具备申办小企业的条件或是担心申办小企业成本太高，特别是有意向从事一些劳动密集型、有利于吸纳就业的社区服务业，可申办非正规就业劳动组织，享受有关扶持政策。非正规就业组织能够享受到的政策包括无须办理工商登记、3年内减免地方税费、社会保险缴纳优惠、免费技能培训，还能享受从业风险的综合保险等。

创业政策是个人创业的助推剂，但不是个人创业的"万能药"，任何人都不能仅仅依靠政策来创业，任何人也不是为了享受政策而创业，这是用好创业政策必须树立的理念。

每个人的创业方向、创业特点各不相同，每项创业政策的适用范围和对象也不同，个人在用创业政策时，要选择适合自己的政策，即要适合自身的创业条件，要适合自身的创业行业，要适合自身的创业类型，要适合自身的创业过程。

在选择了适合自身的创业政策后，要切实发挥好政策的实际效应，使政策的运用能真正降低经营成本，改善经营状况，提升经营能力，实现企业的发展壮大，使企业走上长期发展的道路。

第二节　创业资源

一、创业资源的内涵与种类

★ 案例描述

江西先锋软件职业技术学院电子商务专业二年级学生沈煌超在先锋软件公司实习时，受到北京车库咖啡的影响，萌生了在南昌开创业咖啡的想法。沈煌超找到在先锋工作的7个校友共同凑了一笔8万元的启动资金，写了一个不太完善的创业方案，就这样，先锋天使咖啡诞生了。

先锋天使咖啡众创空间于2014年10月10日在江西南昌高新区启动。这一类似北京"车库咖啡"的创新型平台，是江西省首个移动互联网创业孵化器，专注于帮扶青年移动互联网和移动电商创业，为江西创业者和天使投资人提供一个零距离对接的众创空间平台。

2014年11月，先锋天使咖啡被南昌高新区、共青团南昌市委授予"创新型孵化器""青年（大学生）创业孵化基地"等称号，促成了150个创意与资本对接项目，并有5个项目进入了实质创业阶段，同时不断吸引着新的创业团队入驻。其中，正在孵化的创业团队——中磊支付公司，已完成了江西第一家电子商务支付平台建设，正在向人民银行申报江西第一张网络支付牌照，申请成功后将有资格开展全省电子商务第三方支付业务。

2015年3月25日，江西省省长鹿心社莅临先锋天使咖啡众创空间视察，了解创新创业项目的运营情况，鼓励创客们紧紧抓住"互联网+"带来的机遇，迅速掀起"大众创业、万众创新"的新高潮，实现江西在"互联网+"的时代背景下经济快速健康地发展。

2015年4月，经过六个月的发展，先锋天使咖啡逐渐形成了完整的经营管理模式，已经聚集青年创业团队30余家，创业企业28家，签约天使投资机构12家，第三方服务机构24家，帮助近150个创业项目与风险资本进行对接，其中4个项目获得千万级资本支持，2个项目获得百万级资本支持。

★ 思考分析

资源是创业过程中的重要支撑要素，如何有效地获取和整合资源是创业成功的重要驱动因素。新企业自身具备的初始资源非常有限，创建和成长过程中经常面临资源约束问题，因此，如何有效地对自身具备和外部获取的关键资源进行组合、配置和转化，以产生独特能力的过程是新企业取得成功的关键要素。本案例中的先锋天使咖啡更为重要的是为草根创业者提供了获取和整合资源的平台，助推其成功创办企业。

概念知识

什么是创业资源？

资源就是任何一个主体，在向社会提供产品或服务的过程中，所拥有或者所能够支配的能够实现自己目标的各种要素以及要素组合。而对于创业者来说，只要是对其项目和企业的发展有所帮助的要素，都是创业资源。例如最基本的资源是人员、资金和创业项目。还包含技术支持、销售渠道、咨询机构、潜在顾客甚至政府机构在内的各项内容。

创业资源是新创企业在创造价值的过程中需要的特定资产，包括有形资产与无形资产，主要表现为创业人才、创业资本、创业机会、创业技术和创业管理等方面。

对创业企业来说，创业者是其独特的资源，也是无法用钱买到的资源。创业本身也是一种资源的重新整合。简单地说，创业资源就是创业者所需要具备的一切创业条件，是企业创业以及成长过程中所需要的各种生产要素和支撑条件。

对创业资源进行分类可以帮助我们进一步深入地认识创业资源。

按照资源要素对企业战略规划过程的参与程度，创业资源有间接资源和直接资源之分。财务资源、经济管理资源、人才资源、市场资源是直接参与企业战略规划的资源要素，可以把它们定义为直接资源；政策资源、信息资源、科技资源这三类资源要素对于创业成长的影响更多的是提供便利和支持，而非直接参与创业战略的制定和执行，因此，对于创业战略的规划是一种间接作用，可以把它们定义为间接资源。

① 财务资源：是否有足够的启动资金？是否有资金支持创业最初几个月的亏损？

② 经营管理资源：凭什么找到客户？凭什么应对变化？凭什么确保企业运营所需能够及时足量地得到？凭什么让创业企业内部能有效地按照最初设想运转起来？

③ 人才资源：是否有合适的专业人才来完成所有的任务？

④ 市场资源：包括营销网络与客户资源、行业经验资源、人脉关系等。凭什么进入这个行业？这个行业的特点是什么？赢利模式是什么？是否有起码的商业人脉？市场和客户在哪里？销售的途径有哪些？

⑤ 政策资源：可不可以有一个"助推器"或"孵化器"推进我们的创业，比如某些准入政策、鼓励政策、扶持政策或者优惠政策，等等。

⑥ 信息资源：依靠什么来进行决策？从哪里获得决策所需的信息？从哪里获得有关创业资源的信息？

⑦ 科技资源：创业企业凭什么在市场上去竞争？能为社会提供什么样的产品和服务？大学生创业造就了惠普公司、英特尔公司等高科技企业，造就了硅谷神话，为美国创造了巨大的社会财富，首先依靠的就是核心科技技术。

二、创业资源的特点

⭐ **案例描述**

沃尔玛的传奇

山姆·沃尔顿，一个普通人，他在美国经济大萧条时期长大，第二次世界大战时期曾在军中服役，正是这个名不见经传的人后来创建了世界上最大的零售企业——沃尔玛百货有限公司。山姆有着极强的竞争意识和冒险精神，他坚信，沃尔玛要想获得成功，除了为顾客提供低价位的商品之外，还必须超越顾客对优质服务的期望。山姆倾其毕生精力为此理念而不懈努力。他激励、鼓舞员工，并身体力行地实践他所倡导的一切。他一直以勤奋、诚实、友善、节俭的原则要求自己，不断学习营销的经验，注意掌握如何以最低价格进货，再以最低价格售给顾客，此外，还总是想着如何扩大经营。他向商业银行借了1.25万美元买了一架手提冰淇淋制造机，这一创新让附近农场主人及他们的家人蜂拥而至，花五分、一角尝个新鲜。他还开发了爆玉米花。他在纽波特市的一位好友回忆说："星期六下午，山姆在店门前把爆米花烧热，香气诱人，吸引市中心的人群。他那一角落的生意最忙，让他赚了不少钱。"山姆第一年（1943年）底的销售额为8万美元。到1948年底，销售额为20.5万美元，缔造了阿肯色州内单一杂货店最高纪录，他说："这正是我要做的——领先别人。"

由于山姆在店面租约中没有签下续约优先权，租房在1950年底到期，无法续约，只好将既有事业基础拱手让给房东，由其子继续经营。山姆于1950年5月在阿肯色州北部的本顿维尔开始经营一家杂货店。山姆说："我买店花了1.5万美元，买店面花了2万美元，装修扩展店面用了2万美元，把从纽波特带出来的钱都用完了，等于一切从头开始。"本顿维尔人口只有2.9万，房子900栋，电话不到500部，车子约800辆，公立学校学生近1000名，20世纪70年代中期才装设红绿交通灯。当山姆往店外看时，他想到要在此地立业，其成功条件是：将传统的南方人的勤劳、谨慎、勇敢个性，与低价位、顾客满意至上的经营原则结合到一起。沃尔顿先生在创业过程中，不断追求卓越，通过持续创新，寻找传统零售业成功模式，最终让沃尔玛从美国走向世界。

⭐ 思考分析

根据本案例的叙述，从沃尔顿向银行家贷款，买下阿肯色州纽波特市巴特勒兄弟"班·富兰克林商店"的加盟经营权、存货、经营器具及店面租约开始创业，到1950年底，无法续约，只好将既有事业基础拱手让给房东。沃尔顿在创业过程中，不断追求卓越，通过持续创新，寻找传统零售业成功模式：小镇开设大型杂货店、折扣销售、批发俱乐部、美国巨型化超市、超级中心等。沃尔顿在创业过程中，面临过许多挫折，他以坚强的意志和十足的信心承受沉重打击之余，绞尽脑汁努力寻找解决之道，充分整合了各种创业资源，最终获得了成功。

📖 概念知识

一般商业资源是指经济学意义上的资源，即具有经济价值或能够产生新的价值和使用价值的客观存在物。从这个意义上说，具有经济价值并能够创造新的价值，这是创业资源与一般商业资源的共同点。

但资源的通用性无法使企业获得高水平绩效和持续的竞争优势，也无法实现创业企业的成长。

那么，创业资源有哪些特点呢？

1. 创业资源的外部性

创业资源大多为外部资源，新创企业普遍资源短缺，创业者往往只拥有少量的资源，甚至两手空空。因此，创业者获取资源的有效途径就是使外部资源内部化，特别是对于关键性创业资源要能够有效地获取与整合。

成功的创业者大多都是资源整合的高手，创造性地整合外部资源是他们成功的关键因素之一。

2. 创业资源的异质性

资源基础理论认为企业的竞争优势源于企业拥有的异质性资源。

创业者就是为了协调稀缺资源而实施判断性决策的人。企业内部拥有的那些异质性资源和能力是新企业成长的重要原因。所谓资源异质性，是指其具有价值性、稀缺性、难以模仿性和难以替代性，从而构成了企业竞争优势的内生来源。

包括创业者在创业过程中形成的有特色的创意、创业精神、愿景目标、创业动力、创业初始情境等，就是属于这类具有异质性和固定性的资源。（Barney，1991）

3. 创业资源使用价值的差异性

人类知识不仅总是对于具体事物而言，而且总是分属于不同的认识主体，相互之间难以完全统一，这就是所谓的知识分散性。

分散性知识的存在，意味着对于同样的资源创业者会看到他人未能发现的不同效用，产生不同期望，做出不同的投入产出判断。从而产生超出一般商业资源的新价值，甚至是超额利润的效果。

4. 创业资源能实现新效用

资源价值来自于资源属性的效用，而资源效用不是一成不变的，会在社会活动中不断被发现。创业者按自身发现的效用对所获资源进行开发利用，把发现的资源新效用变成产品或服务的新功能，以此获得价值增值甚至是超额利润。

由此可见，创业资源是指经由创业者识别并开发利用，充分实现其新效用、获得新价值甚至是超额利润，具有异质性的商业资源。

创业者必须注重控制、整合和充分利用创业资源，以建立新创企业的竞争优势。

三、创业资源在创业中的作用

⭐ **案例描述**

北京李宁体育用品有限公司由体操王子李宁先生始创于1990年。多年来，李宁公司由最初单一的运动服装发展到拥有运动服装、运动鞋、运动器材等多个产品系列的专业化体育用品公司。目前，"李宁"产品拥有三大类、5000余种，产品结构日趋完善，销售额稳步增长。"李宁"在中国体育用品行业中已位居举足轻重的领先地位。

在20世纪90年代以前，中国市场一直是一个需大于供的市场。体育用品行业尚未成形，打造品牌的观念更是鲜有，市场上产品质量不稳定，当时的康威是国内体育用品一枝独秀的品牌。宽广的市场机会，决定了一个新的强势品牌很容易在当时空白的市场上获得消费者的好感。"李宁"正是那个好感获得者。

创业初期，李宁凭借"体操王子"的名人效应，很快就与外商签署了三份合作意向书，与新加坡康基实业有限公司签订合同，主要通过中外合资筹集资金。

李宁公司的家族化特色很突出，管理者大部分是李宁的亲属。因为，当时的李宁还不认识什么管理人士，相比之下，自己的亲属比较容易信任。

二次创业从2000年开始，李宁公司的员工队伍迅速扩大，外资、合资企业的"空降兵"不断进入公司，来自意大利和法国等地的海外设计师、设计工作室先后加盟。

2001年，1992年10月加入李宁公司的张志勇接替陈义红出任北京李宁公司的总经理，成为李宁公司新架构下的管理核心。目前，李宁公司已有6位总监，分别监管生产运作、市场战略、产品策略等。他们平均年龄不到40岁，都拥有本科以上的学历，分工明确，秩序井然。李宁不再是一个事必躬亲的"家长"。

李宁公司根据对中国体育用品市场需求的分析，认识到在青年人中蕴藏的巨大消费潜力，创业之初把市场定位在普通大众市场，主要针对的目标市场大致可以分为两个层次。

第一，24~35岁之间中等收入水平的消费群体。这部分人对于李宁的忠诚度比较高，认为这是民族的企业，是一种民族的象征，而不会轻易去改变。他们认为李宁的产品给人一种很强的亲和力，是一种体育荣誉的象征。

第二，15~24岁之间的还不完全具有经济实力的喜爱运动的学生群体。这部分人比较具有创新性并且"喜新厌旧"，他们追求的是时尚、年轻。

李宁公司推出鞋产品的专业科技平台——"李宁弓"减震科技。"李宁弓"是国内第一个运动鞋的研发科技平台；与美国Exeter研发公司Ned Frederick博士合作，共同致力于李宁运动鞋核心技术的研发；与杜邦公司（现英威达公司）建立合作，莱卡面料大量应用在李宁牌服装中。

★ 思考分析

李宁是怎么开始创业的，最终他是怎么获得成功的呢？

李宁在创业过程中，抓住了运动市场空白这个机会，然后结合自己的影响力，整合各类创业资源，并充分利用社会资本、资金、技术及专业人才等资源，最终获得成功。

概念知识

社会资本、资金、技术和专业人才等创业资源在创业中的作用如下。

1. 社会资本在创业中的作用

"社会资本"的概念最初由经济学的"资本"概念演变而来。

社会资本是一种和物质资本、人力资本相区别的存在于社会结构中的个人资源，是为结构内的行动者提供便利的资源，包括规范、信任和网络等形式。

社会资本主要表现为个人所拥有的关系网络，在创业中能提供市场机会，并提高创业者的机会识别能力，还可弥补创业者的资源匮乏，增加创业成功的可能性。

2. 资金在创业中的作用

巧妇难为无米之炊。创业需要资金，无论是有形资源、无形资源还是人力资源的构建与购置都需要资金的投入，否则只能是纸上谈兵。绝大多数创业者往往由于资金缺乏而在创业之初就陷入困境。

创业之前创业者必须结合创业计划，合理确定资本结构与资金需求数量，并切实筹集到所需数量的资金，才可能正式创业起步。只要有一个环节的资金不到位，即便再伟大的事业也就面临断炊的风险。因此，资金在创业中具有不可或缺的重要作用。

3. 技术在创业中的作用

创业资源中的"技术"资源指的是技术资产及技术开发能力。技术资产包括诀窍、专利等，技术开发能力是企业知识和技能的总和。创业技术决定了创业产品或服务的市场竞争力和获利能力，因此是创业企业生存和发展的基石。

技术是能够构建企业竞争优势的重要资源之一。对高科技新创企业而言，技术是其战略性资源。

4. 专业人才在创业中的作用

尽管技术是关键，但技术是由专门人才掌握的。

知识经济时代，人才是经济和社会发展的第一资源。科技的迅猛发展、激烈的全球化竞争，任何技术都可能落伍，任何资源都可能被取代，只有人才资源是任何时代都不能缺少的，人才是企业的创立、创新和持续发展的基础，也是企业永葆活力的坚强后盾。

因此，专业人才是创业企业的根本，是创业企业最为重要的人力资本。

四、影响创业资源获取的因素

⭐ 案例描述

星辰急便，是原宅急送总裁陈平于2009年创立的一家加盟制快递公司。2010年获得阿里巴巴集团注资，2011年与鑫飞鸿快递公司合并，商号为"星晨急便·鑫飞鸿"，是一个"云快递"平台，该公司主要为企业及电子商务客户提供国内小件包裹速递服务。早在1994年，陈平与哥哥陈东升就在北京创办了中国最早的民营快递公司，当时敢冲敢打的陈平担任主帅，曾一度把它做到业界老大，领跑中国市场。2007年，宅急送掀起的一场激进变革却让兄弟反目，他负气出走，而后陈平创办快递公司星辰急便，切入了电子商务物流配送市场，并得到了电商教父马云7000万的战略投资。

星辰急便当时的业务有一个洋气的名字，叫云快递。简单说，云快递就是加盟模式与直营模式相结合的模式。与多级加盟模式的"四通一达（申通快递、圆通速递、中通速递、汇通快运、韵达快运）"不同，星晨急便只有一级加盟，即收派网点直接加盟星辰急便，而所有的中转中心、干线班车都是星晨急便直营。如此，星晨急便既能快速地铺设网络，又能较好地控制时效和质量。

借助加盟模式，星晨急便快速扩张，在短时间内搭建了全国性的物流网络。在星晨急便成立8个月时，该公司平台上已拥有1700个营业网点、40多个中转中心和100多条班车线路，已在全国各省搭建起了网络框架。其加盟商也达到1万多人。

但在2012年3月5日，有网友发帖称，星晨急便遭遇资金困境，面临倒闭风险。CEO陈平不知所踪，公司客服以及全国子公司电话均无法接通，内部人士透露星晨急便的确面临资金困境。网友爆料称，快递公司星晨急便面临倒闭，据帖子透露，"北京、天津、上海、山西、河北等地直营中转站，瞬间人间蒸发，重要资产车辆、电脑等办公设备一夜之间全部蒸发""数千加盟商血汗资金无法追回"，而陈平则不知所踪。更有论坛网友披露了一条来自陈平的短信，"公司解散了，阿里7000万，我的5000万全部赔光了。现在客户的2000多万货款加盟商非法侵占，也不能返还。1400多名员工两个多月没有工资，我已经倾家荡产。做生意有赔有赚，现在公司赔本了，恳请大家一起承担，在此，真诚地向大家说一声：对不起了。"

⭐ 思考分析

星晨急便的失败是什么原因造成的，在发展过程中，有哪些创业资源的获取受到了阻碍？

星晨急便在发展过程中，规模和速度没有控制好，尽管规模扩张很快，但星辰急便的客户拓展、订单数量均无法同步跟上，这让其"云快递"模式开始走样。

🎓 概念知识

1.创业导向

创业导向是创业者在经营、实践和决策的过程中所采取的创新、承担风险、抢先行动、主动竞争和追求机会的一种态度或意愿。

创业导向强调如何行动，是创业精神的表现过程。即创业导向的企业能自主行动，具备创新和风险承担的态度，面对竞争对手时积极应战，面临市场机会时超前行动。企业追求机会所表现出的创业导向，驱使企业寻求与整合资源，并创造财富。

2. 创业者资源禀赋

创业者资源禀赋是指创业者所具有的与创业相关的自身素质和外在关系的总和，主要包括创业者的经济资本、社会资本和人力资本，它们能够为创业行为和新创企业生存与成长提供有价值的资源。

大量的文献强调企业家资源禀赋在创业过程中的重要作用，认为企业家资源禀赋是创业行为过程的关键资源，甚至在一定程度上决定了新创企业的资源构成特征。

3. 创业者资源整合能力

新创企业资源整合能力是指在创业过程中，以人为载体，在资源整合过程中所表现出的对资源的识别、获取、配置和利用的主体能力。

创业资源在未整合之前大多是零散的、一般性的商业资源，要发挥其最大的效用，转化为竞争优势，为企业创造新的价值，就需要新创企业运用科学方法将不同来源、不同效用的资源进行优化配置，使有价值的资源充分整合起来，发挥"1+1>2"的放大效应。

资源整合能力在创业的各个阶段发挥着极为重要的作用。

在创业起步阶段，资源整合能力影响并决定了创业者对创业机会的评估、识别与开发，同时帮助创业者摆脱资源约束，取得所需资源。

在生存与成长阶段，新创企业需要筹措更多的资源来满足自身的发展。创业者资源整合能力会对新创企业成长过程的战略决策与运营能力产生重要影响，资源整合的深度与广度将保障组织运作的持续性，进而影响创业绩效。

4. 创业团队

新创企业把创意变成产品/服务，把产品/服务市场化、产业化是一个艰苦的过程，必须组建好一个富有凝聚力和创新精神的创业团队。这是获取各项创业资源的重要前提，也是创业成功的一个基本保障。

借助团队就可能拥有创业所需要的各种知识和经验，如顾客经验、产品经验、市场经验和创业经验等。同时，通过团队，人脉关系网络可以放得更大，能够有效地增进创业者社会资本，提高创业成功的概率。因此，创业团队本身就是一项极为重要的创业资源。

5. 外部环境条件和政府政策支持

创业活跃程度的一个重要决定因素是创业的环境条件。创业环境与创业活跃程度呈很强的正相关关系。创业企业与创业环境有着密切的关系，而这种关系的核心是创业企业资源的需求和创业环境资源的供给所具有的有机联系。

创业水平和创业资源受到外部环境因素的影响极大，尤其是政府的法规政策。创业环境好的地方一般会呈现较高的创业活动水平，而政府创业政策作为创业环境的重要内容是直接影响一个国家和地区创业活动水平的重要手段。

五、创业资源获取的途径

⭐ 案例描述

阿里巴巴（Alibaba.com）是全球企业间（B2B）电子商务的著名品牌，是目前全球最大的网上交易市场和商务交流社区，B2B业务已成为阿里巴巴集团最重要的盈利来源。良好的定位、稳固的结构、优秀的服务使阿里巴巴成为全球首家拥有600余万商人的电子商务网站，成为全球商人网络推广的首选网站，被商人们评为"最受欢迎的B2B网站"。杰出的成绩使阿里巴巴不断受到各界人士的关注。

阿里巴巴不同于早期互联网公司以技术为驱动的网络服务模式。在发展初期专做信息流，绕开物流，前瞻性的观望资金流在恰当的时候介入支付环节。阿里遵循循序渐进的过程，依据中国电子商务界的发展状况来准确定位网站。从最基础的替企业架设站点，到随之而来的网站推广以及对在线贸易资信的辅助服务，交易本身的订单管理，也在不断延伸。其出色的赢利模式符合强有力、可持续、可拓展的特点。

⭐ 思考分析

为什么阿里巴巴从创建之初到现在一直受到大众的欢迎？

阿里巴巴从纯粹的商业模式出发，与大量的风险资本和商业合作伙伴相关联构成网上贸易市场。其运营模式取得成功主要有以下几个原因：首先，专做信息流，汇聚大量的市场供求信息。功能上，在充分调研企业需求的基础上，将企业登录汇聚的信息整合分类，形成网站独具特色的栏目，使企业用户获得有效的信息和服务。第二，采用本土化的网站建设方式，针对不同国家采用当地的语言，简易可读，这种便利性和亲和力将各国市场有机地融为一体。第三，在起步阶段，网站放低会员准入门槛，以免费会员制吸引企业登录平台注册用户，从而汇聚商流，活跃市场。会员在浏览信息的同时也带来了源源不断的信息流和无限的商机。第四，通过增值服务为会员提供了优越的市场服务，增值服务一方面加强了这个网上交易市场的服务功能，另一方面又使网站能有多种方式实现直接赢利。第五，适度但比较成功的市场运作。

📖 概念知识

创业资源的获取途径主要有以下四种。

1. 获取技术资源的途径

① 吸引技术持有者加入创业团队。② 购买他人的成熟技术，并进行技术市场寿命分析等。③ 购买他人的前景型技术，再通过后续的完善开发，使之达到商业化要求。④ 同时购买技术和技术持有者。⑤ 自己研发，但这种方式需要时间长，耗资大。

我们应该随时关注各高校实验室、老师或者学生的研发成果，定期去国家专利局查阅各种申请专利，养成及时关注科技信息，浏览各种科技报道，留意科技成果，从中发现具有巨大商机的技术的习惯。政府机构、同行创业者或同行企业、专业信息机构、图书馆、大学研究机构、新闻媒体、会议及互联网，等等，都是我们获取这些信息的渠道，可以根据自己的实际情况与各种方式的特点，选择一种或多种方式，尽可能获取有效的信息。

2. 获取人力资源的途径

这里的人力资源不是指创业企业成立以后需要招募的员工，而是指创业者及其团队拥有的知识、技能、经验、人际关系、商务网络等。

创业前，如果有可能，可以在读书期间做一些产品的校园或者地区代理，不管是热水袋、拖鞋、牛奶、化妆品还是手机卡、数码产品、婚纱店、美容店、家教中心等，都可以去尝试。这个过程中既能赚钱，增长关于市场的知识，还可以锻炼组织能力——因为往往要组织2～3人的小团队（团队人数切忌太多，最多不要超过5个）。

也可以考虑进入一个企业为别人工作，通过打工的经历学习行业知识，建立客户资源渠道，了解企业运作的经验，学习开拓市场的方法，认识赢利模式。为了创业而到一个公司工作，应该选择什么样的公司呢？是世界500强之类的大公司还是小公司呢？在这一点上，迪士尼公司总裁加里·威尔逊·沃特的观点是：

"在一个小公司的资深层任职，可给你一种广阔的视野并向你提供更具创意的机会。小公司承受不了机构臃肿的压力，我了解发薪水时没有足够现金的情况如何，我了解贷款付息20%时的情况如何。我涉猎范围广泛，为我在大公司发展经营战略打下了良好的基础。"

想要迅速提升创业团队自身的人力资源，向他人学习也是一个最为快捷的方法。但优秀的人一般不会主动来到你身边，因此需要我们在校期间主动、大胆地向优秀的人请教。要善于寻找最好的顾问，如高素质的董事、律师、银行家、会计师与其他专业人士，并让他们在更早的阶段更深入地参与公司活动，甚至加入自己的创业团队。我们可以将学校、政府、企业里优秀的、值得拜访的，并对你创业有帮助的人列一个表，设法找到他们的联系方式，然后大胆地、大方地给他们打电话（或者发邮件、利用QQ/MSN/SKYPE），拜访他们或者与他们共同进餐。要记住，拜访前最好做好充足的准备。你要相信，优秀的人一定是很乐意帮助愿意上进的优秀青年，同时你也一定要对自己充满信心。

3. 获取营销网络的途径

营销网络将帮助新创企业产品或者服务走向市场，换回用户的"货币选票"。一般情况下，新创企业可通过以下途径拥有未来的营销网络：① 借用他人已有的营销网络，使用公共流通渠道；② 自建营销网络与借用他人营销网络相结合，扬长避短，使营销网络更适应于新创企业的要求。

4. 获取外部资金资源的途径

对于外部资金的获取，一般可通过以下五种途径获得：① 依靠亲朋好友筹集资金，双方形成债权债务关系；② 抵押、银行贷款或企业贷款；③ 争取政府某个计划的资金支持；④ 所有权融资，包括吸引新的拥有资金的创业同盟者加入创业团队，吸引现有企业以股东身份向新企业投资、参与创业活动，以及吸引企业孵化器或创业投资者的股权资金投入等；⑤ 制订一个详尽可行的创业计划，以吸引一些大学生创业基金甚至风险投资基金的目光。在获取外部资源之前，记住一个企业家曾经说过的一段话："创业首先要用自己的钱干起来，你自己的钱不先投进去，凭什么让别人为你投钱？"

第三节　创业融资

一、创业融资分析

★ 案例描述

　　创新工场（Innovation Works）由李开复博士创办于2009年9月，是一家致力于早期阶段投资，并提供全方位创业培育的投资机构。创新工场是一个全方位的创业平台，旨在培育创新人才和新一代高科技企业。创新工场通过针对早期创业者需求的资金、商业、技术、市场、人力、法律、培训等提供一揽子服务，帮助早期阶段的创业公司顺利启动和快速成长。同时帮助创业者开创出一批最有市场价值和商业潜力的产品。

　　创新工场的投资方向立足信息产业等最热门领域，比如移动互联网、消费互联网、电子商务和云计算等。2013年9月，创新工场创始人、董事长兼CEO李开复被诊断出癌症。之后的两年里，李开复逐渐淡出大众视野，遵医嘱接受治疗。这几年对创新工场的意义不言而喻：成员由4位创始人发展到4500多人；从培育"点心"到支撑起了豌豆荚、墨迹天气、极路由、知乎等130多家初创企业，其中不少已完成A轮和B轮融资。

★ 思考分析

　　创新工场如何帮助初创企业解决融资问题？

　　创新工场有完整和成熟的体系，为企业提供专业的分析师团队以及丰富的后援，如招聘、法律、财务、市场、机房等服务；同时也提供共享的软件平台和模块，还有搜索引擎优化等服务；最重要的是，创新工场能招到最好的工程师，搭配互补的团队，增加了创业成功的概率，也加快了产品的开发。

　　创新工场可以给创业者提供资金投入、商业分析、创业指导、技术指导、产品指导、人员培训、员工招聘、法律、财务、市场、媒体公关、政府关系等专业支持。

创新工场的每个项目投资规模根据不同的项目和项目阶段，有不同的投资金额，从几十万到几百万人民币不等。总体方向是以早期的启动资金为主。

创新工场针对不同的创业者有多种投资和合作形式，例如孵化计划、加速计划、助跑计划、创业家计划等多种灵活的方式。

📘 概念知识

融资，就是资本的融通。广义的融资指资本在持有人之间流动，以余补缺的一种经济行为。狭义的融资主要是指资本的融入，即通常说的资本来源。

创业融资是指创业者为了将创意转化为现实，通过不同的渠道、采用不同的方式筹集资金以建立企业的过程。

创业企业一般具有两个共同的特征：一是，不能在贷款市场和证券公开市场上筹集资金；二是，发展具有阶段性。而在每一阶段，因企业规模、资金需求、投资风险等方面都有明显差别，需要不同的融资方式。

1. 种子期

融资方式：政府专项拨款、社会捐赠和创业投资。

处于产品开发阶段，产生的是实验室成果、样品和专利，而不是产品。这一阶段的投资成功率最低，但单项资金要求最少，成功后的获利最高。

2. 创建期

融资方式：创业投资。

企业已经有了一个处于初级阶段的产品，而且拥有了一份粗略的经营计划、一个不完整的管理队伍。技术风险与种子阶段相比，有较大幅度下降，但投资成功率依然较低。

3. 成长期

融资方式：创业投资。

技术风险大幅度下降，产品或服务进入开发阶段，并有数量有限的顾客试用，费用在增加，但仍没有销售收入。至该阶段末期，企业完成产品定型，着手实施其市场开拓计划。

4. 扩张期

融资方式：创业投资、私募资金以及优先股等。

企业的生产、销售、服务已具备成功的把握，企业可能希望组建自己的销售队伍，扩大生产线，增强其研究发展的后劲，进一步开拓市场，或拓展其生产能力或服务能力。

5. 获利期

融资方式：发行股票上市。

企业的销售收入高于支出，产生净收入，创业投资家开始考虑撤出。成功上市得到的资金一方面为企业发展增添了后劲，拓宽了运作的范围和规模；另一方面也为创业资本家的撤出创造了条件。

二、创业所需资金的测算

⭐ **案例描述**

某业主有20万元的存款，准备代理某品牌衣服，最后选定在市中心的新时代商业街落户，通过调查和研究获得如下信息。

（1）商业街有间比较合适的门面，可卖、可租，卖价200万，如果租，房租10万/年，一次性交清。

（2）装潢费用2万元，使用期为5年。

（3）购买办公座椅一套，1500元；笔记本一个，3000元；空调一台，5000元。

（4）决定在2018年3月1日开张，该区域每天对该品牌衣服需求量20件/天，每月按30天计，由于第一个月刚开张，预计每天只能卖出10件，第二月则可达到正常销量。

（5）每季度首次进货额不能低于1667件，而且只能定当季货物，每年2月1号、5月1号、8月1号、11月1号为上新货的日期（即只销售新货），并于上货当天将进货款打入公司账户。

（6）衣服每件进价60元，售价100元/件。

（7）物业费3000元/年，能耗费2000元/年，垃圾费300元/年，每次必须交齐一年的费用。

（8）水电费1000元/月，当月月底支付。

（9）雇佣一个服务员，工资2000元/月，工资将在次月的第一天发放。

（10）由于要经常去接货，想买一辆5万元左右的小车，如果不买车则每月需要花费500元的交通费。

（11）工商注册费150元，风险防备金5000元。

⭐ 思考分析

该案例中的业主需要多少创业资金才能开始启动？

创业资金是一个创业项目启动的前提条件之一。对于启动资金的多少，创业者可以在开始前有一个初步的估算，但是，这个估算并不准确。为此，在创业启动之前，需要对创业资金进行一次准确的预测，这样才能对以后的发展提供坚实的基础。

📖 概念知识

创办企业需要启动资金，启动资金包括投资（固定资产）和流动资金。需要根据企业的规模，计算出启动资金的数额。

开办企业时必须要有必要的投资和支付各种必要的费用，这些费用的总和就是启动资金。比如，支付场地（土地和建筑）、办公家具和设备、机器、原材料和商品库存、营业执照和许可证、开业前广告和促销、工资、水电费、电话费等各项费用。

1. 投资（固定资产）预测

投资（固定资产），是指为企业购买的价值较高、使用寿命长的东西。有的企业用很少的投资就能开办，而有的却需要大量的投资才能启动。明智的做法是把必要的投资降到最低限度，让企业少担些风险。然而，每个企业开办时总会有一些投资，一般来说就是场地和设备。

场地包括企业用地和建筑。办企业或开公司，都需要有适用的场地和建筑。也许是用来开工厂的整个建筑，也许只是一个小工作间，也许只需要租一个铺面。

当清楚了需要什么样的场地和建筑时，要做出以下选择：建造新的建筑、买现成的建筑、租用他人的建筑、在家开业。

造房——如果企业对场地和建筑有特殊要求，最好自己造房子，但这需要大量的资金和时间。

买房——如果能在优越的地点找到合适的建筑，则买现成建筑既简单又快捷。但现成的房子往往需要经过改造才能适合企业的需要，而且需要花较多的资金。

租房——租房比造房和买房所需的启动资金要少，比较灵活。当需要改变企业地点时，会容易得多，但相对不稳定。

在家开业——在家开业最便宜，需要稍微做些调整。但在家工作，业务和生活难免互相干扰。

设备一般是指企业需要的所有机器、工具、车辆、办公家具等。对于制造商和一些服务行业，最大的投资往往是设备。一些企业需要在设备上大量投资，因此了解清楚需要什么设备，以及选择正确的设备类型就显得非常重要。即使是只需要少量设备的企业，也要慎重考虑你确实需要哪些设备，并把它们写入创业计划。

2.流动资金预测

流动资金就是预算流动资金的需要量，更准确的预测需编制现金流量计划。

企业开张后要运转一段时间才能有销售收入。制造商在销售之前必须先把产品生产出来；服务企业在开始提供服务之前要买材料和用品；零售商和批发商在卖货之前必须先买货。所有企业都要支付各项日常费用开支，如购买并储存原材料和成品、促销、工资、租金、保险和其他费用等。这些都需要流动资金来支付。

一般而言，刚开始的时候销售并不顺利，因此，流动资金要计划富裕些。

（1）原材料和成品储存。制造商生产产品需要原材料；服务行业的经营者也需要些材料；零售商和批发商需要储存商品来出售。预计的库存越多，需要用于采购的流动资金就越大。既然购买存货需要资金，就应该将库存降到最低限度。

（2）促销。新企业开张，需要促销自己的商品或服务，需要流动资金。

（3）工资。如果雇用员工，在起步阶段就需要支付工资。工资费用可通过用每月工资总额乘以还没到达收支平衡的月数就可以计算出来。

（4）租金。正常情况下，企业一开始运转就要支付企业用地用房的租金。计算流动资金里用于房租的金额，用月租金乘以还没达到收支平衡的月数即可。

（5）保险。企业一开始运转，就必须投保并支付所有的保险费，这也需要流动资金。

（6）其他费用。在企业起步阶段，还要支付一些其他费用，例如电费、文具用品费、交通费等。

三、创业融资渠道

★ 案例描述

1999年，马云和他的创业团队集资50万元成立阿里巴巴。阿里巴巴成立初期，公司是小到不能再小，18个创业者往往是身兼数职。

阿里巴巴有一定名气后很快也面临资金的瓶颈，这时以高盛为主的一批投资银行向阿里巴巴投资了500万美元。

1999年秋，日本软银总裁孙正义决定给阿里巴巴投资3000万美元，最终马云确定了2000万美元的软银投资，帮助其度过寒冬。

2004年2月17日，马云在北京宣布，阿里巴巴再获8200万美元的巨额战略投资。这笔投资是当时国内互联网金额最大的一笔私募投资。

2005年8月，雅虎、软银再向阿里巴巴投资数亿美元。之后，阿里巴巴创办淘宝网，创办支付宝，收购雅虎中国，创办阿里软件。

2007年11月6日，全球最大的B2B公司阿里巴巴在香港联交所挂牌上市，正式登上全球资本市场舞台。

阿里巴巴的上市，成为全球互联网业第二大规模融资。在此次路演过程中，许多投资者表示，错过了谷歌不想再错过阿里巴巴。

★ 思考分析

任何创业都是需要成本的，就算是最少的启动资金，也要包含一些最基本的开支，如产品定金、店面租金等，更别说大一些的商业项目了。阿里巴巴从无到有的创业历程中，是怎么一步一步发展起来的？除了他们自己的资金外，他们通过哪些渠道成功融资了？

📖 概念知识

1. 政策基金

政府提供的创业基金通常被称为创业者的"免费皇粮"。其优势：利用政府资金，不用担心投资方的信用问题；政府的投资一般都是免费的，降低或者免除了融资成本。其劣势：申请创业基金有严格程序要求；政府每年的投入有限，融资者需面对其他融资者的竞争。

2. 高校创业基金

高校在大学生创业期间起到一种鼓励、促进的作用，大多数高校都有设立相关的创业基金以鼓励本校学生进行创业尝试。其优势：相对于大学生这个群体而言通过此途径融资比较有利。其劣势：资金规模不大，支撑力度有限，面向的对象不广。

3. 亲情融资

亲情融资即向家庭成员或亲朋好友的筹款。其优势：这个方法筹措资金速度快，风险小，成本低。其劣势：向亲友借钱创业，会给亲友带来资金风险，甚至是资金损失，如果创业失败就会影响双方感情。

4. 金融机构贷款——银行小额贷款

银行贷款被誉为创业融资的"蓄水池"。其优势：银行财力雄厚。其劣势：手续烦琐，需要经过许多"门槛"，任何一个环节都不能出问题。

5. 合伙融资

寻找合伙人投资是指按照"共同投资、共同经营、共担风险、共享利润"的原则，直接吸收单位或者个人投资合伙创业的一种融资途径和方法。其优势：有利于对各种资源的利用和整合，增强企业信誉，能尽快形成生产能力，有利于降低创业风险。其劣势：很容易产生意见分歧，降低了办事效率，也有可能因为权利与义务的不对等而产生合伙人之间的矛盾，不利于合伙基础的稳定。

6. 风险投资

风险投资是一种融资和投资相结合的全新投资方式，是指创业者通过出售自己的一部分股权给风险投资者来获得一笔资金，用于发展企业、开拓市场。当企业发展到一定规模时，风险投资者出卖自己拥有的企业股权获取收益，再进行下一轮投资。许多创业者就是利用风险投资使企业渡过幼小阶段的。其优势：有利于有科技含量、创新商业模式运营、有豪华团队背景和现金流量好、发展迅猛的有关项目融资。其劣势：融资项目局限。

7. 天使基金

天使投资是自由投资者或非正式风险投资机构，对处于构思状态的原创项目或小型初创企业进行的一次性前期投资。其优势：民间资本的投资操作程序较为简单，融资速度快，门槛也较低。其劣势：很多民间投资者在投资的时候总想控股，因此容易与创业者发生一些矛盾。

四、创业融资的选择策略

（一）创业融资的原则

⭐ **案例描述**

2012年10月5日，淘宝出现了一家店铺，名为"美微会员卡在线直营店"。淘宝店店主是美微传媒的创始人朱江，曾在多家互联网公司担任高管。消费者可通过淘宝店拍下相应金额的会员卡，但这不是简单的会员卡，购买者除了能够享有"订阅电子杂志"的权益，还可以拥有美微传媒的原始股份。购卡者手中持有的会员卡即是公司原始的股票。美微传媒希望通过这样的途径来募集资金，投资于即将开始的《Easy MBA》节目的前期制作与策划。

2012年10月，美微传媒进行了第一次为期5天的网络私募，成功筹资40万元。2013年1月9日，美微传媒启动第二次网络私募，截至2月5日，在美微传媒进行的该次两轮募集中，一共有1191名会员参与了认购，总数为68万股，人民币总金额为81.6万元。至此，美微传媒两次一共募集资金120.37万元。

美微传媒的众募式试水在网络上引起了巨大的争议，很多人认为有非法集资嫌疑。果然，还未等交易全部完成，美微的淘宝店铺就于2月5日被淘宝官方关闭，阿里对外宣称淘宝平台不准公开募股。

而证监会也约谈了朱江，最后宣布该融资行为不合规，但并没有对其进行严厉处罚。在要求其退还部分款项的同时，提出了三点要求：一是不准再这样做，二是保护好现有股东的权益，三是定期汇报经营状况。美微传媒不得不向所有购买凭证的投资者全额退款。2013年3月，朱江表示已经开始有序地通过淘宝等渠道退回公开募集所得款项。与证监会核实需要退还的淘宝渠道资金约为38万元。

⭐ **思考分析**

在淘宝上通过卖凭证和股权捆绑的形式来进行募资，可以说是美微传媒创投的一个尝试，虽然说因为有非法集资的嫌疑最后被证监会叫停，但也是融资渠道的一种创新。那么对于创业者来说，创业融资有哪些渠道可以获得？有哪些原则需要遵守？

📖 概念知识

　　对于创业公司来讲，钱是最主要的问题，因此创业者需要在创业初期就想明白企业为什么融资、什么时候融资、怎么融资、融资多少等问题。而且初创企业在融资过程中没有明确的计划，盲目性很大，抱着侥幸的心理误打误撞，对投资方不加鉴别随意接触，让许多招摇行骗的投资中介或者投资公司有机可乘。后果严重者导致企业蒙受重大损失，影响了企业的正常发展；轻者也使企业浪费了不少的人力和财力。因此，在考虑融资的时候，也要遵循一定的原则，确保融资活动的顺利进行。

　　（1）合法性原则。根据相关法律规定，企业在融资过程中如何把控好法律风险，做到合法融资至关重要。创业企业在融资的时候，应当制定合法有效的融资计划，尽量避免可能出现的融资风险。

　　（2）合理性原则。确定企业的融资规模在融资过程中非常重要。筹资过多，可能造成资金闲置浪费，增加融资成本，或者可能导致企业负债过多，偿还困难，增加经营风险。而如果筹资不足，又会影响企业经营计划及投资业务的开展。因此，企业在选择融资战略时，要根据企业对资金的需要、企业自身的实际条件以及融资的难易程度和成本情况量力而行。

　　（3）及时性原则。融资及时性是指由有利于创业融资的一系列因素所构成的有利的融资环境和时机。选择融资时机的过程，就是企业寻求与企业内部条件相适应的外部环境的过程。从企业内部来讲，过早融资会造成资金闲置，而如果过晚融资又会造成投资机会的丧失。从企业外部来讲，由于经济形势瞬息万变，这些变化将直接影响创业企业融资的难度和成本。因此，企业若能抓住企业内外部变化提供的有利时机进行融资，会使企业比较容易获得资金成本较低的资金。

　　（4）效益性原则。企业融资的目的是将所融资金投入企业运营，最终获取经济效益，实现股东价值最大化。在每次融资之前，往往会预测本次融资能够给企业带来的最终收益，收益越大往往意味着企业利润越多，因此融资的时候，也要兼顾考虑总收益如何最大化。

　　（5）杠杆性原则。融资的杠杆，是一种十分灵活的融资方式，采用不同的操作技巧，可以设计不同的财务模式。合理利用财务杠杆，使得负债资金与自有资金有机配置，可提高资本报酬率，从而使得权益资本收益最大化。

（二）股权融资

★ 案例描述

　　3W咖啡是2011年8月，时年29岁，号称中国第一互联网分析师的许单单联合三个都有着互联网背景的创始人，采用众筹模式创立的知名创投平台。3W咖啡向社会公众进行资金募集，每个人10股，每股6000元，相当于一个人6万。很快3W咖啡汇集了包括沈南鹏、徐小平、曾李青等数百位知名人士在内的知名投资人、创业者、企业高级管理人员并成为3W咖啡股东。3W咖啡由最初的为互联网行业聚会沙龙提供场地的咖啡厅逐渐转变为由中国互联网行业领军企业家、创业家、投资人组成的人脉圈层，成为中关村创业大街上最大的创新型孵化器——3W孵化器。它不仅解决了创业者的办公场地等硬件问题，同时衍生了除联合办公之外的3W其他创业者服务。3W是一家公司化运营的组织，其业务包含天使投资、俱乐部、企业公关、会议组织和咖啡厅，3W Coffee是3W拥有的咖啡馆经营实体。其北京旗舰店位于中关村海淀图书城南口籍海楼对面，毗邻微软、腾讯、新浪、创新工场和优酷网；3W深圳旗舰店位于南山科技园北区源兴科技大厦东座。3W是中国最完善的创业服务生态圈，是集创业咖啡馆、孵化器、创业基金、品牌推广、人才招聘等于一体的完整创业生态体系。

★ 思考分析

　　3W咖啡是通过何种方式实现创业融资的？

　　3W咖啡创意利用众筹创业情势已在全球风起云涌的外部环境和当时名人的微博盛行，借助互联网实现了快速的传播和社会认同，使得那些经历过创业过程艰辛的、具有互联网基因的、互不相识的、有创业意愿又缺少资金和项目的人，通过咖啡沙龙这种面对面的交流实现了创意与投资对接，进而决定合作创业。3W以咖啡为载体，以股权众筹的方式聚集创业者和投资人，通过不断举办各种主题活动，实现O2O，持续扩大社交圈，塑造创业孵化器和传递创业智慧。创新服务产品使得3W的运营情势出现快速发展，实现了数千万A轮融资，3W的商业闭环逐步构成。

概念知识

在创业融资的多种手段中，股权质押融资、股权交易增值融资、股权增资扩股融资和股权的私募融资，逐渐成为中小企业利用股权实现融资的有效方式。随着市场体系和监管制度的完善，产权市场为投融资者搭建的交易平台日益成熟，越来越多的中小企业转向产权市场，通过股权融资缓解企业的资金饥渴，解决融资难题。股权融资的数量会影响债权融资的数量，股权融资的分布会影响创业企业未来利润的分配与长远发展。

1. 股权融资的特点

股权是企业的初始产权，是企业承担民事责任和自主经营、自负盈亏的基础，也是投资者对企业进行控制和取得利润分配的基础。股权融资是决定一个企业向外举债的基础。股权融资形成的所有权资金的分布特点及股本额的大小和股东分散程度，决定一个企业控制权、监督权和剩余价值索取权的分配结构，反映的是一种产权关系。

2. 股权融资的优势

股权融资需要建立较为完善的公司法人治理结构。公司的法人治理结构一般由股东大会、董事会、监事会、高级经理组成，相互之间形成多重风险约束和权力制衡机制，降低了企业的经营风险。在金融交易中，人们更重视的是信息的公开性与可得性，证券市场在信息公开性和资金价格的竞争性两方面来讲优于贷款市场。如果借贷者在企业股权结构中占有较大份额，那么他运用企业借款从事高风险投资和产生道德风险的可能性就将大为减小，借款者按照贷款者的希望和意愿行事的动力就越大，银行债务拖欠和损失的可能性就越小。

3. 股权融资的不足

当企业在利用股权融资对外筹集资金时，企业的经营管理者就可能进行各种非生产性的消费，采取有利于自己而不利于股东的投资政策等道德风险行为，导致经营者和股东的利益冲突。当代理人利用委托人的授权为增加收益而损害和侵占委托人的利益时，就会产生严重的道德风险和逆向选择。当企业利用负债融资时，如果企业经营不善，经营状况恶化，债权人有权对企业进行破产清算，这时，企业经营管理者将承担因企业破产而带来的企业控制权的丧失。

4.股权融资需考虑的问题

（1）考虑合伙人的专长和经验。股权融资后，无论公司的大事小事，合伙人之间都要一起商量，一些重要的事，甚至还得全部合伙人同意。公司赚的每一分钱，不管是否和合伙人直接相关，大家都按照事先约定好的股权比例进行分配。如果合伙人在业务方面没有专长，而又缺乏相应的经验，有时会影响到企业的正常运作，甚至会造成运营困难。

（2）对企业控制权的把握。投资方获得企业的一部分股份，必然导致企业原有股东的控制权被稀释，甚至有可能丧失实际控制权。

（3）机会风险。由于企业选择了股权融资，从而可能会失去其他融资方式可能带来的机会。建议融资方应在了解了股权融资风险及应对策略后再进行股权融资。

（三）债权融资

债权融资也叫债券融资，是有偿使用企业外部资金的一种融资方式。包括银行贷款、银行短期融资（票据、应收账款、信用证等）、企业短期融资券、企业债券、资产支持下的中长期债券融资、金融租赁、政府贴息贷款、政府间贷款、世界金融组织贷款和私募债权基金，等等。债权融资所获得的资金，企业首先要承担资金的利息，另外在借款到期后要向债权人偿还资金的本金。

1.债权融资的特点

债权融资获得的只是资金的使用权而不是所有权，负债资金的使用是有成本的，企业必须支付利息，并且债务到期时须归还本金。债权融资能够提高企业所有权资金的资金回报率，具有财务杠杆的作用。债权融资除在一些特定的情况下可能带来债权人对企业的控制和干预问题，一般不会产生对企业的控制权问题。

2.债权融资的优势

（1）成本低，风险低。

债权融资的成本较低。从投资者角度来讲，投资于债权可以受限制性条款的保护。根据《中华人民共和国合同法》第八十条的规定，债权人转让权利的，应当通知债务人。未经通知，该转让对债务人不发生效力。所以只需通知债务人即可，并不一定要债务人的同意。其风险较低，相应地要求较低的回报率，即债权的利息支出成本低于普通股票的股息支出成本。

从筹资公司来讲，债权的利息是在所得税前支付，有抵税的好处，显然债权的税后成本低于股票的税后成本；从发行费用来讲，债权一般也低于股票。

债权投资在非破产情况下对公司的剩余索取权和剩余控制权影响不大，因而不会稀释公司的每股收益和股东对公司的控制。

（2）既有一笔营运资本，又有看跌期权。

公司运用债权融资，不仅取得一笔营运资本，而且还向债权人购得一项以公司总资产为基础资产的看跌期权。若公司的市场价值急剧下降，普通股股东具有将剩余所有权和剩余控制权转给债权人而自己承担有限责任的选择权。

（3）具有杠杆作用。

不论公司盈利多少，债权持有人只收回有限的固定收入，而更多的收益则可用于股利分配和留存公司以扩大投资。

3. 债权融资的不足

债权融资有固定的到期日，须定期支付利息，如不能兑现承诺则可能引起公司破产。

债权融资具有一定限度，随着财务杠杆的上升，债权融资的成本也不断上升，加大财务风险和经营风险，可能导致公司破产和最后清算。

公司债权通常需要抵押和担保，而且有一些限制性条款，这实质上是取得了一部分控制权，削弱经理控制权和股东的剩余控制权，从而可能影响公司的正常发展和进一步的筹资能力。

4. 债权融资需考虑的问题

首先，考虑经营过程中的获利是否能够超过借款的利息支出及其他费用支出。如果收益低于借款的利息，那就要考虑是否有必要借款。其次，慎重考虑借款期限。借款周期太短，还没来得及获利就要还款，加重了企业的负担，得不偿失。再次，需要确定合理的借款金额。金额太小不能维持企业的运营，金额太大会加重运营成本。最后，选择合适的银行。不同的银行会根据企业的情况给予不同的额度，同时也会附带不同的要求，要综合考虑多方面因素，最终选择最合适的金融机构。

第四节　创业资源管理

一、不同类型资源的开发

⭐ 案例描述

联邦快递（Federal Express）公司成立于1973年，全球总部设在美国田纳西州的孟菲斯，另在中国香港、加拿大安大略、多伦多和比利时布鲁塞尔设有区域总部。

目前，联邦快递在全球拥有148,000名员工，拥有大约1,200个服务中心，超过7,800个授权寄件中心，435,000个投递地点，45,000辆货运车，662架货机，服务机场覆盖全球365座大小机场，服务范围遍及全世界210多个国家，日平均处理的货件量多达330万份。

联邦快递以其无可比拟的航空路线权以及强固的信息技术基础设施，在小件包裹速递、普通递送、非整车运输、集成化调运系统等领域占据了大量的市场份额，成为全球快递运输业泰斗，并跃入世界500强企业。

联邦快递公司的创立者、总裁弗雷德·史密斯的父亲是位企业家，创立了一家经营得很好的巴士公司。20世纪60年代，弗雷德在耶鲁大学读书时，撰写过一篇论文，提出一个超越传统意义上的通过轮船和定期客运航班运送包裹，而是建立一个纯粹的货运航班，用以从事全国范围内的包裹邮递的设想。这是一个开创性的创业设想。

弗雷德在论文中提出，在小件包裹运输上采纳"轴心概念"理念，并利用寂静的夜晚通过飞机运送包裹和邮件。

可是老师并未认可这个创新理念，这篇论文只得了个C。

毕业后弗雷德曾在越战中当过飞行员。回国后他在可行性研究基础上，把从父亲那里继承的1000万美元和自己筹措的7200万美元作为资本金，建立了联邦快递公司。

实践证明：弗雷德的"轴心概念"的确能为小件包裹运输提供独一无二的有效辐射状配送系统。

弗雷德的出奇之处不仅在于小件包裹运输采纳"轴心概念"的营销模式创新，更在于他能够把人们忽略的时间运用起来，把本来是低谷的时段变成一种生意的高峰期。

田纳西州的孟菲斯之所以被选择作为公司的运输中央轴心所在地是因为，首先，孟菲斯为联邦快递公司提供了一个不拥挤、快速畅通的机场，它坐落在美国中部地区；其次，是孟菲斯气候条件优越，机场很少关闭。正是由于摆脱了气候对于飞行的限制，联邦的快递竞争潜力才得以充分发挥。

每到夜晚，就有330万件包裹从世界各地的210多个国家和地区起运，飞往田纳西州的孟菲斯。

成功的选址也许对其安全记录有着重大贡献，在过去的几十年里，联邦快递从来没有发生过空中事故。联邦快递的飞机每天晚上将世界各地的包裹运往孟菲斯，然后再运往联邦快递没有直接国际航班的各大城市。虽然这个"中央轴心"的位置只能容纳少量飞机，但它能够为之服务的航空网点要比传统的A城到B城的航空系统多得多。另外，这种轴心安排使得联邦快递每天晚上飞机航次与包裹一致，并且可以应航线容量的要求而随时改道飞行，这就节省了一笔巨大的费用。此外，联邦快递相信，"中央轴心"系统也有助于减少运送上的误导或延误，因为从起点开始，包裹在整个运输过程都有一个总体控制的配送系统。

弗雷德专门用于包裹邮递的货运航班，为全国以及后来为全世界客户提供了方便、快捷、准时、可靠的服务。创新的营销模式为其提供了低成本、高效、安全和全天候的物流系统，因而联邦快递迅速发展，从创业到成长为世界500强企业只用了短短20多年的时间。

⭐ 思考分析

联邦快递在创业过程中是如何开发创业资源并进行管理的？

创业者能否成功地开发出机会，进而推动创业活动向前发展，通常取决于他们掌握和能整合到的资源以及对资源的利用能力。许多创业者早期所能获取与利用的资源都相当匮乏，而优秀的创业者在创业过程中所体现出的卓越创业技能之一，就是创造性地整合和运用资源，尤其是那种能够创造竞争优势，并带来持续竞争优势的战略资源。尽管与已存在的进入成熟发展期的大公司相比，创业型企业资源比较匮乏，但实际上创业者所拥有的创业精神、独特创意以及社会关系等资源，却同样具有战略性。因此，对创业者而言，一方面要借助自身的创造性，用有限的资源创造尽可能大的价值；另一方面更要设法获取和整合各类战略资源。

🎓 概念知识

不同类型的创业资源有不同的特点，因此要结合企业自身的实际情况以及所面临的实际需求，对所需要的创业资源进行开发。

1. 资源开发的原则

第一，对现有创业资源进行优化配置。这就需要创业者对创业资源进行分类排序，当然这不是说某种资源比其他资源更重要，而是指企业处于某一特定的阶段，在这一阶段起主导作用的资源是什么，起辅助作用的资源是什么，从而确保在资源配置时做到重点突出。

第二，要考虑"木桶效应"，进行查缺补漏。在进行资源管理过程中，不能一味地考虑起主导作用的资源，一味地加大对起主导作用的资源的投入，而忽视其他资源。创业者还要考虑哪种资源缺乏可能导致其他资源的浪费，因为木桶的盛水量是由最短的那块木板决定的。所以，在对重点资源进行优化配置的过程中，还要考虑企业未来发展中可能缺少的资源，对潜在的资源枯竭问题进行预判，充分做好资源储备"预算"管理方案，这样才能使各种创业资源在不同的阶段实现最佳的配置。

第三，以够用和能用为原则。资源并不是越多越好，够用就行，因为有时候资源太多会造成资源浪费和效能溢出，最终导致成本提升，效率下降。在获取创业资源的时候，还应该坚持能用的原则，只有满足自己的需求，自己可以支配并使其充分发挥作用的资源，才是需要获取的资源。

2. 人力资源的开发

人力资源是企业生存和发展的关键，运用好人力资源带来的效益是企业创业成功与否的关键因素。依据企业战略目标、组织结构变化，对人力资源进行调查、分析、规划、调整，提高组织或团体现有的人力资源管理水平，使人力资源管理效率更好，为团体（组织）创造更大的价值。

（1）建立起完善的激励体系。激励体系首先体现公平的原则，要建立一套行之有效的管理体系，在激励中严格按制度执行并长期坚持；其次要与考核制度结合起来,这样能激发员工的竞争意识,充分发挥人的潜能;最后是制定制度要体现科学性。只有贯彻竞争机制,才能使人感到有压力、有动力、有活力,才能够出成果、出效益、出人才。企业必须系统地分析、搜集与激励有关的信息,全面了解员工的需求和工作质量的好坏,不断地根据情况的改变制定出相应的政策。

(2)建立起培训机制。员工培训是组织人力资源管理与开发的重要组成部分和关键职能,通过培训可以促进企业与员工的沟通,增强企业向心力和凝聚力,有助于塑造优秀的企业文化,使员工更好地融入到企业文化中;可以使员工掌握工作中所需的知识和技能,挖掘和激励员工潜在的能力,使其自觉学习知识和技能,提高自身的责任感与使命感;还可以使员工感受到企业对他们的关心、重视,满足员工的归属感,培养敬业精神,以应对企业发展对员工的新挑战。因此,培训机制也是增强企业组织效益的关键途径。形成良好的企业氛围,有助于企业人才成长,提高企业在大环境中的竞争力,成为行业中的中流砥柱。

(3)善待员工。善待员工是实现组织高效与成功的关键因素。但知易行难,要做到这一点,企业与个人都需采取一系列非常复杂的行动。企业必须开发出令员工既有所激励又富有满足感的管人之道,员工则需要帮助企业实现高效、出色的运作。

(4)要量才而用。是不是人才,关键看你把他放在什么位置上,让他去做什么事,只要他在这个位置上能够做好、能做出成绩来,他就是人才。如果不行,即使他是硕士、博士,他也不是人才。这就是说,企业用人要坚持量才适用的原则。

(5)分工尽可能明确。在人力资源开发时,要进行全面的工作分析,使企业中每个员工职责分明、分工明确,从而调动员工的积极性,提高工作效率。

(6)引入外部力量。即企业可以借助外部的力量来帮助完成企业内部非核心的一般性工作。这些非核心的工作诸如薪酬管理、人事档案、社保统筹以及培训、交流、学习、继续教育等可以有效地降低企业的运营成本,提高企业的经营效益,增强企业应对市场环境变化的能力,因而对于初创企业来说无疑会产生积极的推动作用。

3.信息资源的开发

第一,抓住有用的信息。可以利用政府部门的对外宣传渠道收集政策,利用政府主导的开发项目招标收集市场信息。也可以通过查阅相关书籍收集相关创业知识、技术知识,或者借助咨询机构了解相关行业的市场调研报告及买卖双方的信息。

第二，开发信息资源应该得到创业者的高度重视。信息是资源，更是财富，只有懂得信息的价值和信息资源的重要性，才会积极寻找和利用信息资源，才会去开发信息资源中的价值。

第三，新创企业在开发信息资源时，要整合管理好企业外部的资源。新企业除了整合管理好自己内部信息资源之外，更要管理好企业外部的资源。相对于企业内部，外部的信息更多、更繁杂、更新速度也更快，因此更需要及时整合管理好。

4. 技术资源的开发

新创企业成功的关键是首先要开发出或者寻找到成功的创业技术。

第一，通过自己研发获得。由于研发项目耗时耗力，所以需要一定的科研水平和科技成果积累。借助他人技术成果获得，可以通过购买软件知识类技术成果或者吸引技术成果持有者加入团队，吸纳相关技术；参加培训获得，利用各类技能培训和学术交流活动，强化企业团队成员的能力水平从而获得相关的技术资源。

第二，整合企业外的技术资源。相对于企业内部的技术资源，企业外部的技术资源范围更广，种类更多，选择余地更大。而且有些技术比企业原有的技术更先进、更有效、更实用。这时合理地整合外部的技术资源，一定程度上能节约企业的相关成本，促进企业进一步的发展。

5. 资金资源的开发

资金对于任何一个企业来说，都是最根本的，这也是企业运营的基本保障。因此，资金资源的开发是事关企业生存的重中之重。

（1）了解资金提供者的相关信息。对于资金提供者，要了解他的相关信息，以确保资金能够正常使用。如果是一些违规的资金，那有可能会给企业带来意想不到的损害，甚至可能影响到企业的正常运行。

（2）设计独特的商业模式。每个公司都有自己的商业模式，好的商业模式可以形成壁垒，比如茅台，通过文化形成了独一无二的产品，构成了深深的"护城河"，有自己的定价权。

（3）克服"技术钟爱"或"产品偏执"的情结。不要陷到技术和产品里面去就技术谈技术、就产品谈产品地孤芳自赏，而要考虑到实际资金资源的使用情况，如何有效地降低开发使用成本，扩大企业的收益。

二、有限创业资源的创造性利用

⭐ **案例描述**

提起朱新礼，似乎没有多少人知道，但是提起汇源果汁则无人不知，无人不晓。朱新礼便是汇源果汁的创始人。人们之所以不像知道宗庆后一样知道他的大名，大概与其作风过于低调，很少在媒体上抛头露面有极大的关系。

朱新礼虽然作风低调，但是行事绝不低调，而且相当有胆识，从他的发家史便能看出。他原来是山东省沂源县的一名国家干部，官至县外经委主任。但是在1992年，他却突然辞职下海，冒天下之大不韪，毅然买下当地一家亏损超过千万元的罐头厂。

其实他所谓的买下，只不过是一张兑现时限久远的期票。作为一个刚刚辞职不久的前国家干部，朱新礼根本不可能有那么多钱来购买这家工厂。但是他答应用项目来救活罐头工厂，养活原厂数百号工人，外加承担原厂450万元债务等条件，空手套白狼，成功地将罐头厂买下。

朱新礼虽然成功地买下了罐头厂，但是自己没有钱，厂子里有的也只是债务，想要迅速扭亏为盈还是比较困难的。当时手头缺钱的朱新礼很快就找到了新办法，就是搞补偿贸易。所谓补偿贸易，是国际贸易的一种常用做法。在那个时代，这一做法在国内却鲜为人知，而且在相关法律方面也属于灰色地带。朱新礼大胆地引进外国设备，以产品做抵押，在一定期限内将产品返销外方，以部分或全部收入分期或一次抵还合作项目的款项，一口气签下800多万美元的单子。朱新礼当时答应对方分5年返销产品，部分付款还清设备款。1993年初，在德国派来的20多个专家、工程技术人员的指导下，朱新礼的工厂开始生产产品，步入正轨。

不久，朱新礼听说德国将连续举办两次国际性食品博览会。他觉得这是一个很大的机会，就立即购买机票，单刀赴会（朱没有带翻译是因为当时他买不起两张机票）。在当地华侨的帮助下，朱新礼先后在德国慕尼黑和瑞士洛桑签下第一批业务：3000吨苹果汁，合约额500多万美元。朱新礼由此掘得了他事业成功的第一桶金。

★ 思考分析

朱新礼在资源有限的情况下，是如何买下罐头厂的？是整合资源开展业务的，并还清罐头厂所欠的债务？最终又是如何发掘出他自己事业的第一桶金的？

📖 概念知识

在创业者识别和获取资源之后，并不能保证新企业的存活。创业者根据不同的创业理念将资源的价值和潜能加以整合转化为新企业所特有的资源基础。

1. 控制资源利用

控制资源利用是指在缺乏资源的情况下，创业者分多个阶段投入资源，并且在每个阶段或决策点投入最小的资源，因此也被称为"步步为营"法。

步步为营的策略首先表现为节俭，设法降低资源的使用量，降低管理成本。其次表现为自力更生，最大限度地降低对外部融资的依赖，充分发挥企业内部资金的作用，使经营风险最小化。

有时候企业不能及时获得来自银行家或投资者的资金，所需外部资金来源受到限制，这时原有的资源就要充分有效地使用，让资源发挥最大的效用。

2. 创造性拼凑

创造性拼凑是指在资源约束条件下，创业者为了解决新问题，开发新机会，整合手边现有资源，立即行动，创造出独特的服务和价值。

（1）身边的已有资源。创业者通常利用身边能够找到的一切资源进行创业活动，有些资源对他人来说也许是无用的、废弃的，但创业者可以通过自己的独有经验和技巧，加以整合创造。

（2）整合资源实现新目的。拼凑者善于用发现的眼光，洞悉身边各种资源的属性，将它们创造性地整合起来用于新目的。

（3）凑合使用。拼凑的载体往往是手头边的一些"零碎"资源，出于时间和成本的考虑，这种先天不足从一开始就注定拼凑出的东西品质有限，凑合使用。

（4）手段导向型资源拼凑。其特点在于整合利用可动员的分散资源来有效突破资源约束的制约。

（5）基于社会关系网络的资源拼凑。又称"网络拼凑"，是指创业者通过社会关系网络来获取和利用资源的一种战略。

3. 发挥资源杠杆效应

资源的杠杆效应是指以最小的付出获取最多的收获的现象。通常有如下表现形式：第一，利用一种资源换取其他资源；第二，创造性地利用别人认为无用的资源；第三，能够比别人有更长的时间占用资源；第四，借用他人或其他公司的资源来达成创业者自身的目的；第五，用一种富裕资源弥补一种稀缺资源，产生更高的附加值。

三、 创业资源整合的基本方法

⭐ **案例描述**

牛根生刚开始只是伊利的一个洗碗工，凭着自己的勤奋和聪明做到生产经营副总裁。后来因各种原因辞职时他已经40多岁了，去北京找工作，人家嫌弃他年纪大。没有办法又回到呼和浩特，邀请原来伊利的几个同事，一起出来创业。人有了，但是，没有奶源，没有工厂，没有品牌，每一项都是致命的。

牛根生通过人脉关系找到哈尔滨一家乳制品公司，这家公司设备都是新的，但是生产的乳制品质量有问题，同时营销渠道没有打通，所以产品一直滞销。牛根生马上找到这家公司的老板说："你来生产，我们这边都是伊利技术高层，帮忙技术把关，牛奶的销售铺货我们也承包了。"这位老板一听，马上答应下来。这样他们几个一起出来创业的伙伴也有了落脚的地方，解决了生存的问题。

第二个问题，没有品牌怎么办？在乳制品这个行业，没有品牌很难销售，因为品牌代表着安全可靠。借势，整合，打出"蒙牛甘居第二，向老大哥伊利学习"的口号。这样，一个不知名的名牌马上挤进全国前列。牛根生不只是盯着伊利，而是把自己和内蒙古的几个知名品牌联系起来，说："伊利，鄂尔多斯，宁城老窖，蒙牛为内蒙古喝彩！"因为前三个都是内蒙古的驰名商标，自己放在最后，给人感觉就是内蒙古的第四品牌。牛根生整合品牌资源，没有花一分钱就让自己的品牌成为知名的品牌。

第三个问题，没有奶源怎么解决？蒙牛整合了三方面的资源。第一个是农户，第二个是农村信用社，第三个是奶站的资源。借信用社的钱给奶农，由蒙牛担保，且承包销路，生产出来的奶由奶站接收，形成一个良性循环。

★ 思考分析

　　牛根生是白手起家创业的，刚开始的时候他几乎没有任何自己的资源，但是他寻找身边的各种创业资源进行整合，一步一步推进，最终成功创业。

　　整合资源，发挥自己的长处，整合别人的优势，用更少的成本创业，或者说零成本创业都有可能。

📖 概念知识

1. 寻找式资源整合

　　创业之初，创业所需资源主要依靠自身的努力来获取。但是仅仅依靠从自己的身边获取的创业资源很难维持企业的发展，要想使企业继续发展，就不得不从外界寻找创业资源。寻找式资源整合主要是结合自身创业团队的资源情况，分析资源储备存在的不足，提出整合外界资源的方案，进行积极地寻找和整合所能利用的创业资源。这就要求创业者具备较强的预见力和洞察力。较强的预见能力可以让创业者准确把握自己所在行业的发展热点和竞争焦点，而洞察力是一种从不同类型的信息中获得知识的能力，只要拥有较强的预见能力和洞察能力才能在诸多的资源中获取对自己创业有所帮助的资源。

2. 累积式资源整合

　　创业中期，企业得到了一定的发展，也积累了一些企业赖以生存发展的创业资源。这段时期，企业正处于发展关键期，创业资源需要不断累积和增加，这需要创业者掌握累积式的资源整合方法。为了使已获得的创业资源发挥其最大的效能，创业者必须在初创企业的发展过程中，进一步了解创业资源的特征，以便于更好地整合利用。也就是说为了有效利用已获得的创业资源，需要对其进行分析、归类。只有对已有的资源进行准确的分析定位，才能在此基础上进一步地整合利用，才能发挥资源的最大效能，不断提高企业的核心竞争力。

3. 开拓式资源整合

　　企业取得初步发展之后，创业者要想使企业继续快速发展，就必须采用开拓式创业资源整合。开拓式创业资源整合强调创新能力，当今社会的竞争，与其说是人才的竞争，不如说是人的创造力的竞争。创新是一个企业发展的动力和灵魂，没有创新的企业是很难成长和发展的。开拓式创业资源整合要求我们要不断地把创新式思维注入其中，用创新的视角去寻找具有创新点的创业资源。特别是继续寻找企业新的增长点，在新的增长点上充分开拓和整合利用资源。这一点对创业基础较为薄弱的大学生创业者来说尤为重要。

4. 资源整合原则

（1）渐进原则。

对于任何一个创业企业或者创业团队来说，有利的创业资源都是难以完全发掘、配置和利用的。因此，就必须遵循渐进的原则，根据对资源的需求程度以及资源开发和利用的成本、收益和不确定性的综合考虑，逐步寻找和利用各种创业资源。也就是说，对于每一种创业资源，都应当选择一个适当的整合时机，以降低资源的维护成本。

（2）双赢原则。

基本上，我们所发掘和使用的每一种创业资源实际上也都是一个相对独立的利益体。因此在开发和使用这些资源的时候，就不能仅仅从创业企业的自身利益出发，而必须坚持双赢的原则。尤其是需要长期使用的创业资源，更要重视对方的既得利益。

（3）量力原则。

不仅对于不同的资源需要渐进开发和使用，即使对于同一种创业资源，也存在着逐步开发的问题。尤其是对于创业团队和创业企业来说，资源开发的能力和经验都相对较弱，因此就更需要采取量力而行的原则，按部就班地对某一种创业资源进行开发和使用。

思考题

1. 如何甄别创业资源？
2. 创业资源的具体含义和分类是什么？
3. 不同的创业资源在创业过程中起到什么作用？
4. 创业过程中如何获取自己所需要的创业资源？
5. 如何有效地进行创业融资？
6. 如何对创业资源进行有效的管理？

07 创业计划

导言

　　创业计划是创业者叩响投资者大门的"敲门砖"，一份优秀的创业计划往往会使创业者达到事半功倍的效果。

　　创业计划也是一份全方位的商业计划，其主要用途是递交给投资商，以便于他们对企业或项目做出评判，从而使企业获得融资。它是用以描述与拟创办企业相关的内外部环境条件和要素特点，为业务的发展提供指示图和衡量业务进展情况的标准。通常创业计划是结合了市场营销、财务、生产、人力资源等职能计划的综合。

第一节　创业计划概述

　　创业计划是创业的行动导向和路线图，既为创业者行动提供指导和规划，也为创业者与外界沟通提供基本依据。

　　创业计划需要阐明新企业在未来要达成的目标，以及如何达成这些目标。创业计划要随着执行的情况而进行调整。

一、创业计划的作用

🔖 概念知识

　　创业计划是创业者把握企业发展的总纲领，为企业经营活动提供依据与支撑，是企业活动的有力依据和有效支撑，对创业行动具有指导作用。

1. 为创业者行动提供指导和规划

　　大学生创业者应该认真对自己所有的资源、已知的市场情况和初步的竞争策略做出尽可能详尽的分析，并提出初步的行动计划，做到心中有数。对于初创企业来说，创业计划的作用显得尤为重要，由于在酝酿计划时，通常都是很模糊的，创业者通过制订创业计划，把优劣都写下来，再逐条推敲，就能对这一项目有更加清晰的认识。

2. 使创业者降低犯错误的成本

　　创业计划应对企业可能面临的风险和突发事件等做出相应的分析并设计出规避措施，这些都有助于新企业在面临危机时快速找出相对应的解决方案。

3. 为创业者与外界沟通提供依据

　　这主要表现在：寻求战略性合作伙伴和签订大规模的合同；寻求风险投资；吸引优秀管理人员；获得银行资助。

⭐ 案例描述

　　广告设计与制作专业的大三学生李瑞清在日常生活中发现，现在年轻人社交活动越来越多，对个性化的社交活动需求量也在不断扩张，觉得是一个很大的市场，决定和几个要好的同学组成团队，满足这方面的市场需求。根据调查，她们发现现有的派对策划团队仅仅只能给客户提供单一方向的服务，而她们可以提供从派对策划开始，包括场地租赁、演艺安排、模特公关乃至现场执行与后期活动总结和信息采集等一系列服务，并且给予客户低于市场价的优惠，免除客户的后顾之忧，真正做到"一站式派对服务"。她们就此组成了创业团队，也开发了相应的APP，整合了线下的资源，成立了WOZ跨界整合式派对平台。这个集场地、预订、管理等功能于一体的社交平台，满足了各类派对活动以及展示的需求。有效连接对场地有需求的派对策划人和场地管理者，成为两者需求对接的桥梁。同时WOZ平台吸引大量派对达人，让更多伙伴随时随地知晓参与潮流派对，拓展人脉，丰富闲暇时光。他们根据这个项目写了创业计划，获得了"玉佛禅寺觉群大学生创业基金"，开始了她们的创业旅程。

★ 思考分析

当创业者拥有了创意，识别出创业机会，明确了创业目标，在产品/服务、资金、市场、人脉等各方面已经具备一定的条件或已经累积了相当实力，这时候，往往需要撰写一份完整的创业计划。

创业计划是创业的行动导向和路线图，既为创业者的行动提供指导和规划，也为创业者与外界沟通、寻求帮助提供基本依据，因而对于创业成功具有十分重要的作用。

二、创业计划的内容

概念知识

创业计划的内容包括企业的目的与目标、产业背景与公司概述、市场调查与分析等。

（1）创业目的与目标。包括创业地区、创业业务类别、创业性质及为什么要设计此项计划，它对社会发展有何作用以及最高预期效益。

（2）产业背景与公司概述。包括对创业背景和主客观条件的详细描述、主要竞争对手的分析、市场进入和开发策略。

（3）市场调查与分析。包括阐释顾客、市场份额、市场发展走势。

（4）公司战略。包括营销计划、规划和开发计划、制造和操作步骤。

（5）应急计划。包括如何应付可能出现的风险和问题。

（6）创业团队。包括参与创业人员的数量、专业特长、个人简历、社会实践经验、主要技术成果、合作单位或合作人员。

（7）组织管理。包括创业团队各成员的教育和工作背景，介绍领导层成员、创业顾问以及主要投资人的情况。

（8）可行性分析。包括创业的法律依据、拟审批程序、所需资金数额、资金来源、资金投向、风险分析、可借鉴的成功经验、应注意的问题。

（9）财务预测。包括收入报告、平衡报表。

（10）实施方案。包括创业前的准备、创业的阶段及各阶段的重点、创业所需的时间、所需的外部支持、具体困难的应对办法等。

⭐ 案例描述

餐饮连锁店计划书

1. 计划书摘要

自初中开始住校以来，"吃饭"问题一直是一个令人头疼的问题。由于学校食堂普遍是饭菜种类少、质量差、营养搭配不合理、速度慢，且营业方式单一，因此虽然价格较低，但很少能真正受学生欢迎。学生虽然抱怨多，也可以到校外就餐，但大多数学生迫于经济因素，不得不在学校食堂就餐，这样可能会导致很多问题。于是，营养不良、胃病等病症在大学生中屡见不鲜，这给大学生身心健康埋下了隐患。因此我们决定整合食堂和饭店的优缺点，创建一家以学生为主要对象的餐饮连锁店。

2. 产品简介

单元店位于大学生聚集的中心地段，主要服务对象是大学生、教师，经营面积为200平方米左右。经营范围以日常主食和休闲小吃为主，主要提供早餐、午餐、晚餐、快餐配送以及特色冷饮和休闲小吃等。品种多，口味全，营养丰富，使就餐者有更多的选择，午餐和晚餐尽可能地融合各地不同口味菜式，休闲小吃则提供各种冷饮、糕点，如果汁、冰粥、刨冰、冰豆甜汤、冰冻咖啡、水果拼盘及各种面包、蛋糕等。餐厅采用自助快餐的方式，使顾客有更轻松的就餐环境与更多的选择空间。餐厅装饰自然、随意，富有现代气息、文化气息，整体感观介于家庭厨房与酒店厨房之间。

3. 行业及市场情况

大学饮食质量不高已成为公认的问题，食堂仅仅是满足了学生们的温饱问题，而质量却远远没有达到要求。部分大学的饮食状况令人担忧，甚至有的大学食堂出现了集体中毒事件。

为了保障大学生的饮食安全，提高大学生的饮食质量，本公司成立大学校园饮食连锁店，旨在为高校大学生提供价格低廉、安全高质，并富有特色的食品，同时为在校学生提供一些兼职，帮助他们减轻生活费不足的压力。

优势分析：本餐厅经营解决了学校食堂饭菜种类单一、经营模块单一、卫生没有保障等问题，且比食堂更方便快捷，节约时间。另外……

劣势分析：刚起步，规模小，经营管理模式不成熟，市场知名度低。而且，因为学校假期是固定的，寒暑假期间的客源会骤降，这将会是一个比较难以解决的问题。

机会分析：略。

市场竞争分析：略。

4. 组织与管理

餐厅采用学校连锁制式，会员刷卡积分模式。单元店面发展缓慢，所以采用在一个省份内各个不同阶段的高、中校连锁模式，这样可以保留一大批的长期顾客。因为学生是主要的消费主体，所以采用会员刷卡制主要出于以下几点考虑：① 学生在各校间的流动性强，持一张卡在本餐厅所属各连锁店均可消费；② 学生家庭贫富差距不一，刷卡消费，可以给广大同学提供一个心理平衡层面；③ 现金支付特别是大面额钞票支付存在很多弊端，如找零麻烦、掏钱过程中容易丢失其他财物等；④ 通过积分制度，可以享受本店的优惠政策，减轻生活负担；⑤ 减少现金上细菌的直接传播。

单元店设置店长1名，收银员1名，厨师3名，服务生3名，每周提供兼职服务生若干名。

（1）经营理念侧重点。

……

（2）店面设计视觉识别。

……

5. 营销策略

促销策略：前期宣传大规模，高强度，投入较大。后期宣传重视已有顾客关系，借此进行口碑渐推营销。定期策划和组织各种活动，如赞助学校组织的晚会，针对节假日开展有针对性的促销活动等，通过活动时时提醒顾客的消费意识。

营销组合策略：略。

技巧化营销策略：略。

6. 产品制造

（1）餐厅采取厨师独立操作间、荤素独立生产间、清蒸间等，以自助餐的方式，免费提供茶水和鲜汤。创新操作技术与方法，科学合理搭配营养，使口感更符合消费者的需求，确保食品新鲜、卫生、健康，以求贴近师生，超越同行，赢得更多顾客。此外，本餐厅还推出特色烧烤、种类繁多的饮品、情侣套餐、节日套餐、风味套餐等，这也将成为本店的一大特色。

……

7. 融资说明

自筹资金。

8. 财务计划

（1）据计算可初步得出单元店面开业启动资金约需55000元。开设店面10家，包括场地租赁费用5000元，餐饮卫生许可等证件的申领费用600元，场地装修费用10000元，厨房用具购置费用3000元，基本设施及其他费用等5000元，员工工资5000元，以及备用基金等。

（2）运营阶段的成本主要包括员工工资、材料采购费用、场地租赁费用、税、水电燃料费，杂项开支等。

（3）每日经营财务预算及分析：据预算分析及调查，可初步确定市场容量，并大致估算出每日总营业额约为6000元，收益率40%，由此可计算出投资回收期最长约为一个月。

9. 市场风险评估与防范

（1）市场风险。

市场是不断变化的，所以我们必须考虑到市场的风险，具体有以下几种风险可能。

① 在本项目开发阶段的风险：市场上可能会同时出现类似的餐厅开业。

② 公司生产经营阶段的风险：略。

③ 内部管理风险：略。

④ 原料资源风险：略。

（2）防范措施。

① 汲取先进的生产设备与经验，开发出自己的特色食品。

② 严格管理，定期做员工素质拓展培训。

......

10. 项目实施进度

主要包括申请注册、与校方协商、店面装潢、设备配置安装、筹备开业营业等，用时约一个月。

⭐ 思考分析

写一份好的创业计划，可以让投资人、合作伙伴、供应商相信自己的创业意图与创业信心，可以说创业计划是创业者必不可少的创业资料。

创业计划聚焦于特定的策略、目标、计划和行动，可能的读者包括：希望吸纳进入团队的对象、可能的投资人、合作伙伴、供应商、顾客、政策机构等。

三、创业计划的信息搜集

📖 概念知识

创业计划的准备过程，其实也是创业者搜集信息的过程，是分析并预测创业项目所存在的问题及给出解决方案的过程。

1. 市场信息

产品或服务的潜在市场信息对创业者尤其重要。为了判断市场规模，创业者需要明确地定义企业的目标市场。目标市场的确定将会使新创办企业的市场规模和市场目标比较容易确定，也能够比较客观地评估市场的发展潜力与前景。这些资料可以来源于相关领域组织机构发布的调研报告，也可以通过自己的市场调查来获得。此外，为了获得更丰富真实的市场信息，创业者需要花费较多的资源和时间去进行市场调查。

2. 运营信息

企业运营管理涉及的信息主要包括以下几个方面。

（1）地点。创业计划中应确定企业的经营地点，地点的选择应考虑到企业的业务需要，是否方便顾客，是否方便供应商或经销商，是否便于开展销售，价格是否合理以及当地的有关政策与法律法规等。

（2）生产。如创办的是生产型企业，为了保证企业生产的正常运行，应明确企业需要拥有或掌握哪些技术，需要购买哪些机器设备，同时也应该明确具体的工序是由企业自己完成还是分包给其他企业等。

（3）原料。生产产品需要哪些原材料，这些原材料由谁提供以及原材料的价格，原材料的供给有没有保障等。

（4）设备。需要哪些生产设备，设备是购买还是租赁，设备的维护与保养怎么解决等。

（5）员工。需要什么样的工人，工人的能力要求、基本薪资等。

（6）其他。经营企业可能涉及的其他各项投入与开支，如日常办公支出、业务开支、缴纳税款等。这些信息是反映企业正常运作所必需的，在创业计划中应该加以明确。

3. 财务信息

创业者必须对企业的资金需求、资金周转、盈利能力有一个全面的评价。这些信息可以帮助创业者更好地理解企业运作的命脉——资金的需求与管理，帮助企业更好地提升资金运作的效率，有效防范资金运作的风险。同时，可以更有效地向投资者展示企业的发展前景与盈利预测。这些信息主要包括以下几个方面。

（1）资金的需求与来源。创办这家企业需要多少资金，为什么需要这么多的资金，创业者自己准备出资多少，不够的资金计划如何解决。

（2）未来的销售状况。未来三年企业能实现多少销售额及相应的费用开支，何时开始盈利，盈利情况如何。

（3）企业的投资收益。企业每一年的盈利状况，投资回报率如何，投资回报期预期有多长。

（4）风险资本的退出。如果引入风险投资，风险资本将在何时以何种方式退出。

⭐ **案例描述**

健身房创业计划书（部分）

这几年的研究调查表明，大学生体质健康状况不容乐观，例如体质下降、容易生病等。这不仅影响了大学生当前的学习，而且也对他们未来所从事的事业产生了不可忽视的影响。尤其是这几年NBA、英超等体育活动的风靡，激发了大学生在竞技场上一展风采的愿望，当下大学生希望通过体育锻炼来增强体质。然而，学校提供的锻炼设施较为陈旧，且目前市场上健身房的收费标准往往超出了大学生的承受能力，因此，开办一间针对大学生的健身房具有明朗的前景。

结合高校学生健身房匮乏的现状，拟选取大学城作为创业的起点，凭借大学城庞大的学生群体及在体能教育方面的优势，可以预见我们拥有庞大的市场空间和发展空间。

★ 思考分析

撰写创业计划之前，需要收集哪些信息，如何有效地收集信息非常重要。

正式撰写创业计划之前，应该根据创业项目的目标搜集相关的信息资料，如市场信息、企业运营信息等。信息的渠道来源多种多样，可以通过开展市场调整等了解相关信息。特别是现在互联网络非常方便，可以为创业者快速提供大量有价值的信息资料。

四、创业计划的市场调查

📖 概念知识

1. 经营环境调查

① 政策、法律环境调查。调查你所经营的业务、开展的服务项目的有关政策法律信息，了解国家是鼓励还是限制你所开展的业务，有什么管理措施和手段。当地政府是如何执行有关国家法律法规和政策的，对你的业务有何有利和不利的影响。

② 行业环境调查。调查你所经营的业务，开展的服务项目所属行业的发展状况、发展趋势、行业规则及行业管理措施。比如，从事美容美发行业，应该了解该行业国内及本地区的发展状况、国际国内流行趋势和先进美容技术、该行业的行业规范和管理制度等；从事服装业的，应该了解服装行业的发展趋势、流行色和流行款式、服装技术发展潮流等。"家有家法，行有行规"，进入一个新行当，应充分了解和掌握该行业信息，这样，才能有助于你尽快实现从"门外汉"到内行的转变。

③ 宏观经济状况调查。宏观经济状况是否景气，直接影响老百姓的购买力。如果企业效益普遍不好，经济不景气，生意就难做，反之生意就好做，这就叫作大气候影响小气候。因此，掌握大气候的信息，是做好小生意的重要参数。经济景气宜采取积极进取型经营方针，经济不景气也有挣钱的行业，也孕育着潜在的市场机遇，关键在于如何把握和判断。

2. 市场需求调查

如果你要生产或经销某一种或某一系列产品，应对这一产品的市场需求量进行调查。也就是说，通过市场调查，对产品进行市场定位。比如经销某种家用电器，应调查一下市场对这种家用电器的需求量，有无相同或相类似的产品，市场占有率是多少。再如提供一项专业的家庭服务项目，你应调查一下居民对这种项目的了解和需求程度，需求量有多大，有无其他人或公司提供相同的服务项目，市场占有率是多少。市场需求调查的另一重要内容是市场需求趋势调查。了解市场对某种产品或服务项目的长期需求态势，了解该产品和服务项目是逐渐被人们认同和接受、需求前景广阔，还是逐渐被人们淘汰、需求萎缩。从技术和经营两方面了解该种产品和服务项目的发展趋势如何，等等。

3. 顾客情况调查

这些顾客可以是原有的客户，也可能是潜在的顾客。顾客情况调查包括两个方面的内容：一是顾客需求调查，例如购买某种产品（或服务项目）的顾客大都是些什么人（或社会团体、企业），他们希望从中得到哪方面的满足和需求（如效用、心理满足、技术、价格、交货期、安全感等），现在好些产品（或服务项目）能够或者为什么能够较好地满足他们某些方面的需要等。二是顾客的分类调查。重点了解顾客的数量、特点及分布，明确你的目标顾客，掌握他们的详细资料，如果是某类企业和单位的话，应了解这些单位的基本状况，如进货渠道，采购管理模式，联系电话，办公地址，某项业务负责人具体情况和授权范围，对某种产品和服务项目的需求程度，购买习惯和特征等。如果顾客是消费者个人，应了解消费群体种类，即目标顾客的大致年龄范围、性别、消费特点、用钱标准，对某种产品和服务项目的需求程度，购买动机、购买心理、使用习惯等。掌握这些信息，为有针对性开展业务做准备。

4. 竞争对手调查

在开放的市场经济条件下，做独家买卖太难了，在你开业前，也许已有人做相同或类似的业务，这些就是你现实的竞争对手。也许你开展的业务是全新的，有独到之处，在你刚开始经营的时候，没有现实的对手。一旦你的生意兴旺，马上就会有许多人学习你的业务，竞相加入你的竞争行列，这些就是你潜在对手。"知己知彼，百战不殆"。了解竞争对手的情况，包括竞争对手的数量与规模、分布与构成、优缺点及营销策略等，做到心中有数，才能在激烈的市场竞争中占据有利位置，有的放矢地采取一些竞争策略，做到人无我有，人有我优，人优我更优。

5.市场销售策略调查

重点调查了解目前市场上经营某种产品或开展某种服务项目的促销手段、营销策略和销售方式主要有哪些，如销售渠道、销售环节，最短进货距离和最小批发环节，广告宣传方式和重点，价格策略，有哪些促销手段，有奖销售还是折扣销售，销售方式有哪些，批发还是零售，代销还是传销，专卖还是特许经营等。调查一下这些经营策略是否有效，有哪些缺点和不足，从而为你决定采取什么经营策略、经营手段提供依据。

⭐ 案例描述

饰品店创业计划书（部分）

据我国权威机构对中国女性饰品市场的调查显示，目前我国女性饰品市场人均占有率不足5%，而发达国家一般都在45%左右，其中最高的是日本东京为98%。据专家预计，我国女性用品消费率正按每年19%的增长率递增，可期待的巨大市场空间和可怜的市场占有率形成了鲜明的对比。就目前而言，可供消费者满意的产品并不多，市场中的产品和店面形式也参差不齐、良莠不分。所以饰品行业的市场发展空间是很大的。

⭐ 思考分析

行之有效的创业计划离不开全面的市场调查，可以通过搜集、整理、分析有关市场营销的数据信息，了解市场现状和发展趋势。

通过市场调查，创业者能了解行业资讯，避免决策错误。调查者在对产品、销售、竞争对手、消费者购买行为等市场行情做出调研后，能基本了解行业情况。

通过市场调查，创业者能准确把握信息，部署有效战略。根据调查结果，创业者能够知己知彼，在了解消费者需求、评估市场运营、发现市场机会和分析行业发展态势的基础上，可以明确企业发展目标，制订营销计划，确立组织和管理要略，确定财务计划。

第二节　创业计划书的撰写和展示

一、创业计划书的撰写

创业计划书是指创业者在创业初期根据自己的创业计划所制作的一份专业的书面文件。它是一份全方位的项目计划，从创业内部的人员、制度、管理以及企业的产品、营销、市场等各个方面对即将展开的商业项目进行可行性分析。它是企业融资成功的重要因素之一，还可以使创业者有计划地开展商业活动，增加成功的概率。

📖 概念知识

1.市场和竞争者分析

（1）市场。创业者和投资者通常会寻找较大的或快速成长的市场，主要是因为这样的市场更容易获得利润。新兴产业里有许多快速增长的领域，因此对创业者来说有着许多机遇。

（2）解决问题。在创业计划书的这一部分我们应解决的问题是：市场规模多大？新公司的顾客是谁？谁会买新产品或服务？顾客是如何决定产品和服务销售的？我们如何影响这一进程？我们的商业计划有什么优势？产品对于顾客有多大的吸引力？我们产品的价格是多少？我们如何决定价格？如何将我们的商业想法传达给潜在顾客？获取新顾客需要花多少时间和资源？生产和提供产品或服务需要多少成本？

（3）竞争分析。一份没有竞争情况分析的创业计划书是失败的。需要注意的是：目前同类产品的竞争者是哪些人？他们控制着什么资源？他们的优势和劣势是什么？在我们发展商业项目并决定入市时，他们会做什么？如何应对他们的反应？有什么途径（联盟、合作、合并）可以削减他们打压我们的能力？

培养初创企业就像在下棋，为了成功需要步步为营，预测敌方的动向。那些认为在市场中有"一夫当关，万夫莫开"之能的创业计划书不免显得幼稚。我们要看清现实，所有的商业机遇都有两面性。好的创业计划书并非对劣势绝口不提，而是往往会告诉创业者他们即将进入的领域里的一切。

2. 公司和产品描述

创业计划书需要对即将入市的产品的各个方面有更加细节的描述，需要考虑的问题如下。

（1）如果是一样产品，那它的细节是什么，功能是什么，有什么特性和功效。我们需要说服顾客为什么该产品是独一无二的，我们也要解释它的生产过程以及知识产权保护。

（2）如果是一种服务，那它将处理什么，如何运行，需要覆盖市场的哪个部分？是什么让该服务与众不同？我们需要什么材料或团队来提供服务？是否需要提供服务的细节内容，以及如何给使用者带来好处？在这一部分，需要用足够的信息来满足新顾客的好奇心，但又不能因内容过于琐碎而让他们觉得无聊。

3. 市场计划

市场计划能够帮助制定战略以挖掘这些市场潜力，其中包括产品或服务的定价策略、分销网络（如何将产品分销给顾客）、广告和推广策略以及销售策略。

（1）产品、服务。

市场计划的这一部分描述的是产品和服务如何在其他竞争者中脱颖而出。要着重强调为什么顾客会放弃其他竞争者的产品转而选择我们公司，以及我们要如何留住顾客。我们应在一些案例中讨论我们能给顾客提供什么服务，有什么技术支持，未来产品会有哪些改善。

（2）价格。

给产品或服务定价总是一大难题。有两种方法来解决这一问题。

第一种方法，通过先确定产品或服务的成本，再加上利润来确定价格。然而在健康领域，不建议创业者们采取这种方法定价。首先，对于初创企业而言，由于没有或甚少有业绩记录而很难确定目前的成本是多少。因此，创业者经常会低估研发产品的真实成本（成本应包括工资、用材、一般费用、间接费用等）。其次，采用这方法定价，创业者会有意降低某些花费，因而造成报价不足。

采用第一种定价方法往往是为了能够以低价快速进入市场，获得顾客。这种方法存在以下问题：顾客一旦习惯了原始价格，日后便很难提价；低价造成高需，可能致使企业无法提供足量的产品或服务，因此欺骗消费者；造成严重现金紧缺（资金需求）。

第二种方法，从市场需求角度确定价格，这是较优选择。使用这种方法时需要考虑：竞争者已经给类似的产品或服务定好价格；面对竞争者时，如何定位产品，包括质量、效率、设计等。

如果推出的产品与竞争者的非常类似，可能就需要把价格定得低一些。若将价格定得比竞争者的高，则会向市场传达我们的产品质量更佳这样的信息。

（3）配售。

配售是指如何将产品或服务带给买家。配售策略与商业想法成败息息相关，因为销售价格在很大程度上与配售方式有关。比如，要卖医疗器械给一家医院，那就需要把器械寄送到该处，通常还需要配送员，这就意味着产品商业化成本会变高。

在配送/配售分析时，我们需要考虑顾客行为，如顾客是否经常以我们提供的方式购买？最保守的策略是采取和竞争者相同的配送渠道。创业者不该止步于此，应继续创造"多渠道"配送方式，而这显然也会增加成本。因此，创业计划书需考虑以下问题：我们能和分销渠道合作吗？我们需要和谁一起做？是否已经做到了？我们需要实行什么样的协议？加入该渠道的成本是多少？

（4）推广和广告。

向潜在顾客充分介绍产品需要一定的广告和推广策略。尽管如此，每一个创业计划都要注意成本控制，避免不必要的成本。

如果我们能通过名字确认顾客身份，那就直接把目标对准这些顾客。另一个在初创阶段为节省成本经常使用的策略是吸引媒体的关注。如果我们的产品足够创新，那么报纸和电视就有可能会对其进行报道，这样往往会吸引很多顾客。

准备推广策略时我们要考虑需要花多少钱，以哪种方式，用什么媒体。成本估算很有必要，因为我们要计算需要多少投资来实现商业创意。

（5）销售策略和规划。

市场计划还需包括推动销售时所需的人力资本以及如何组织。即需要多少人来销售产品？这些人来自组织内部还是另行雇佣？若另行雇佣，他们皆是同一批人吗？若其中有一些人来自我们公司，那么轮流机制是什么？

若我们想用一个有趣的故事来吸引投资者，则需要包括销售规划，即未来两三年的收入预期。这能让我们知道产品定价是多少，卖多少产品，以及收益是多少。从这些规划中，创业者可以推算未来公司的成长速率。

4. 运营计划

运营计划是指生产和投放产品或服务所需要素及其他必要设备。在创业计划书中需要清楚回答以下问题。

（1）选址：初创企业的选址在哪里？哪个地方的哪个区域？需要什么样的空间？选址的优势是什么？

（2）设备：哪些设备是必需的？成本是多少？每样设备的功能是什么？购买还是租赁这些设备？供货商是谁？

（3）人事：需要多少员工？全职或还是兼职？他们需要做什么？不同等级的薪资是多少？

（4）生产与服务进程：是否有流程图帮助我们直观地确定生产产品或提供服务的必要阶段？从哪儿获得所需材料？存放在哪儿？购买进程是什么？最终产品存在哪儿？如何分销产品或服务？整个进程的平均时间是多少？有活动日程表吗？

5. 团队

没有一个好的团队，其他部分都是纸上谈兵。这一部分需要回答以下问题：创始人的教育背景是什么？他们的工作经历如何？他们在专业上有什么成就？有什么个人成就？他们在相关创业领域的名声如何？他们的经验中有哪些与其商业计划直接相关？他们有什么知识和能力？他们是否意识到未来可能遇到的问题？哪些人有资格加入他们？面对逆境他们将作何反应？他们的动力是什么？有多大的决心？

投资者通常最看重曾深入接触相关创业领域的团队。商业计划的执行很重要，而整个运营团队则是重中之重。非常出彩的创业计划书能够吸引投资公司注意，即使他们一开始的策略有所偏颇。也就是说，好的团队能够理解市场，根据市场调整创业策略。另一方面，有好想法没有好团队的执行通常无法成功。因此，投资者投资的是团队，而非某个想法。

若团队成员曾有过共事的经历，那么在这一部分也要有所体现。共同经历相同程度的作业压力能让投资者相信这个团队能够很好地处理未来遇到的困难。

在创业计划书团队这一部分，需要解答这一问题：为什么是我们？要囊括所有成员的教育和专业背景，明确他们各自的经验和能力能够给初创企业带来什么活力。通过组织流程表，可以给每个队员分配特定的任务。

6. 发展状态

在这一部分需要思考的问题是：我们正处在创意演化的哪一阶段，是创意阶段？申请专利阶段？研发原型阶段？完成临床研究阶段？还是已售初始产品与服务阶段？另外，还要考虑具体的实施计划、完成目标的流程图以及完成每个目标预计所需的时间。

若有研发原型，则需在这一部分有所体现，还需附上结果。同样也需要明确完整的公司创办活动计划，以期明确在每一步所需要的资金支持。也就是说，需要一份介绍性的日程，内容包括主要活动及其领导，主要阶段以及与不同工作小组（市场、运营等）之间的互动。

7. 财务计划

创业计划书中的财务计划部分就是创业者的伟大创意和经济术语（如收益、成本、利润）间架起的一座桥梁。一份好的财务计划不仅有助于将商业创意书面化，更有助于从经济视角确保该创意有很好的投资回报。与创办已久的企业不同，创业者们在撰写财务计划时需要"无中生有"，一份财务计划就是他们对于公司未来发展的信念。

在准备撰写财务计划时，我们需要考虑一份优质财务策略的三个基本原则，而这在商业项目起始阶段非常重要：银行里的钱越多越好；现有的银行存款比之后收到的钱更重要；低风险资金比高风险资金更好。

⭐ 案例描述

"橘红堂"全国连锁项目商业计划书（部分）

"橘红堂"全国连锁项目经营项目发起人通过联合化州商会和化州橘红产业协会等资源，成立"化州橘红堂食品有限公司"。通过输出管理模式和信息系统的方式，实现直营、加盟和网络分销会员三级管理体系建设。公司提出了适应市场的"健康呼吸，绿色养生"理念；通过连锁经营模式，快速占领呼吸类健康食品的细分市场，提高化州"橘红堂"在消费者心目中的专业品牌形象。

⭐ 思考分析

现有市场"橘红堂"主要有哪些竞争者，他们的优势和劣势分别是什么？
"橘红堂"主要竞争者的优劣势，如表7-2-1所示。

表7-2-1　现有橘红主要竞争者优劣势

公司名称	主要产品	优势	劣势
香雪制药股份有限公司	橘红痰咳露	公司实力，为上市医药企业；合作的连锁医药渠道广阔	产品相对单一；橘红制品需求相对少
北京同仁堂制药有限公司	橘红片	企业品牌度高；定期在北京养生堂节目做橘红推广	定价高；线下网点少
陈老橘橘红有限公司	橘红凉茶	销售渠道投入大，易于消费	概念凉茶，功效弱
橘红世家有限公司	橘红痰咳露	专注橘红露生产，在中低端市场知名度高	产品相对单一；以批发产品为主

二、创业计划书的展示

概念知识

1. 电梯游说

电梯游说一般在30～120秒之间，目的在于使听者产生兴趣，确保他们想要进一步了解我们的商业计划。因此，该部分需讨论商业模型中的机遇而非产品或服务，以此来吸引潜在的投资者。在进行电梯游说的时候，前10秒钟是最为关键的，表达要清晰，富有激情，同时还要可信。一次良好的电梯游说通常需要包括以下部分。

（1）机遇。发现了什么问题，能为解决这个问题贡献什么方案？

（2）产品。能提供什么产品？

（3）市场。目标市场有哪些可能性和潜力？会在哪些行业销售产品？市场规模有多大？

（4）团队。提出创意背后的成员是谁，团队成员为什么能够胜任？

（5）财务影响。期望的收入和利润是多少？

（6）行动号召。是否还能再次吸引投资者？

电梯游说不要超过一分钟，而且要以一个请求作为结束。比如，可以告诉投资者我们有行动纲要和创业计划书可以供他们阅读，而且要让他们相信那值得一读。

2. 行动纲要

行动纲要总结了整份创业计划书，用一到两页来抓住投资者的注意，以期激起他们继续阅读剩余内容的想法。行动纲要可能是创业计划书最重要的部分之一，一定要简洁明了，真实反映商业计划。行动纲要一般由六段组成。

第一段，描述机遇，总结问题和解决方法。

第二段，描述市场以及竞争者的相关问题。

第三段，接下来几个月主要事件的时间线。

第四段，描述基本策略。

第五段，描述资金需求。

第六段，团队介绍。

行动纲要与电梯游说的构建类似，不过覆盖的内容要更多、更广，而且要以书面形式呈现。

3. 路演

路演通常是15～30页的幻灯片展示，主要任务是引发潜在投资者内部讨论，激起他们的兴趣，从而让他们想要研读或投资演说者的商业计划。路演的第一部分（2～3张幻灯片）应该是总结部分，包含一部分电梯游说和行动纲要的内容，咨询描述商业机遇、公司愿景以及进入市场的策略。路演中也要呈现产品、技术、主要政策以及团队介绍等。最后要提到财务计划。在路演之前最好要多试讲几次，准备好辩论，而且要自然、得体。

应把路演部分留给最有沟通技巧的人，因为这是赢得投资者青睐最重要的一个环节。而且，在路演时也不能有过多的表格数据，因为你所谈论的不一定是确切的数字，而只是一个想法，一个想要将其实践的机遇。路演中最常见的错误有如下几个。

（1）路演中没有明确的市场定位和市场策略。要把产品投递给任何可能的用户，而不是关注最有利可图的市场。

（2）没有明确客户使用产品或服务能够获得的益处。

（3）对自己的产品、服务或技术表现得过度喜爱和自信。路演要充满激情，但也要明确优缺点。

（4）销售预测过高、不切实际。

（5）把实际尚未加入计划的人作为团队成员介绍给投资者，结果往往会适得其反。创业者们要知道，风投资本家们和潜在投资者有可能亲自检测你所提供的内容，因此不能扭曲事实，不能将尚未签订合同的人拉到项目中来。

（6）未能明确进入市场时竞争者的可能反应。

（7）在路演中表现出不愿与其他公司或任何团队成员共享所有权，或者试着表现出你是创意成功的唯一因素。

⭐ 案例描述

移动O2O平台创业计划书（部分）

某产品以移动购物生命周期理论，整合目前主流社交媒体、电子商务、移动终端，通过泛积分及二维码等工具，帮助企业打通线上、线下多渠道，为消费者及商家在预购、在途、在店、决策、购买、售后六个阶段提供一体化解决方案。

预购阶段。提供在企业圈子或兴趣小组搜索相关产品的信息、查找相关产品促销或特卖信息、附近门店信息、产品评价和等级、产品价格、门店库存、相关产品推荐、预订等信息。

在途阶段。用户可能已经决定购买，可以选择在线下单，也可以前往实体店购买，提供系统整合地图导航功能和优惠券管理功能。实现移动签到积分，根据签到地理位置推荐相关信息。

在店购买阶段。用户可以利用移动终端进行价格查询、查找商品货架、推荐相关产品、QR码扫描、积分优惠券使用、电子支付等一系列操作，最后等待门店人员拣货等。购买后用户可以分享购物体验、产品使用体验、与企业互动。

通过以上阶段帮助企业进行精准营销，从而引入线上用户，提高客单转化率，增加品牌黏度，增强品牌影响力，及时了解产品缺陷进行改善和创新，提升服务。这就为消费者提供了丰富、及时的商家优惠信息，也为消费者参与企业活动，充分与企业互动，提供了便利。

⭐ 思考分析

上述创业计划的展示需要注意哪些事项？

（1）创意与机遇之间是有距离的。很多创意很棒，但不一定能够付诸实践。创意成为机遇的重要一点是要有利可图。许多创意能够解决现实需求，而且具有独创性，但实施过程耗资巨大，现实世界顾客无法承担这么高的商品价格。对上述创意想法的展示不仅仅要说明移动O2O的机遇，更要详细介绍该计划书的盈利模式。

（2）科学性讨论很重要，但并不是全部。在路演评审过程中发现的最常见问题是，路演者更强调科学性信息，而忽略了一些经济问题。然而，过多科学性的讨论并不能吸引投资者的兴趣，风险投资者们更愿意相信一个商业模型，而非你的学术热情。因此，最好减少科学性信息的幻灯片，多增加一些市场分析和财务规划的幻灯片。

（3）保护知识产权是关键。大规模市场、有竞争力的创业团队和牢固的知识产权是获得投资最重要的因素。上述计划书应注重在移动技术和品牌形象构建方面的知识产权保护。

（4）对于投资者的问题要有清晰的答案：投资者能获得多少利益？当公司运营不佳时如何减少投资者的损失？为什么你的企业一定能获得成功？创业者足够自信而有决心吗？市场规模多大？未来投资者如何离开这个公司，也就是说投资者可以把他的股份卖给谁？若你设身处地地为投资者思考这些问题，那获得投资的机会就更大。

（5）团队是筹资最重要的因素。创业者自身是决定"是"与"否"的关键因素，除了介绍业务外，还要着重介绍实现这一创意的团队组合。

👆 **思考题**

1.创业计划准备过程中需要搜集哪些方面的信息？

2.创业计划有什么作用？

3.如何才能写出一份好的创业计划？

08 新企业的成立

　　万事俱备，只欠东风。

　　创业者大多都是激情的。但很多时候，创业者只有激情是远远不够的，还需要一些开立企业的实务知识。很多创业者在掌握了基本商业理论后，便急匆匆地想要在市场中开创一片新天地，却忽视了开办企业的前期准备，也没有学习开办企业相关的法律法规。本章知识立足于创办新企业的实务细节，着力于解决创办新公司的实际问题。

第一节　创办新企业的前期准备

一、企业组织形式选择

成立新企业，第一步就是要选择适合创业者自身条件的企业组织形式。创业者需要同时了解现有法定企业制度中可以选择的各种企业组织形式，并且应当了解每一种形式的利弊和风险，从而选择一种合适的企业组织形式。

📖 概念知识

个人独资企业，即指依照《中华人民共和国个人独资企业法》在中国境内设立，由一个自然人投资，财产为投资人个人所有，投资人以其个人财产对企业债务承担无限责任的经营实体。个人独资企业与个体工商户存在较大的区别，这一组织形式并不太适合大学生创业者。

合伙企业，是指自然人、法人和其他组织依照《中华人民共和国合伙企业法》在中国境内设立的普通合伙企业和有限合伙企业。合伙企业分为普通合伙企业和有限合伙企业。普通合伙企业由普通合伙人组成，合伙人对合伙企业债务承担无限连带责任。有限合伙企业由普通合伙人和有限合伙人组成，普通合伙人对合伙企业债务承担无限连带责任，有限合伙人以其认缴的出资额为限对合伙企业债务承担责任。一般而言，有限合伙人不参与企业的直接经营和管理。

公司是一种企业组织形式，具体指依照法律规定，由股东出资设立的以营利为目的的企业法人。公司设立必须具备四个条件：依法设立、以营利为目的、以股东出资为基础及独立的法人。公司一般可分为有限责任公司和股份有限公司两类。有限责任公司，简称有限公司，股东以其出资额为限对公司承担责任，公司以其全部资产对公司的债务承担责任。股份有限公司，简称股份公司，其全部资本分为等额股份，股东以其认购的股份为限对公司承担责任，公司以其全部资产对公司的债务承担责任。

二、企业注册流程

企业注册是开始创业的第一步。一般来说，企业注册的流程包括：企业核名→提交材料→领取执照。依法设立的企业，由企业登记机关发给企业营业执照。企业营业执照签发日期为企业成立日期。企业凭企业登记机关核发的企业营业执照刻制印章，开立银行账户，申请纳税登记。

概念知识

1. 新企业的名称拟定

设立企业应当向登记机关申请名称预先核准。预先核准的企业名称保留期为6个月。

企业的名字往往承担着企业形象的树立与企业精神的传递，属于公司的无形资产。与父母为孩子取名类似，企业的名称中蕴含着企业希望向目标市场传递的信号，一个成功的名字能够带给消费者意味深长的体悟和潜移默化的心理暗示。一般而言，名称的长短直接影响着消费者对于品牌的记忆。比如，"网易"蕴含着"让互联网变得更容易"的企业愿景。此外，企业名称和商标一样同属知识产权，受不同法律规范调整及法律保护。在消费者身处某个场景的时候，会不经意地想起这个企业的名称。此时，企业的名字就成了消费者与产品认知之间的纽带。

2. 工商登记

工商注册是企业成立的先决条件，也是企业经营合法的依据和保障。以公司登记为例，根据《公司登记管理条例》的规定，公司的登记事项包括：企业名称、住所、法定代表人姓名、注册资本、公司类型、经营范围、营业期限、有限责任公司股东或者股份有限公司发起人的姓名或者名称等。

公司注册需要准备的材料如图8-1-1所示。

材料准备就绪后，便可以携带材料前往工商行政管理机关按流程办理公司注册手续。

3. 税务登记

税务登记有利于税务机关了解纳税人的基本情况，掌握税源，加强征收与管理，防止漏管漏征，建立税务机关与纳税人之间正常的工作联系，强化税收政策和法规的宣传，增强纳税意识等。

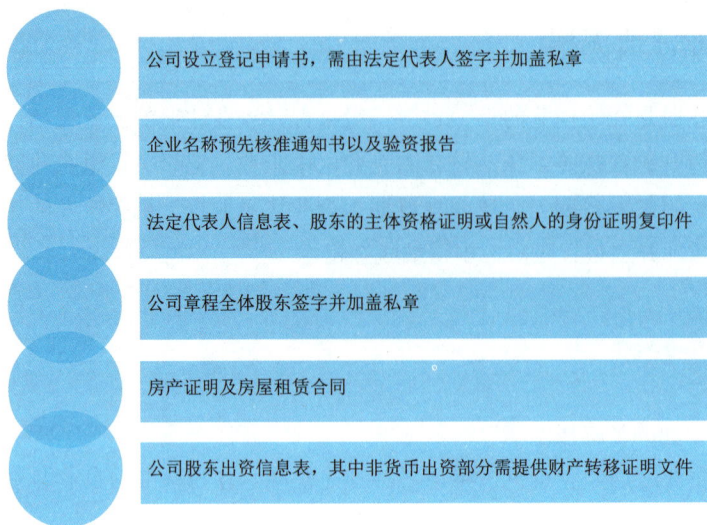

公司设立登记申请书，需由法定代表人签字并加盖私章

企业名称预先核准通知书以及验资报告

法定代表人信息表、股东的主体资格证明或自然人的身份证明复印件

公司章程全体股东签字并加盖私章

房产证明及房屋租赁合同

公司股东出资信息表，其中非货币出资部分需提供财产转移证明文件

图8-1-1　注册公司所需材料

　　税务登记是指税务机关根据税法规定，对纳税人的生产经营活动进行登记管理的一项基本制度。税务登记后，可申请购领发票、取得一般纳税人资格、减免退税、申请纳税申报方式和办理外出经营活动证明等税务事项。

　　在工商行政管理机关领取营业执照以后就应该开始着手办理税务登记。办理税务登记需要携带的材料有：营业执照复印件，公司章程复印件，开户许可证（银行账号证明）复印件，法人身份证复印件，开业申请书，从业人员名单，注册地和经营场所使用证明，《税务登记表》一式三份，税务机关要求提供的其他相关证件与资料。

　　不管企业是否有经营所得，都应在一定的期限内办理纳税申报。通常而言，为了提高办理纳税申报的效率，创业者可以通过互联网进行税务申报。

★ 案例描述

　　"真功夫"如今作为标杆性的中餐企业，其品牌名是于2004年由"双种子"更改而来。2003年，双种子品牌已经打出了"更有营养的美味中式快餐"的广告，在珠三角开了48家店，但门店附近的人对这家店完全没有印象，说明双种子的品牌力十分欠缺。

2004年，双种子公司确定企业总体发展战略并将品牌名改为"真功夫"。真功夫的品牌定位是健康营养的传统中餐，其亮点在于选择了起源于岭南的"蒸文化"，真功夫的"真"字便是一语双关的体现。

此外，当时中国向世界输出的大量影视作品、文化作品都有"功夫文化"，真功夫凭借人们熟知的"功夫文化"和"李小龙"的符号认知，成功地让它的蒸食在消费者心里占据了一定的地位，抢占了中式餐饮文化的先锋，其品牌名在企业成长之后仍足以支撑其从区域市场走向全国甚至国际。

⭐ 思考分析

命名要体现品牌的核心价值，要能够被消费者在最初信息接触时，就获取到企业想要传达的理念或风格。如"双种子"的品牌，其直观感觉是与农民、乡村、土地关联，与公司战略层面无关，也不具备持续塑造包装成长的潜质。而"真功夫"的易名充分体现了其"蒸的营养专家"的定位，与"营养还是蒸的好"的宣传理念契合，加之对功夫明星李小龙形象的抢占，打通了受众对品牌的理解和接受，打响了品牌知名度。

三、新企业的形象系统

21世纪商业的竞争已经不再是产品、科技、管理等单方面的竞争，而是多因素多指标的综合竞争。当创业者已经在内部对企业使命、企业定位、企业理念进行确认后，就应该开始着手设计面向消费者的品牌形象标识系统。很多企业会选择通过文字、图形、字母、数字与颜色等潜移默化地影响消费者的心理。例如，餐饮类企业喜欢用红色、黄色作为自己LOGO的颜色，以促进消费者就餐的欲望；而科技类公司更喜欢用蓝白作为主色进行品牌形象的演绎。

🧢 概念知识

企业形象识别系统（Corporate Identity System，CIS）产生于1914年的德国，第二次世界大战后迅速在欧美发达国家形成一种热潮，中国企业在20世纪90年代开始重视CIS的设计与规划。CIS是一种力求通过塑造企业良好形象以提升企业综合能力的竞争系统。

CIS由理念识别、行为识别和视觉识别三方面构成，其中视觉识别是最为重要的一个组成部分（图8-1-2）。

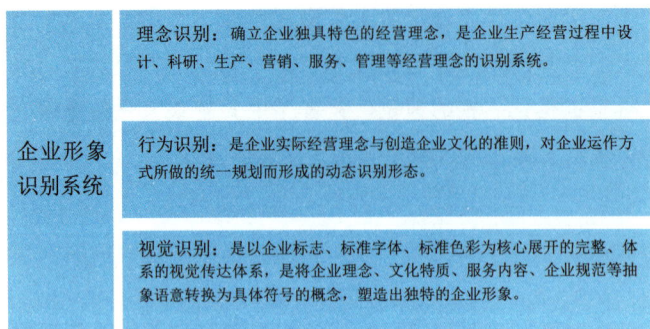

<table>
<tr><td rowspan="3">企业形象
识别系统</td><td>理念识别：确立企业独具特色的经营理念，是企业生产经营过程中设计、科研、生产、营销、服务、管理等经营理念的识别系统。</td></tr>
<tr><td>行为识别：是企业实际经营理念与创造企业文化的准则，对企业运作方式所做的统一规划而形成的动态识别形态。</td></tr>
<tr><td>视觉识别：是以企业标志、标准字体、标准色彩为核心展开的完整、体系的视觉传达体系，是将企业理念、文化特质、服务内容、企业规范等抽象语意转换为具体符号的概念，塑造出独特的企业形象。</td></tr>
</table>

图8-1-2 企业形象识别系统

⭐ 案例描述

如家的LOGO，由红黄蓝三色构成，颜色鲜艳、对比强烈，可识别性高。小房子样式的设计，HOMEINN的标志做成弯月的样子，"如家"两字嵌在房门中，整体LOGO巧妙而简洁，给人一种温馨的家的感觉。

店面的设计也主要是黄蓝两色，这样鲜艳的色调在城市中很少看到，故而识别性很高，仅这一点就为其特色加了不少分。有很多新闻报道直接用黄房子来代替如家，其高识别度由此可见一斑。酒店内部的设施亦高度标准化，棕黄色的地板、粉红色的床单、白色的窗纱、蓝色的窗帘，都意在区别于其他酒店难以接近的一片白色，营造家庭般的感觉。

⭐ 思考分析

总体而言，如家的视觉设计与其理念完好地契合，充分体现了不同的城市，一样的家。在如家的CIS设计中，自始至终贯穿着宾至如归的文化，理念识别、行为识别、视觉识别三者相互融合，打造出全方位立体的企业形象。而这些都是基于前期详尽的市场调研，分析出企业真正想要树立的形象。总之，对于市场的充分了解及准确把握是打造企业形象识别系统的前提。在实践CIS的过程中，要统一在行为识别理念的引导下，建立统一整体的企业形象。

四、新企业的选址要求

选址对于一个公司意义非常，由于公司地址具有长期性和固定性，一旦公司地址确定下来就不能够随意更改。对于一些直接面向客户的企业，位置的选择将直接影响实际运营的效益、成本以及企业规模的扩充与发展（图8-1-3）。

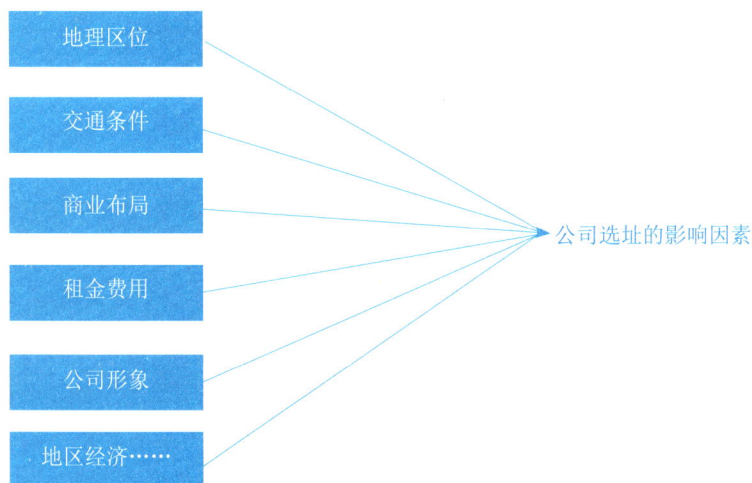

图8-1-3　公司选址的影响因素

📖 **概念知识**

公司选址是指在建筑之前对地址进行论证和决策的过程。尽管不同的行业对于选址有着不同的参照依据，但归结到底都是公司经营的损益分析，既要考虑到选择地点的成本，也要考虑到所能获得的预期收益。

公司在选址的时候，还应该考虑产业集聚与规模效益所带来的外部性。产业集聚是需求导向的。也就是说，一个区域的需求越大，市场关联性就越显著，产业集聚和规模经济的效益也就越大。

★ 案例描述

两家失败的火锅店

一、L先生加盟一家在行业内有极强品牌影响力的火锅店后，很快完成了选址计划：一块位于十字路口黄金码头的门面。L先生认为：经营餐饮店，地段很重要，门面贵不要紧，关键要看人气。

门店周边就是几家大的手机卖场，而且没有同类火锅店的竞争对手。L先生很快敲定了场地，开业、推广都按照计划如期进行着，但是生意却不尽人意，促销时也坐不满。L先生不明白，如此黄金位置，人流也不缺乏，为什么生意却不好。然而就在距离他店面不到一公里的另外一条街上，七八家火锅店每日顾客盈门，排队候餐的场景每天都在上演。前期的大手笔投入和现在不温不火的现状让L先生陷入了困惑。

二、M先生原来是某知名火锅店的主管，在决定开店单干后于居民区附近选择了一家转让费与租金较低的门面。M先生认为：火锅店的菜品质量、菜品口味、服务质量才是关键，营销策划好了顾客自然会上门。

在M先生的打理下，店铺生意火爆，开业不久就全堂满员。但好景不长，该店的地理劣势不断体现出来，给客源的增长带来致命打击。一是该条街是单行道，二是该店没有一个合法的停车位，三是该餐厅处于居民楼楼下。因是单行道，周围的车到该店消费需绕道很远，极为不便，而且大批客人只能把酒楼门口的马路边和人行道作为临时停车位，经常占用人行道、公共车道，影响了居民的正常生活。于是火锅店经常与小区居民发生纠纷，发展到后来，有的居民一见火锅店生意火爆就打110投诉，顾客停靠在门口的车被交警拖走，一来二去M先生的火锅店被迫关门。

★ 思考分析

"独木不成林，万木才是春。"在经济学上有一个词叫作"集聚效应"，就是很多同类型的企业汇集到一起，比如在很多城市都有的美食一条街。在集聚效应形成以后，一家新企业的加入，只要按照这种效应所产生的经营模式进行经营就可以了，因为集聚提高了区域整体的知名度和企业形象，顾客会自发来此地区购买商品，从而节省了企业宣传成本。

当然在集聚效应发挥作用的同时，过度竞争也是不容忽视的。企业要想在集聚效应和过度竞争之间的博弈中获利，就应该建立在对市场的调查、对自身和对手实力的判断、对未来发展空间的合理估计的基础之上，从而最大化地利用集聚效应的优势。

案例二中的火锅店重视经营策略，却因为选址配套设施上的"硬伤"而无力回天。事实上，企业在选址的时候不仅要考虑诸如停车位的配套设施等因素，还要考虑到该区域的客源属性、同业态的互补性与不同业态的参照性等重要因素。比如在比较偏僻的位置，一块显眼的广告牌或许将为后期的经营带来很大的帮助。另外，选址周边的消极因素也将为餐厅的经营带来不利影响。企业经营过程中是否会和周边环境产生消极互动，这是选址的时候首要考虑避免的。

五、新企业的股权设计

在整个经济社会发展的历史中，因为股权纠纷，昔日的合作伙伴反目成仇的例子比比皆是。很多处于营收上升期的企业也因为缺少行之有效的股权设计导致公司管理四分五裂，影响企业决策的效率，最终走向了创业失败的深渊。因此，在新公司成立的初期就开始考虑合理的股权分配和股权设计，公司成员才能戮力齐心，共同推进企业的进步与发展。

📖 概念知识

1. 合理股权分置的意义

股权是一家企业的血脉，也是企业内部凝聚力的源泉。股权设计得合理与否直接影响到公司发展的动力。股权之所以如此重要，其本质反映了股权拥有者在企业中的权力与地位，也和在公司发展过程中能够获得的权益密切相关。

股权是公司股东对自己所在公司享有的人身权利与财产权益相结合的综合性权利。也就是说，股权首先基于其股东身份而得到保证。股权也意味着股东可以从公司获得多少经济利益，并决定着参与公司经营管理的权力大小，直接影响股东对公司的话语权和控制权。

一般意义上的股权具有以下内容。

（1）股东有只以投资额为限承担民事责任的权利。

（2）股东有参与制定和修改法人章程的权利。

（3）股东有自己出任法人管理者和决定法人管理者人选的权利。

（4）股东有参与股东大会，决定法人重大事宜的权利。

（5）股东有从企业法人处分取红利的权利。

（6）股东有依法转让股权的权利。

（7）股东有在法人终止后收回剩余财产的权利。

事实上，我们可以根据股权设立的目的将股权分为自益权和共益权，如图8-1-4所示。

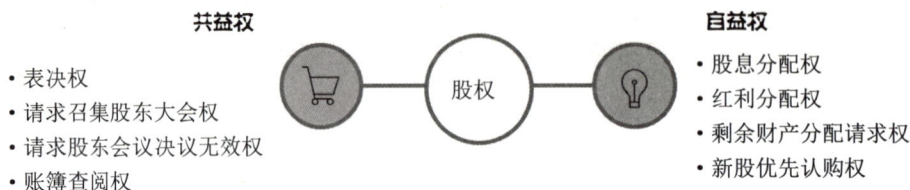

图8-1-4　自益权和共益权

与股权类似的一个概念是股份，股份是指股东在公司总资本中所占投资份额，包括：① 一定量资本额的代表；② 股东出资份额及股东权的表现；③ 股份公司资本的最小单位，不可继续分割。因此，股份和股权并不相同，股份仅代表拥有公司的部分权利。

对于股东而言，股权所带来的最重要的权利就是表决权。如果股权没有表决权，那也意味着股东对于公司缺乏必要的掌控力，公司极其容易陷入混乱，从而走向毁灭。

2. 新公司的股权争端

尽管对于公司而言，由于股权争端导致公司破产的案例并不算多，但是一旦发生此类问题，对于一家初创公司而言都是致命的打击，小则影响到公司一段时间内的营收，打击公司整体品牌形象；重则对簿公堂，反目成仇。股权争端大部分来源于股东认为自己的付出与回报不成比例，也就是由企业内部利益分配不均而衍生的企业内部矛盾激化。

企业股权争端在商业实践活动中可分为三个不同类别：联合创业股东之间的分歧、家族式创业股东之间的分歧及因融资而形成的创投之间的分歧等。

联合创业股东通常是同学、战友等曾经一起共事的人，彼此之间在创业之初有着相同或者相似的理念，相互信任、相互扶持。然而，当企业规模逐渐扩大，尤其是涉及经济上的利益时，双方可能会产生较大的分歧，最终的结局可能就是不欢而散。

而家族式创业由于牵涉到其他社会关系，例如婚姻关系、血缘关系等，在股东之间产生分歧时会更加复杂棘手。夫妻创业是很常见的创业合伙形式，其本身成本低、效率高，因此企业存活率较高。但夫妻创业往往"打江山容易，守江山难"，一旦婚姻状况出现问题则必然也会影响到公司的实际经营状况，例如原土豆网的股权纠纷就是属于这种形式。

创投矛盾属于创业公司中比较常见的股权争端。投资人，尤其是投资机构具有强烈的趋利性，与创业者相比对于经济利益更加看重。此外，投资机构的投资活动是体系化、专业化社会分工的结果，因此他们有一系列投资策略，也有属于自己的投资偏好。投资机构在接收项目计划书、筛选标准、初步接触、内部上会、尽调、投资谈判、投后管理等方面都有自己独属的管理体系，而某些管理上的方法可能得不到创业者的认同。创业者与投资者的分歧通常是对于企业与产品不同认知角度而产生的。

3. 新公司如何规避股权争端风险

本质上，公司的股权设计就是如何合理分配股权及如何对资源进行定价的问题。随着社会的进步，现代管理理念发生了根本性的变化，股权分配也不应该遵循传统意义上只根据资金多寡来进行分配，而是应该充分考虑人力资源在企业发展中所起到的作用。

创业公司早期的核心人员可分为：创始人、合伙人、投资人及核心员工（图8-1-5）。这些成员往往都承担了企业成败的初始风险并塑造了企业精神的内核，因此早期企业股权分置应该充分考虑这四类群体的不同定位及价值，在此基础上建立明晰的股权结构。

合理的股权设计应该遵循以下四个原则。

（1）结果导向。创业公司的股权分置必须有利于内部四大核心群体的团结和统一，群策群力、戮力齐心把企业做大做强。因此，企业在分配股权时应该充分考虑到不同群体的表现和工作结果。对于工作努力、认真，对企业奉献较大的个人应该增加相应的股权比例。

（2）合理定价。股权结构的背后也反映了企业赖以生存和发展的资源，如团队、资本、技术、渠道等。股权分置应该结合企业目前的定位和将来的发展方

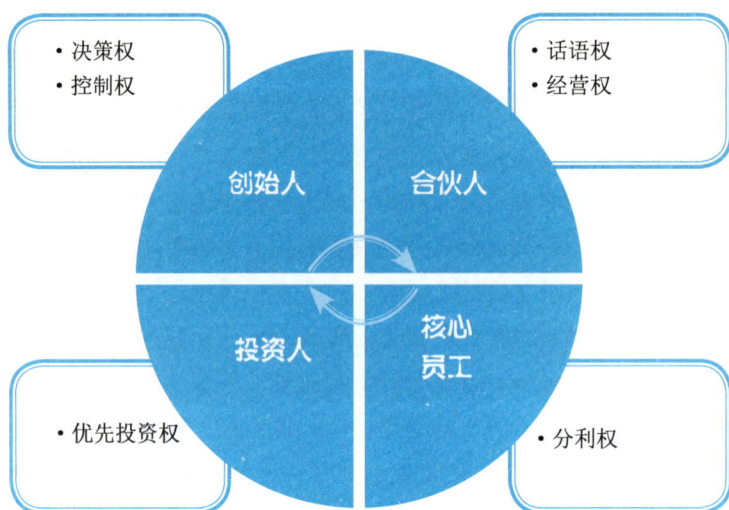

图8-1-5　创业公司早期的核心人员

向，充分考虑企业内部各式资源的重要性，不同资源依据其为企业所带来的效益进行不同定价。

（3）保证控制。对企业的控制包括内部和外部企业资源的统一管理和决策。股权控制是实现企业控制最直接、最有效的手段。股权分配不需要施行平均主义，必须在内部核心成员达成共识的情况下，选择一名实际控制人，对公司发展方向和最终决策负责。

（4）股权兑现。尤其是针对初始股东的股权应该设置股权兑现与离职时股权回购，避免股东在离开公司时依旧享受着红利的分成，给公司将来的发展造成了无形的风险。

⭐ **案例描述**

据媒体报道，王微与前妻杨蕾于2007年8月结婚，2008年8月由王微提出离婚，此时土豆网已经完成前四轮融资。2010年3月，双方正式离婚，当时王微向前妻支付10万元人民币。

双方婚姻存续期间，土豆网成立了上海全土豆网络科技有限公司（以下简称全土豆公司），王微在该公司中占股95%。这部分股份中，有76%涉及到夫妻共有财产问题，王微前妻遂提起诉讼，对这部分股份的一半予以权利主张，法庭随后冻结了该公司38%的股份进行保全，禁止转让。

6月10日，双方以王微补偿杨蕾700万美元就此案达成和解，王微对所持全土豆公司的多数股份拥有完全控制权。但是，如果王微不履行和解协议条款的规定，那么法庭可能会要求他将所持全土豆的部分或全部股份都转让给其前妻。

业内普遍认为，土豆于此时恢复IPO进程，已经错过了上市的最佳时机。在它刚刚提出上市的2010年底，由于经济复苏强劲、市场广大和行业前景乐观，美国股市对中国互联网企业十分看好，比土豆略晚一些申请IPO并上市的最大竞争对手优酷网在当时上市时受到资本市场热捧，上市首日涨幅达165%，股价最高攀至69.95美元。

土豆网的投资人也因此要求创始人在投资协议中增加"家庭状况变化也需报请董事会"的相关条款。2012年3月中旬，优酷与土豆合并，有人认为是婚姻问题导致王微落后。

⭐ 思考分析

在婚姻状况较好的时候，夫妻之间往往有着不同于一般人的默契，能够共同扶持帮助企业成长和发展。然而一旦婚姻不再稳固，没有合理进行股权分置的创业公司就可能面临更多麻烦。由于婚姻变故必然引起财产分割，因此这一类风险需要引起企业家及风险投资者的重视。创业者除了要注重对各自的婚前财产进行明确约定，明确婚前财产的范围外，还需要建立完备的股权兑换和退出机制。特别是在风险投资进入公司时或者上市前，股东与配偶、公司、其他股东等签署相关协议，以保障公司及相关利益主体的权益。

第二节　管理新企业

尽管创业者在创业型企业中举足轻重的作用直接决定了创业的成功与否，但是单凭个人的力量是不够的，尤其是在企业打开一部分市场后，只有借助团队的力量，才能守下一片江山，开拓更广阔的市场，创造更多的利润。因此在开办企业之后，创业者便需要聚焦于管理企业的一些理论与实务上。本章节介绍了新企业管理的特殊性，强调了新企业成长的要素，给新企业的组织管理与风险控制提供了新的思路。

一、新企业管理的特殊性

初创企业所面临的市场风险比成熟的大企业更大，失败的可能性也相对较高。正是因为初创企业的这一特性导致了在管理新企业的时候不能一味照搬照抄旧的管理方法和管理思想。创业者需要厘清新企业与大企业的差别，从而采用适合自身的管理方法。

概念知识

新企业成立初期的首要目标并不是竞争，而是生存。事实上，新企业的生存率并不高，在中国每一百家创业型企业中就有约70家公司寿命不足一年。由于市场环境复杂多变，创业者在创业初期，并没有完全厘清未来几年的经营策略，导致创业企业的平均寿命往往很短。

与大公司丰富的融资渠道不同，新企业往往需要依靠自有资金创造自由现金流。因此对于新企业而言，资金流的管理与控制就显得更加重要。如果创业者未能妥善处理好现金流问题，很容易导致企业陷入资金链断裂的尴尬境地。可以这样认为，资金流是新企业的生命线，没有自由流动的资金流，企业管理和运行也就无从进行。

新企业的管理还应该采用充分调动"所有人做所有事"的群体管理思维。新企业往往雇员较少，组织结构较为简单，而这也恰恰成为新企业能够灵活适应市场环境的优势。透明而又高效的沟通能够提高工作效率，同时能够有效解决经营上遇到的问题。因此，对于新企业而言，不应该采用如大企业般的复杂层级管理思想，而是应该采用扁平化的管理方式，让每个员工都有"当家做主"的感觉，发挥群策群力的作用。

⭐ 案例描述

京东CEO刘强东现在可以称得上是"人生赢家"，京东发展得越来越好，但在他创业之初却有过惨痛的经历。大学毕业后，刘强东并没有第一时间去中关村摆柜台，而是在毕业之前盘下了中关村附近的一家饭馆。在之前，员工薪水很低，而且居住环境和饮食卫生都很差，更重要的是老板亲自把控资金。刘强东读大四那年也想创业，于是他把靠给人写程序赚来的钱加上从家里借的一些钱，以24万的价格盘下了这家餐馆。在刘强东接手后，他给员工涨了工资，改善了住宿和饮食环境，更把采购和收银的权利下放给员工。看似"御人之道"的手段，却成了最大的败笔。餐馆开了半年，他一查账发现亏得一塌糊涂。原来，收银员和大厨谈恋爱了，收钱出菜无法核对了。买菜的小伙子不断涨进货价格，豆芽从8角涨到2元，牛肉从8元涨到17元……餐馆最后只能关门。

⭐ 思考分析

刘强东的第一次创业失败主要有以下两个原因。

第一，没有建立管理结构，缺乏监督。刘强东是个豪爽大方的人，给员工开的都是高薪，他以为自己对员工好，员工就会死心塌地地替他做事。再加上他有学业要完成，还要去做其他的兼职来补贴餐馆的开支，所以他的管理方式是放手让员工自己干。缺乏监督的后果是员工想方设法地从餐馆捞钱而不是妥善经营。

第二，团队不合适。团队是创业能否成功的关键性因素，但是刘强东所组建的这个团队，各怀私心，每个人想的都是自己的利益，缺乏一个共同向上的目标。他们不是想着如何让餐馆盈利，而是想着如何从老板的口袋里掏钱。因此，拥有一个好的团队很重要。

二、新企业成长的驱动因素

"成长"是新企业生存发展的一种状态，企业成长包括企业经营资源的增加和企业变革与创新能力的提升。企业的成长正是这样一种质变与量变相互交融的螺旋式过程，一方面资源的积累为创新的实现提供了可能；另一方面创新能力更有效地提升了资源利用的效率。

📖 概念知识

创业企业的成长往往需要通过创新、变革和组织管理等多种手段，进一步积累、整合并促使企业资源进行优化增值，不断提升企业适应市场的能力，形成企业核心竞争力，保持整体绩效稳定。

新企业成长的驱动因素一般可分为三部分：创业团队、市场和资源。

在创业团队中占据主导地位的是创业者。创业者充分了解企业发展的前景与未来，能够更好地理清企业发展的商业逻辑。此外，创业者往往对于整个创业团队有着较强的示范效应，充满激情的创业者也会使自己的创业团队富有激情，从而提高团队其他成员的工作效率。

一个新企业的成功也并不是完全取决于创业者，还与整个创业团队的建设相关。新企业应该更加重视人力资本，通过投资人力资源，为新企业带来人力价值的增值。新企业也应该更加重视营造良好的人才培养环境，为优秀人才提供更加有利的条件。

市场是新企业成长的根基。任何一家新企业如果脱离了市场选择独自发展，那么这家企业必然走向衰败。一家成功的新企业必须追随着市场发展的脚步，通过技术变革与组织变革来适应市场的变化，逐步提升市场份额以获得更大的企业利润增长。

新企业还必须注重内部资源与外部资源的整合。创业者必须创新地利用所有能够利用的资源，形成损益分析思维，努力运用较少的资源控制和产生更多的资源，有效优化资源结构。在发展中，新企业更需要注重合作与双赢，强化与市场的其他合作者的沟通。

⭐ 案例描述

AcFun弹幕视频网，简称"A站"，成立于2007年6月，是中国大陆第一家弹幕视频网站。A站以视频为载体，逐步发展出基于原生内容二次创作的完整生态，拥有高质量互动弹幕，是中国弹幕文化的发源地。同时A站拥有大量超黏性的用户群体，产生输出了金坷垃、鬼畜全明星、我的滑板鞋、小苹果等大量网络流行文化。资料显示，2010年前后，A站创始人Xilin以400万元将AcFun卖给了斗鱼CEO陈少杰，后者在对A站进行大肆整改，使其成为游戏视频网站、引入各种直播时，与资本方产生矛盾。随后，A站又被卖给后来的掌门人杨鑫焱，原晶合思动创始人。

2014年，奥飞动漫入股A站。但不是奥飞动漫公司投资，而是奥飞动漫董事长、实际控制人蔡东青的个人投资。2014年底，此前一直沉默的优酷、土豆开始和A站谈判版权问题。2015年3月起诉A站侵权，三名A站的原高管以个人名义被刑拘大概1个月。8月优酷、土豆入股A站，据说原来的股东出让了A站18%的股份。这时A站也迎来了新的高管团队，时任CEO孙旻，总编刘炎焱，产品副总裁张侠。

但很快A站的下一波换帅又来了。随后，A站宣布获得来自软银中国6000万美元融资的同时，莫然也同时成了A站的CEO。这位曾经在美国参与过漫威线下主题乐园建设的80后，成为继孙旻之后A站新的领导者。原CEO孙旻改任总裁，重点负责商业化扩展，另一位核心人物王伟则接手了张侠和刘炎焱手上的大部分职权。之后，A站进行了一次工商变更，奥飞娱乐董事长蔡东青也进入董事会。另外，代表软银中国的刘天民和时任CEO莫然也进入董事会，莫然同时担任董事长。

而在此次工商变更后，A站董事会6名成员中，代表投资方的董事达到4名，分别是代表奥飞娱乐的蔡东青、陈德荣，代表软银中国的刘天民及代表合一集团的邵峻，另外还有代表管理层的莫然和刘炎焱。很明显，莫然和他的幕后老板杨鑫淼已经无法掌握董事会。在A站董事会蛰伏两年后，奥飞坐不住了，决定向大股东杨鑫淼再次发难。然后，上一任CEO孙旻刚刚引咎离去，莫然紧跟着离去，标志着杨鑫淼彻底失去了A站管理权。

⭐ 思考分析

如今最早诞生的A站远不如B站活得滋润，甚至有消息直指，"A站已经走在悬崖边上"。从案例中可以发现，A站背后的资本力量和管理团队缺乏一致性，对A站发展诉求也不同，创业团队没能承担起新企业发展的重任，而导致其随资本频频换帅。融资方并没有给A站带来太多资源，反而带来了无休止的管理层人事变动。和频繁融资的动作相比，它自身的发展确实乏善可陈。早期创业团队成员悉数被开除或架空后，新加入的高层则对二次元文化知之甚少，导致公司决策混乱、业务失败。

三、新企业成长管理的技巧和策略

在经历了原始积累的生存努力之后，新企业都需要找到属于企业自身的发展模式，也就是说，新企业到了快速发展的自我成长阶段。在这个阶段，一般都会遇到两个问题，一是创业者亲力亲为，导致经营权和所有权无法分开；二是尽管创业者的战略没有任何问题，也适合当前市场发展，但员工的综合能力不够，企业战略没有办法有效展开。

概念知识

一般而言，新企业也容易遭遇到以下管理问题。

（1）新企业容易被眼前的机会所驱使，缺乏长远的战略目光，从而导致初创企业做出一些不利于长期发展的决策与承诺。对于创业者和创业团队而言，如果没有有效地制定企业发展的长期战略来综合考虑企业发展的未来前景，就容易陷入后期发展乏力的困境。事实上，对于新企业而言，不能只是关注短期眼前的利益，还应该充分考虑长远的利益。在保证生存的前提下，也要保持良好的企业整体形象。

（2）新企业常常忽视系统化的规章制度、明确的行动方针以及健全的预算体系。很多创业者都会认为，这些公司制度应该在公司规模足够大的时候再去建立，在公司规模还不大的时候没有必要去做"无用功"。但事实上，制度建设往往体现了企业文化，也保证了企业经营的稳定性。如果一家公司缺乏必要的制度，那么新进来的成员很难全面理解公司的战略发展和经营思维，从而导致了更大的沟通成本。

（3）企业往往缺乏科学合理的管理体系，容易成为家长制的企业。对于新公司而言，创业者同时拥有所有权与经营权，往往权力较大，因此偏向于个人集中决策。但事实上，公司的很多决策应当由管理团队集体决议产生，公司创业者如果一意孤行很容易导致企业的重大决策失误，阻碍企业的进一步发展。

新企业成长的推动力量包括创业者（团队）、市场和组织资源等。新企业成长管理的技巧和策略主要有以下几个方面。

（1）新企业成长的管理需要注重整合外部资源，追求外部成长。要求创业者必须创造性地整合资源，尽量运用少量资源控制更多资源，注重借助别人（既包括竞争对手也包括合作者）的力量，发展壮大自身，注重整合外部资源，追求外部成长；尽可能多地寻找可供整合的外部资源提供者；外部资源能够整合并被创业者所用，需要合作，合作需要双赢甚至是共赢；强化沟通实现外部资源的有效整合。

（2）管理好保持企业持续成长的人力资本。人力资本是指通过投资于人力资源，而形成和凝结于人力资源体中，并能带来价值增值的智力、知识、技能及体能的总和。新企业创立之后应该不断地致力于营造良好的人才成长环境，为优秀人才的成长创造各种有利的条件。企业还应该将人力资源合理开发利用和有效配置以促其转变为企业人力资本，成为企业的创富资本并快速增值。为了激励人力资本创富的潜能，必须让员工共同分享企业的成功。

（3）及时实现从创造资源到管好、用好资源的转变。节约资源，保护环境，管理好知识资源，资源开发、利用和整合并举。

（4）在新企业成长过程中应该注意形成比较固定的企业价值观和文化氛围。企业文化往往是企业的灵魂和精神支柱，也是企业发展的动力。企业文化能够有效地培养组织成员的自觉性，提高员工的责任意识。同时企业文化还会外化成企业形象，影响市场对于新企业的评价与看法。

（5）新企业还应该注重用成长的方式解决成长过程中出现的问题。事实上，新企业出现"重业务轻管理"、个人英雄主义、缺乏激励与约束及信息资源个人垄断的情况并不少见，而创业者需要重视这一类问题，而不应该一味规避。在企业成长的过程中逐步解决这些问题有助于推动新企业更好地成长。

⭐ 案例描述

"青年菜君"，以售卖半成品净菜为主的O2O企业，由三个年轻人陈文、任牧、黄炽威合伙创立。2013年以前，任牧一边做着年入数十万的职业经理人，一边开着文化公司赚点小钱。创业前，他刚在北京买了房子，结束了多年的北漂生活。

陈文、黄炽威、任牧三人是大学同学。陈文说想创业，做一个"卖菜"的项目，拉任牧入伙。过了多年北漂生活，任牧深知能吃到一顿家里做的晚饭有多不容易。随后，任牧当即决定，把公司转给合伙人，并辞职创业。经过了数千人级别的调研，他们确定了项目的主要思路：半成品净菜+电商（拿回家可以直接下锅做菜），菜洗好、切好后分类，连调料都配好了。

在2013年末到2014年初，拿到第一笔融资以前，"青年菜君"过得极其艰苦，公司靠四处借钱维持。但从2014年5月份开始，"青年菜君"迅速成长为创业明星。很快"青年菜君"就赶上了"大众创业"的热潮，随后又迎来了O2O的风口。"青年菜君"也得到了徐小平、吴世春等顶级投资人的帮助，还被《人民日报》、新闻联播多次报道。后来，每日优鲜拿到了腾讯的投资，盒马鲜生也找到了马云，而"青年菜君"却在2016年下半年因资金链断裂而终结。

"青年菜君"的模式主要分为三个阶段：地铁自提、社区自提和宅配。项目刚起步时，在北京的地铁口开了一些小店，方便用户下班以后顺道取走产品，后来才从用户自提转到物流配送。2014年底到2015年初，社区O2O的概念特别火，曾经有个媒体榜单，把"青年菜君"评为"最具潜质的10个O2O"项目之一。

社区自提本应该是过渡阶段，目的是要跑通干线物流体系，之后应该快速转向宅配，但我们被"概念遮忘眼"，当时想如果不做社区自提，"青年菜君"还算社区O2O吗？回过头来复盘：千万别被"概念遮忘眼"。创业，在被追捧的气氛下，真的很难认清自己。其实别人说什么，并不重要，重要的是要认清自己。"

⭐ 思考分析

"青年菜君"的失败主要来源于对于企业发展缺乏长远的眼光，一味冒进导致资金链的断裂。首先，"青年菜君"急于实现盈亏平衡，因此选择提高订单数，升级供应链，加大菜品的拓展，在工厂多开了几条生产线。另外，还升级了物流，花费了大量资金。2016年，某政府引导基金向"青年菜君"开出了优越的投资条件，可是钱却迟迟不到位，投资方为了不影响他们的扩张，临时支付了一笔将近1000万的过桥资金。

于是，"青年菜君"就更加有恃无恐，做了很多冒进的举动。结果这笔投资因为意外被终止了，这时候再去找融资已经来不及了，即使拿到融资，也得先把过桥款还回去。"青年菜君"的资金链就这样突然断了。

四、新企业的风险控制和化解

对创业风险进行科学有效的预测和分析，并在风险发生前采取合理的手段进行防范、控制和化解，能够大大提升创业的成功率，从而帮助企业走得更远。

📖 概念知识

创业风险是指由于创业者机遇把握不当，对市场分析不够准确，创业资源和自身能力匮乏，从而导致创业者难以应对复杂的创业环境和创业市场，创业过程中困难重重。初次创业者在刚走上创业之路时，往往由于缺乏必要的社会经验、对创业机会与创业难度的把控不足、自身的毅力不够、创业相关理论知识掌握得不够全面等因素，使创业活动最终偏离了创业者所设想的预期，导致创业的失败。

新企业在制定风险防范方案时应该遵循实用性、经济性、针对性和及时性等原则，注意新企业风险的不同层级，优先解决核心风险问题。同时，创业者在制定风险防范方案时不应该故步自封，而应该强调与时俱进的风险防范意识，强调针对市场出现的新问题、新形势，新企业应该有新的风险预警机制与防范方案。

在创业者头脑中首先要明确有哪几种风险，然后有的放矢地采取措施。只有加强风险意识，进行科学的管理和科学的决策，建立起相应的制度才能避免风险的发生。新企业所要防范的风险主要可以分为五大类：资金风险、管理风险、市场风险、知识技能缺乏的风险、政策风险。

资金风险。是否有足够的资金创办企业是创业者遇到的第一个问题。企业创办起来后，就必须考虑是否有足够的资金支持企业的日常运作。对于初创企业来说，如果连续几个月入不敷出或者因为其他原因导致企业的现金流中断，都会给企业带来极大的威胁。

管理风险。创业失败者，基本都是管理方面出了问题，其中包括决策随意、信息不通、理念不清、患得患失、用人不当、忽视创新、急功近利、盲目跟风、意志薄弱等。

市场风险。大学生创业者掌握的社会资源非常有限，而企业创建、市场开拓、产品推介等工作都需要调动社会资源，年轻人在这方面会感到非常吃力，并且竞争是每个企业随时都要考虑的事，而对新创企业更是如此。

知识技能缺乏的风险。很多大学生创业者眼高手低，既不了解创业的相关政策法规，也没有在相关企业的工作、实践经历，缺乏能力和经验，却对创业的期望值非常高。当创业计划转变为实际操作时，才发现自己根本不具备解决问题的能力，这样的创业无异于纸上谈兵。

政策风险。国家在不同时期可以根据宏观环境的变化而改变政策（如货币政策、财政政策、行业政策、地区发展政策等），政策发生重大变化，引起市场的波动，从而给创业者带来风险。

事实上，尽管风险的产生是多样的，总结归纳起来主要是企业内部条件和外部环境变化引起的。就外部环境而言,主要是社会政治环境、经济技术环境、自然生态环境和竞争对手情况;企业内部条件主要包括管理体制与能力因素、技术设备因素、资金财力因素、人力资源因素等,这些条件随着时间的推移都可能发生变化,而给企业带来不同程度的风险。

风险的控制和化解需要注意以下几点:密切监控资金风险,广开融资渠道;完善组织架构,规范管理;完善激励机制,凝聚人才;发展核心竞争力;建立风险责任机制,趋利避害。

⭐ **案例描述**

甲公司通过其在中国的30家店铺销售多种高质量的运动服和运动鞋。在国家经济不断增长的情况下,该公司目前是盈利的,但这几年的利润空间一直在减少,公司尚未对此查明原因。每家店铺均采用电子系统记录库存,所有商品都由各店铺提供详细的产品要求,然后由驻孟加拉国的总部集中订购。订单通过邮寄方式发给供应商,并用塔卡(孟加拉国货币单位)结算。最近有新闻报道称,甲公司在中国独家代理的防辐射服装,因其生产中使用的一种化学药品,在阳光下暴晒时间过长会释放毒烟,公司管理层正对此事进行调查。之后,随着企业扩张速度加快,管理水平却没有得到相应提高,同时赶上消费人群骤降带来的行业低谷,抗风险能力明显下降。并且,由于库存居高不下,银行还款压力剧增,不得不进行清仓甩卖,大规模关店。

⭐ **思考分析**

甲公司面临的风险主要包括以下几个方面。

(1)操作风险。会计方面,利润空间一直在减少的原因尚未弄清,有可能是由于会计处理过程中的差错或舞弊行为造成的;技术风险,与公司所采用的电子系统的技术有关,比如可能在传输过程中产生差错等。

(2)市场风险中的汇率风险。公司因用塔卡进行采购而面临外汇风险,从而导致采购成本上涨。

(3)运营风险。公司在中国独家代理的防辐射服装存在的安全问题,可能损害公司声誉,影响产品的销售。扩张速度加快,管理水平却没有得到相应的提高。

（4）战略风险。2008年，借助全民参与奥运的热情，通过一系列的商业赞助和营销，实现高速增长，店铺数量激增至1500家，但却没有明确的发展战略规划。

（5）财务风险。向银行借入大笔资金，还款压力剧增。

思考题

1. 你在生活中还遇到过哪些失败的企业？

2. 手机体验店对区位的要求是什么？

3. 新闻上，还有哪些创业公司是因为股权问题而创业失败的？

4. 创业公司能否等到创业成功时再进行股权分配？

5. 公司在正式开始经营前需要解决哪些事务？

参考文献

[1]史梅，徐俊祥，白冰．大学生创新与创业指导[M]．北京：现代教育出版社，2015．

[2]中国社会科学院语言研究所词典编辑室．现代汉语词典（修订本）[M]．上海：商务印书馆，1997．

[3]陈宇学．创新驱动发展战略[M]．北京：新华出版社，2014．

[4][加]卡米尔·S·加布里埃尔．创新的解剖[M]．程翔，徐伟，译．南京：江苏人民出版社，2017．

[5]福布斯中文版．福布斯中文版首次发布中美创新人物[DB/OL]．福布斯中文网，2014年8月28日．

[6]储克森．职业、就业指导及创业教育[M]．北京：机械工业出版社，2014．

[7]何静，李海燕．创新能力开发与应用[M]．广州：暨南大学出版社，2012．

[8]沈萌红．创新的方法——TRIZ理论概述[M]．北京：北京大学出版社，2011．

[9]姚立根，王学文．工程导论[M]．北京：电子工业出版社，2012．

[10]张雷．创新创业教育[M]．北京：人民邮电出版社，2016．

[11]郑晓明．"就业能力"论[J]．中国青年政治学院学报，2002，21（3）：91-92．

[12]陈工孟，孙惠敏．机会识别与项目选择[M]．北京：经济管理出版社，2017．

[13]姜彦福，邱琼．创业机会评价重要指标序列的实证研究[J]．科学学研究，2004，22（1）：59-63．

[14]雷家骕，冯婉玲．高新技术创业管理[M]．北京：机械工业出版社，2001．

[15]林嵩，姜彦福，张帏．创业机会识别：概念、过程、影响因素和分析架构[J]．科学学与科学技术管理，2005，26（6）：128-132．

[16]王一丁．创业学的核心概念——创业机会的识别与把握的研究[J]．中国地质大学学报（社会科学版），2005，5（5）：56-60．

[17]向东春，肖云龙．美国百森创业教育的特点及其启示[J]．现代大学教育，2003（2）：79-82．

[18] [瑞士] 亚历山大·奥斯特瓦德，[比] 伊夫·皮尼厄. 商业模式新生代 [M]. 王帅，毛心宇，严威，译. 北京：机械工业出版社，2010.

[19] 纪慧生，陆强，王红卫. 商业模式设计方法、过程与分析工具 [J]. 中央财经大学学报，2010（7）：87-92.

[20] 董进才，江金龙. 小米手机商业模式案例分析 [J]. 青年科学，2014，35（7）：200-201.

[21] 朱建新. 创业管理 [M]. 北京：高等教育出版社，2015.

[22] 孙洪义. 创新创业基础 [M]. 北京：机械工业出版社，2016.

[23] 郑清元. 搞不定内训 你怎么带团队：微商创业团队内训、管理、招商、文案秘籍 [M]. 北京：人民邮电出版社，2017.

[24] 黄海燕. 浅析创业团队的组建 [J]. 商场现代化，2008（9）：65-66.

[25] 何建湘. 创业者实战手册 [M]. 北京：中国人民大学出版社，2015.

[26] 张玉利. 创业管理（基础版）[M]. 第3版. 北京：机械工业出版社，2013.

[27] 代凯军. 管理案例博士评点：中外企业管理案例比较分析 [M]. 北京：中华工商联合出版社，2000.

[28] 赵伟. 给你一个团队 你能怎么管 [M]. 南京：江苏文艺出版社，2013.

[29] 张永青，黄培清. IT企业创业期的团队激励法则 [J]. 集团经济研究，2012（5）：135-136.

[30] 姜汝祥. 团队执行力教材 [M]. 北京：中国科学文化音像出版社，2011.

[31] 陈永亮. 超级团队执行力 [M]. 北京：北京大学出版社，2016.

[32] [英] 帕特里克·福赛思. 如何激励员工 [M]. 苏丽文，译. 大连：东北财经大学出版社. 2008.

[33] 杨学红. 关于完善企业名称字号保护制度的思考 [J]. 中国市场监督研究，2017（3）：69-74.

[34] 曾军. 中小企业CIS设计与实施研究 [J]. 金融经济，2015（5）：108-110.

[35] 郭艺馨. 如家酒店CIS案例分析 [J]. 中国市场，2011（15）：48-48.

[36] 刘天卓，陈晓剑. 产业集聚与公司选址模型分析 [J]. 经济管理，2005（18）：33-36.

[37] 宋紫燕. 大众创业当老板：新公司的创办与成立 [M]. 北京：中国铁道出版社，2016.

[38] [美] 沃尔特·艾萨克森. 史蒂夫·乔布斯传 [M]. 魏群，等，译. 北京：中信出版社，2014.

[39]廖敏霞. 我国企业实施全面预算管理的实践与探讨[J]. 企业经济，2013（5）：42-45.

[40]杜宝健. 现金流分析与管理及其在价值创造中的作用[J]. 当代经济，2016（20）：104-105.

[41]潘玉香，吴芳. 企业创办实务教程[M]. 北京：经济科学出版社，2012.

[42]林嵩，张玮，邱琼. 创业过程的研究评述及发展动向[J]. 南开管理评论，2004，7（3）：47-50.

[43][美]杰弗里·蒂蒙斯. 创业者[M]. 周伟民，译. 北京：华夏出版社，2005.

[44]张玉利，李乾文，陈寒松. 创业管理理论的最新评述及研究趋势[J]. 预测，2004，23（4）：20-25.

[45]姜彦福，邱琼. 创业机会评价重要指标序列的实证研究[J]. 科学学研究，2004，22（1）：59-63.

[46]贾佳，潘莹. 网络直播企业商业模式探析[J]. 新闻研究导刊，2017，8（22）：52，69.

[47]缑婷，鲍洪杰，刘泽文. 市场分析与创业机会识别[M]. 北京：经济管理出版社，2017.

[48]朱海燕. 当代大学生独立意识培养研究[D]. 青岛：中国海洋大学，2011.

[49]黄庆桥. 以科学的态度认识风险[N]. 文汇报，2005-11-11（5）.

[50]闫丽琛. 当代大学生风险意识教育研究[D]. 北京：北京交通大学，2017.